Kathrin Niewiarra/Dorette Segschneider

Balanceakt Compliance

Kathrin Niewiarra/Dorette Segschneider

Balanceakt Compliance

Recht und Gesetz sind nicht genug
Ein interdisziplinärer Leitfaden für Entscheider

Frankfurter Allgemeine Buch

Bibliografische Information der Deutschen Nationalbibliothek
Die Deutsche Nationalbibliothek verzeichnet diese Publikation
in der Deutschen Nationalbibliografie; detaillierte bibliografische
Daten sind im Internet über http://dnb.d-nb.de abrufbar.

Kathrin Niewiarra/Dorette Segschneider
Balanceakt Compliance
Recht und Gesetz sind nicht genug
Ein interdisziplinärer Leitfaden für Entscheider

Frankfurter Societäts-Medien GmbH
Frankenallee 71–81
60327 Frankfurt am Main
Geschäftsführung: Oliver Rohloff

1. Auflage
Frankfurt am Main 2016

ISBN 978-3-95601-154-2

Frankfurter Allgemeine Buch

Copyright   Frankfurter Societäts-Medien GmbH
            Frankenallee 71–81
            60327 Frankfurt am Main
Umschlag   Julia Desch, Frankfurt am Main
Satz   Uwe Adam, Freigericht, www.adam-grafik.de
Titelbild   © styf – Fotolia.com
Druck   CPI books GmbH, Leck

Printed in Germany

Inhalt

Präambel

Als Sie vom aktuellen Compliance-Skandal erfahren haben, was ist Ihnen da durch den Kopf gegangen? Sie überlegen jetzt, welchen aktuellen Compliance-Skandal wir meinen? Das lässt sich genau genommen schwer vorhersagen und kommt auf den Zeitpunkt an, zu dem Sie dieses Buch lesen. Als wir mit den Arbeiten zu diesem Buch begonnen haben, bestimmte der Prozess um die Compliance-Überzeugungen von Ex-Arcandor-Chef Thomas Middelhoff die Schlagzeilen. Während der intensiven Schreibphase kamen dann immer neue Details über die VW-Machenschaften rund um Diesel-Gate ans Licht und kurz bevor wir die „Bücher geschlossen" haben, tauchten die Panama Papers wie aus dem Nichts auf. Es bedarf keiner hellseherischen Fähigkeiten, dass bei Erscheinen des Buches ein neuer Fokus die Compliance-Schlagzeilen bestimmt. Compliance-Skandale sind im System verankert. Sie wachsen und gedeihen wie eine Pflanze: Erst schlagen sie Wurzeln und plötzlich sprießen sie hervor. Das ist der Moment, wo sie in der Öffentlichkeit stehen, genauso, wie der aktuelle _____ Skandal (der Platzhalter ist für Sie, verehrte Leser, gedacht, hier können Sie den neuesten eintragen). Anregungen, damit Ihnen der Balanceakt Compliance gelingt — anders als den Protagonisten aus den Schlagzeilen — finden Sie in diesem Buch.

Vorwort

Und noch ein Buch über Compliance. Gibt es nicht schon genug Literatur und Berichterstattung zu diesem Thema? Um Ihrer Antwort zuvor zu kommen: Ja, es gibt viele gute und sehr gute Abhandlungen und auch die tägliche Dosis aus den Medien begleitet uns unablässig — dem Informationsbedürfnis sollte damit Genüge getan sein. Trotzdem oder gerade deshalb haben wir oft und leidenschaftlich diskutiert, wieso Compliance oder einfach gesagt „Regelkonformität" ein solcher Dauerbrenner ist, da doch die Einhaltung von Recht und Gesetz eine Selbstverständlichkeit sein sollte. Wieso beschäftigt uns Compliance derart? Ist Compliance das notwendige und längst überfällige Gerüst in einer sich verselbstständigenden Wirtschaftswelt oder einfach nur das Schlagwort des 21. Jahrhunderts, das Unternehmen lähmt, statt Innovation zu fördern? Die Problematik ist der „Balanceakt" für den Menschen. Er ist der Ursprung einer jeden Compliance-Krise und derjenige, der sie verhindern, meistern und daraus lernen kann. Er ist das Zünglein an der Waage. Er braucht dazu aber auch Rüstzeug: Einmal das Verständnis und Wissen um und über Compliance sowie das Bewusstsein und die Kenntnis wie Menschen mit Regeln, Krisen und Herausforderungen im unternehmerischen Alltag umgehen, und schließlich wie sie diese erfolgreich und wert(e)orientiert meistern können.

Wir möchten Ihnen aus unserem jeweils doch sehr unterschiedlichen operativen Erfahrungsschatz etwas von dem Rüstzeug aufzeigen, das zum Gelingen des Balanceaktes beitragen kann. Gerade unser interdisziplinärer Ansatz und das daraus resultierende Verständnis der ganzheitlichen Corporate Compliance, die den Menschen in den Fokus nimmt, bieten den entscheidenden Mehrwert im Umgang mit dem Thema Compliance.

Fest steht: Unternehmen brauchen in erster Linie unternehmerisch denkende Mitarbeiter, die auch mal bereit sind, die Komfortzone zu verlassen, Innovationen zu schaffen und Risiken auf sich zu nehmen. Aber wie schafft es ein Unternehmen, ein Unternehmer, eine Führungskraft im Spannungsfeld der Herausforderungen compliant und weiterhin unternehmerisch zu handeln? Wo beginnt die Grauzone — wo hört sie auf? Wie viel unternehmerische Freiheit ist möglich? Wie eng darf/muss das Regelkorsett sein? Ab wann verhindern streng implementierte Regelprozesse vielleicht sogar den Fortschritt oder ermöglichen einen nachhaltigen Wettbewerbsvorteil? Oder positiv formuliert: Wie zieht man Freigeister, Kreative, Risikoaffine und solche an, für die nachhaltige Werteorientierung eine unternehmerische Strategie ist? Wie viel Held braucht ein erfolgreiches Unternehmen? Wie fördert man Menschen mit dem Bewusstsein für die eigenen Stärken und Werte, die einen Willen zur Macht haben und Risiken (er-) tragen?

Fragen über Fragen. Immer ist es ein Balanceakt. Auch wenn Wachstum und Profit entscheidende Leitlinien für das täglich unternehmerische Handeln bleiben — das Denken in größeren Zusammenhängen wird immer wichtiger. Ein wesentlicher Erfolgsfaktor für Unternehmen ist gelebte und in die Organisation integrierte, ganzheitliche Corporate Compliance. Im Unterschied zu nur auf dem Papier vorhandenen Compliance-Richtlinien bezieht sie nach unserem Verständnis den menschlichen Faktor als handelnde Person mit ein. Denn allein die Beachtung von Standards und Normen, verbunden mit der doch häufig trügerischen Sicherheit von Zertifizierungen, die im Zusammenhang mit Compliance-Management-Systemen durchgeführt werden können, reichen nicht aus. Compliance muss top-down vorgelebt werden auf Basis der Werte und des Verhaltens der Führungsmannschaft. Um Compliance wirksam in Unternehmen zu verankern, ist es erforderlich, zu verstehen, wie Menschen in komplexen Arbeitsumfeldern, schwierigen Entscheidungssituationen oder Krisen funktionieren und wie sie gezielt daran arbeiten können, diese Herausforderungen trotz Druck zu meistern.

Erfolgreich ist der, dem der Seiltanz im täglichen Spannungsfeld gelingt. Am Ende des Tages steht dahinter immer eine Persönlichkeit mit ihren Stärken und Schwächen, mit ihren Möglichkeiten und Glaubenssätzen, mit ihren ganz persönlichen Vorstellungen und Fähigkeiten. Ein Balanceakt gelingt immer dann, wenn beide Pole im Gleichgewicht sind. So ist die Idee zu diesem Buch entstanden. Als Juristin mit langjähriger Unternehmens- und Beratungserfahrung blicke ich, Kathrin Niewiarra, durch die operative juristische „Compliance-Brille". Das Gegengewicht, das zwingend notwendig ist, um den Balanceakt zu bestehen, bildet die „menschliche Perspektive". Als Betriebswirtin mit langjähriger Coaching- und Unternehmenserfahrung vermittele ich, Dorette Segschneider, den Blick durch die „Coaching-Brille". Beide Blickrichtungen zusammen schaffen die Basis für das notwendige Gleichgewicht, das dafür sorgt, dass die (operativ) juristische Perspektive und die menschliche Seite im Einklang miteinander stehen. Zweifelsohne ein Balanceakt, den jeder bestehen kann — vorausgesetzt Sie nehmen die Herausforderung an.

Dr. Kathrin Niewiarra, Dorette Segschneider,
Berlin und Wiesbaden im Juni 2016

Geleitwort

Prof. Dr. Stephan Grüninger

Das Thema „Corporate Compliance" hat sich — angetrieben durch zahlreiche Unternehmensskandale — zu einem festen Bestandteil der Unternehmensführung in Theorie und Praxis entwickelt. Noch immer wird das Thema operativ vorwiegend von Juristen betrieben. Dabei ist längst klar, dass reine „legal compliance" nicht ausreicht. Diese einseitige Reduzierung der Compliance weist Unzulänglichkeiten erstens hinsichtlich des zu verwirklichenden Ziels auf und zweitens mit Blick auf die zu dessen Erreichung notwendigen Disziplinen bzw. Methoden. D. h., die Einhaltung von Gesetzen ist zwar notwendige Bedingung zur Sicherstellung einer guten Unternehmensreputation und damit zum Schutz der „licence to operate", aber sie ist eben nicht hinreichend. Denn es gibt auch legale Unternehmenshandlungen, die von (relevanten) Stakeholdern als unethisch betrachtet werden und sich darum reputations- bzw. geschäftsschädigend auswirken können. Hier kommen etwa Fragen zur Integrität entlang der Wertschöpfungskette ins Spiel — von Menschenrechtsverletzungen in der Supply Chain (sog. „Social Compliance") bis hin zu fragwürdigen Methoden von Vertriebsmittlern und Distributoren. Wie weit reicht die eigene juristische und ethische Verantwortlichkeit des Unternehmens in vor- und nachgelagerten Wertschöpfungsstufen? Welcher Sorgfaltsmaßstab (Due Diligence) ist anzulegen, um regelkonformes Verhalten bei Geschäftspartnern sicherzustellen? Fragen, für die nicht nur juristische, sondern auch ethische und wirtschaftliche Argumentationslinien relevant sind und die analysiert, ausgewertet sowie bewertet werden müssen. Die Synthese dieser Argumente sollte dann zu einer Antwort für eine praktische Entscheidungssituation (oder einer Regel für wiederkehrende Entscheidungssituationen) geformt werden.

Disziplinär bzw. methodisch betrachtet — und das ist der innovative Kern des vorliegenden Buches —, kann ein rein juristischer Fokus nicht genügen. Erkenntnisse und Methoden aus den Wirtschaftswissenschaften (v. a. Verhaltensökonomik und Entscheidungstheorie), der Soziologie, den Neurowissenschaften und der (Kriminal-)Psychologie müssen hinzugezogen werden, um Präventionsmaßnahmen zur Minderung von (straf-)rechtsrelevanten und reputationswirksamen Verhaltensrisiken erfolgreich gestalten zu können. Dabei ist der Erfolg der Compliance-Maßnahmen dann anzunehmen, wenn mit deren Implementierung und Umsetzung „systemisches Fehlverhalten" ausgeschlossen werden kann („Prevent") und sichergestellt ist, dass individuelles bzw. transaktionsbezogenes Fehlverhalten in der Mehrheit der Fälle entdeckt wird („Detect"). Außerdem müssen die richtigen Konsequenzen (z. B. Sanktionen, Geschäftsprozessänderungen, Anpassung von Kontrollen, Änderungen im Compliance-Management-System) aus aufgedecktem Fehlverhalten gezogen werden („Respond"). Es wird zunehmend klar, dass nur ein interdisziplinärer Compliance-Ansatz diesen Erfolg erbringen kann und ein ausschließlich auf Kontrolle, Überwachung und Sanktionen setzender Ansatz scheitern muss. Nicht zuletzt die Banking-Compliance führt uns seit Jahren deutlich vor Augen, dass ein stark regulativ getriebener sowie mittels Kontrolle und Dokumentation umgesetzter Ansatz lediglich eine Scheinsicherheit liefert. Die großen Geldwäscheskandale der jüngeren Vergangenheit haben bewiesen, dass einige Finanzinstitute eben gerade nicht wussten (oder wissen wollten), wer ihre eigentlichen Kunden waren und sind. Know Your Customer? Im Prinzip schon, aber im Zweifel — bei den relevanten Risikogeschäften — dann eben doch nicht! Wenn in dieser Branche nicht bald der Durchbruch zu einer wirklich funktionierenden Compliance geschafft wird — die im Übrigen das generelle Verbot bzw. Nichteingehen von unbeherrschbaren Risiken einschließt —, dann werden weitere Finanzkrisen nicht zu verhindern sein.

Mit Blick auf die strategische Grundausrichtung der Compliance-Funktion ist nach Jahren des stetigen Aufbaus von Ressourcen in zentralen Compliance-Abteilungen ein aus meiner Sicht durchaus erfreulicher Wandel zu erkennen: „Compliance & Integrity" wird — zumindest in der Industrie — zunehmend als Führungsaufgabe verstanden und nicht als eine an bestimmte Abteilungen delegierte Spezialistenaufgabe. Natürlich wird es für ein wirksames Compliance Management System (CMS) immer auch wichtig sein, angemessene Ressourcen in einer die Linienfunktionen fachlich unterstützenden Compliance-Abteilung vorzuhalten. Aber: Compliance selbst ist als Linienaufgabe zu entwickeln! Vor allem die Führungskräfte sind verantwortlich für regelkonformes und ethisches Geschäftsgebaren von Unternehmen. Wie etwa soll ein Mitarbeiter einer zentralen Compliance-Abteilung eines deutschen Industriekonzerns, sagen wir in München, beurteilen können, ob eine Einladung an einen Geschäftspartner zu einer Sportveranstaltung, ausgesprochen vom Managing Director der südafrikanischen Landesgesellschaft, eine illegale Beeinflussung darstellt? Schließlich ist die Intention der Einladung ein entscheidender Parameter für die Beurteilung der Situation. Aber genau diese Beurteilung kann der Mitarbeiter der zentralen Compliance-Abteilung nicht vornehmen. Er wird darum so vorgehen (müssen), dass er das inhärente „legal risk" beurteilt, was in aller Regel dazu führt, dass der Einladung nicht stattgegeben werden kann — weil oberhalb einer sehr geringwertigen Bagatellgrenze natürlich immer die Möglichkeit der illegalen Beeinflussung abstrakt gedacht werden kann. Ein so gelagerter Entscheidungsprozess schafft jedoch systematisch Anreize zu seiner Umgehung, weil man ja nicht auf (legale und legitime) Maßnahmen im Rahmen der Kundenbetreuung verzichten möchte. Insofern ich mich hier empirisch nicht sehr täusche, würde dann also Compliance (als Funktion/Prozess) zu Non-Compliance (im Verhalten) führen: das kann nun wirklich niemand wollen.

Ich plädiere daher für einen Ansatz, der auf „Management Education & Development" setzt, d. h. auf einen, der die Führungskräfte und Mitarbeiter ausbildet — durch Wissensvermittlung zu den verschiedenen Compliance-Themen (Anti-Bribery & Corruption, Anti-Trust, Fraud, Embargo, Product Safety, Human Rights etc.), vor allem aber durch eine Kompetenzentwicklung zur Strukturierung und Bearbeitung compliance-bezogener und ethischer Dilemmata. Jeder Manager benötigt heutzutage „Know-how" in Sachen „Compliance & Integrity", um nachhaltig erfolgreich für sich selbst und das Unternehmen handeln zu können. Insofern ist die Aus- und Weiterbildung in diesem Bereich wie für andere Managementthemen, z. B. Kostenrechnung oder Mitarbeiterführung, systematisch zu verankern und mittels sowohl in juristischer, als auch in ökonomischer und ethischer Hinsicht geschulter Experten durchzuführen.

Hier setzt der „Balanceakt Compliance" an. Die Autorinnen und Autoren vermitteln Wissen über das geltende Recht, die Relevanz des Themas „Compliance" für die Wirtschaft, zeigen anhand von Erfahrungsberichten und deren Bewertung auf, wie und warum es immer wieder zu Compliance-Verstößen kommt und schließlich wie das Thema in Unternehmen kommuniziert werden kann. Sie legen aber auch Konzepte der Psychologie und Neurowissenschaften dar und veranschaulichen, wie diese für das praktische Handeln in Trainingssituationen und in geschäftlichen Entscheidungssituationen genutzt werden können. Dabei verbinden sie die Grundelemente Recht und Coaching zu einem werteorientierten Compliance Management, das sowohl die Organisation als auch den einzelnen Menschen in den Blick nimmt und vor allem für letzteren als Wissensressource genutzt werden kann.

Der „Balanceakt Compliance" erscheint aufgrund der vielen Fälle von „Non-Compliance trotz Compliance" genau zur rechten Zeit und ich wünsche diesem Buch von Dr. Kathrin Niewiarra und Dorette Segschneider darum viele Leser der „Compliance Community" und danke den Autorinnen für diesen Beitrag zur Entwicklung einer „Compliance als Führungsaufgabe".

Konstanz, den 30. Mai 2016
Prof. Dr. Stephan Grüninger

Prof. Dr. Stephan Grüninger ist Wissenschaftlicher Direktor des Konstanz Institut für Corporate Governance (KICG) und Professor für Allgemeine BWL mit Schwerpunkt Managerial Economics an der Hochschule Konstanz – Technik, Wirtschaft und Gestaltung (HTWG). Er leitet das Center for Business Compliance & Integrity (CBCI) und ist Direktor des Forum Compliance & Integrity (FCI).

I Einführung

I.1. Ganzheitliche Corporate Compliance – ein Mindset
Dr. Kathrin Niewiarra

Balanceakt Compliance — Recht und Gesetz sind nicht genug. Da werden Sie sich jetzt fragen, warum? Bei Compliance geht es doch schlicht um Regeltreue, die Einhaltung von Recht und Gesetz sowie unternehmensinternen Regeln. Die Befolgung von juristischen Vorschriften ist eine Selbstverständlichkeit und sollte an und für sich keinen Balanceakt erfordern. Warum dann im Themengebiet Compliance? Etwas ist hier anders. Denkanstöße hierzu möchten wir Ihnen in diesem Leitfaden nahebringen und dazu Lösungsansätze vermitteln.

Aber zuvor etwas mehr zum Hintergrund: Kaum ein anderes Gebiet erfährt eine derartige Aufmerksamkeit in der Medienberichterstattung wie Compliance-Thematiken. Jeden Tag wird über ein oder sogar mehrere Skandale berichtet. Was geht Sie das an? Kurze, knappe Antwort: sehr viel! Taktiken wie „Augen zu und durch", die „Vogel Strauß"-Strategie oder sogar hoffen, dass es den Wettbewerber erwischt, funktionieren nicht und sind weder zielführend noch nachhaltig erfolgversprechend. Allein aus Renditegründen das Thema Compliance außen vorzulassen, ist schon aus dem Blickwinkel des fairen Wettbewerbs mehr als fragwürdig.[1] Compliance betrifft nicht nur Experten oder Personen mit krimineller Energie, sondern ist für uns alle ein ständiger Begleiter im Berufsalltag und im Privatleben. Zielkonflikte sind systemimmanent und vorprogrammiert. Wir kennen es alle aus unserem täglichen Leben. Wir alle möchten uns grundsätzlich an Recht und Gesetz halten und uns auch regelkonform verhalten. Auf der anderen Seite zerren aber ehrgeizige, geschäftliche Zielvorgaben sowie Erwartungen im privaten Bereich (die Hypothek muss bezahlt werden, die Kinder brauchen eine gute Ausbildung, fortlaufende Preissteigerungen von Waren und Dienstleistungen) an uns. Natürlich ist Compliance nichts Neues. Oft hört man „alter Wein in neuen Schläuchen". Dies stimmt grundsätzlich auch, aber der Umgang mit dem alten Wein ist anspruchsvoller geworden und hat eine neue Dimension erreicht. Durch äußere Einflüsse wie etwa die zunehmende Digitalisierung, die Globalisierung oder sich ständig verändernde rechtliche Herausforderungen fühlt man sich schnell wie in einem Hamsterrad. Man reagiert nur noch. Und Zeit und Muße zum Agieren, zum aktiven Handeln muss man sich häufig regelrecht erkämpfen. Genau dieses Hamsterrad kann dem Unternehmen und seinen Menschen zum Verhängnis werden.

Deshalb ist es unverzichtbares Rüstzeug für jeden Entscheider zu wissen und zu verstehen, was die Regeln sind. Dies ist schon für sich gesehen eine Herausforderung, aber das alleine reicht nicht aus. Corporate Compliance erfordert nicht nur eine Auseinandersetzung mit den Regeln als solche, sondern darüber hinaus auch ein Verständnis der menschlichen Komponente, die es zum Balanceakt werden lässt. Das Wissen um Corporate Compliance bietet die Grundlage, den Balanceakt erfolgreich zu meistern, der menschliche Faktor aber ist das Zünglein an der Waage.

Aber lassen Sie uns noch einen Schritt zurücktreten. Was ist unsere Definition von Compliance für unseren Leitfaden? Wir legen diesem Buch ein umfassendes, integriertes und ganzheitliches Verständnis von Compliance zugrunde[2]: die Befolgung von externen und internen Regeln, Organisationsgrundsätzen, von Prinzipien einer guten Unternehmensführung (Good Governance) sowie von allgemein akzeptierten, ethischen Normen und moralischen Grundsätzen, wobei die Interessen von internen und externen Stakeholdern berücksichtigt und die verschiedenen Compliance-Bereiche strategisch und operativ verbunden werden. Doch wir wollen sogar noch einen Schritt weitergehen und das Thema noch vielschichtiger betrachten: interdisziplinär aus juristischer und strategisch werteorientierter Perspektive sowie aus dem Blickwinkel des Compliance-Coaching. Wohin soll das alles führen? Genau das möchten wir Ihnen mit unserem Leitfaden an die Hand geben. Entscheidungshilfen, die auf den wesentlichen Informationen und Kernelementen zu Corporate Compliance beruhen, angereichert mit Praxiselementen, mit dem Ziel, dem Thema Compliance den Schrecken und die Langweiligkeit zu nehmen sowie es endlich einmal auf den Punkt zu bringen. Die Einhaltung von Recht und Gesetz ist eine Selbstverständlichkeit, hierüber müssen wir nicht schreiben, sondern es geht um das entscheidende Quäntchen: nämlich den umfassenden, werteorientierten Zugang zu der Compliance, die den Menschen in den Fokus stellt.

I. 2. Was hat Coaching mit Compliance zu tun?

Dorette Segschneider

Ein erfolgreiches Wirtschaftssystem braucht den Menschen vor allem auch als risikoaffinen Querdenker.

Diese aus Compliance-Sicht etwas unbequeme These gleich vorab!

Es braucht Manager, die bereit sind, den unternehmerischen Balanceakt „Compliance" in jeder Hinsicht zu bestehen. Dazu gehören vor allem die Grauzonen. Die starre Einhaltung von Compliance-Vorschriften und sklavische Beachtung des Compliance-Gedankens bergen die Gefahr, dass wichtige unternehmerische Eigenschaften im Keim erstickt werden. Wie soll ein Unternehmen innovativ, risikobereit, mutig und machtbewusst als Marktführer auftreten, wenn eben diese Skills verpönt, teilweise verboten sind und im Zweifel sogar strafrechtlich verfolgt werden? Andererseits: Wo beginnt *Moral* und wo hört *Manager-Machtbewusstsein* auf? Gibt es überhaupt eine realistische Schnittmenge? Wann sind narzisstische Persönlichkeitsmerkmale, die meist mit einer charismatischen Ausstrahlung und der Fähigkeit zu Visionen verbunden sind, aber auch mit dem starken Bedürfnis nach Bewunderung und Anerkennung, fehl am Platz? Wie viel Rücksichtslosigkeit braucht eine Führungskraft, um erst mal „da oben" hinzukommen und dann dort zu überleben? Weicheier scheitern. Wunderknaben – machtbewusst und handzahm zugleich – sind eher selten. Wer besteht den Balanceakt? Und vor allem wie?

Der Vorstandsvorsitzende eines großen deutschen Handels- und Touristikkonzerns ist gescheitert – vom Schwebebalken gestürzt sitzt er auf der Anklagebank. Das Gericht wirft ihm Compliance-Verstöße in mehreren Fällen vor. Im Fokus: sein luxuriöser Lebensstil. Persönliche Bereicherung auf Kosten des Unternehmens. Und wie reagiert der Angeklagte? Von Reue keine Spur. Einsicht? Nein. Verständnis für das, was die Staatsanwaltschaft ihm vorwirft? Fehlanzeige! Im Gegenteil: Der Ex-CEO führt auch während der Verhandlung seinen luxuriösen Lebensstil fort und vor und provoziert damit seine Gegner. Unabhängig davon, dass er längst die eidesstattliche Versicherung abgegeben hat, fährt er – argwöhnisch beäugt von der gesamten Öffentlichkeit – mit einem Luxusschlitten zu den Verhandlungsterminen. Allesamt Bestätigungen seines Fehlverhaltens aus Sicht „des Volkes", das in Gestalt der Staatsanwaltschaft diese Anklage führt. Im laufenden Prozess, in dem es um die Nutzung von Hubschraubern und Privatjets geht, zeigt er zudem keinerlei Schuldbewusstsein. Vielmehr macht der Beschuldigte deutlich, dass er die Anklage für eine Posse hält. Was er getan habe, sei „gelebte Praxis in Großkonzernen" und „zum Wohle des Unternehmens" geschehen. Zu keinem Zeitpunkt vermittelt er den Eindruck, dass er sich mit der Position der Gegenseite zumindest einmal auseinandergesetzt hat oder Verständnis dafür aufbringt. Er empfindet sich selbst als Opfer — die Vorwürfe als eine Zumutung.

Das Urteil über Recht und Unrecht zu fällen, ist Sache des Gerichts. Genauso wie letztendlich die Frage, wie viel Luxus im Ermessensspielraum dieses Vorstands liegen durfte. Die Chance auf das Vermitteln der eigenen Überzeugungen vor Gericht, ist dagegen Sache des Angeklagten. Dazu muss er aber zwingend in der Lage sein, seine eigene Position zu reflektieren, Wahlmöglichkeiten bewusst zu erkennen und die Perspektive der Gegenseite zu verstehen, anstatt seine Überzeugungen ignorant zu verfolgen. Und hätte er dieses Gespür schon frühzeitig entwickelt, wäre ihm das Verfahren wohl auch erspart geblieben.

Perspektivenwechsel, Veränderungsbereitschaft und Persönlichkeitsentwicklung sind klassische Themen im Coaching. Und zwar — in diesem und in vielen anderen Fällen — optimalerweise nicht erst, wenn das Kind bereits in den Brunnen gefallen ist. Jedes Coaching bietet die Chance, Verständnis für das Beziehungsgeflecht zu entwickeln, in dem sich jeder von uns tagtäglich bewegt. Dabei die möglichen Erwartungshaltungen Dritter an das eigene Verhalten zu erkennen und mit den persönlichen Überzeugungen abzugleichen, ist insbesondere dort, wo es um Compliance geht, eine existenzielle Notwendigkeit. Das Beispiel des CEO zeigt dies eindrucksvoll.

Hinzu kommt, dass sich die mangelnde Sensitivität mit fortschreitender Zeit potenziert. Unbewusstes oder auch bewusst ignorantes Verhalten, das seine Rechtfertigung aus — falscher, unreflektierter — innerer Überzeugung oder schlicht eingefahrenen Mustern zieht, löst eine Kette von vermeidbaren Reaktionen aus, die letztlich sogar zu Ergebnissen führen können, die weit über den ursprünglichen Auslöser hinausgehen. Es geht dabei nicht nur um die aus Sicht vieler Gleichgesinnter streitbare Frage, ab wann vom Unternehmen finanzierter Luxus im Leben eines Vorstands justiziabel ist. Immer unterliegen wir im unternehmerischen Kontext auch Sachzwängen und müssen Erwartungen erfüllen — das steht hier außer Frage. Im vorliegenden Fall geht es vielmehr ebenso um das persönliche Compliance-Muster, das vor Gericht mit auf dem Prüfstand steht, und um die Fähigkeit des Angeklagten, die Sichtweise des Gegenübers zu erkennen, zuzulassen und das eigene Verhalten zu justieren.

Der US-Philosoph Robert C. Solomon stellt fest, dass es in der Wirtschaft nicht nur um Profite, sondern genauso um Integrität geht.[3] Schon Aristoteles war der Ansicht, dass der Charakter eng mit dem ethischen Handeln verknüpft ist. Es sind unsere Werte, die uns zu dem machen, wer wir sind. Über Ethik und Moral in Bezug auf unternehmerische Compliance sind bereits unendlich viele Bücher und Aufsätze geschrieben worden. Entscheidend ist, dass die Ideen im Alltag auch umgesetzt werden.

Im Fokus steht dabei immer wieder der Entscheider.

Das Coaching unterstützt den Coachee dabei, zu reflektieren und eigene, zum Teil liebgewonnene Verhaltensmuster wie auch so manche durch „Lebenserfahrung" erlangte Überzeugungen ins Bewusstsein zu rücken und zu überdenken. Compliance ist geprägt von diesen Komponenten und erfordert damit aus sich heraus eine ständige Reflektion des eigenen „Wohlverhaltens". Hinzu kommt, dass die Anforderungen an das, was im konkreten Umfeld unter Compliance verstanden wird, einem ständigen Wandel unterliegen. Mithilfe des Coachings gelingt es vor allem, die Systematik und Wirkungsweise zu erkennen. Auf diese Weise ist der Coachee langfristig in der Lage, in jedem Kontext das eigene Verhalten immer wieder neu zu hinterfragen, die Erwartungshaltungen seines Umfelds wie auch der Öffentlichkeit insgesamt zu identifizieren und den erforderlichen Grad an Compliance einzuschätzen. Und lebt die Führungskraft dieses „Wohlverhalten" aktiv und aus innerer Überzeugung vor, wird sich Compliance auch im Unternehmensumfeld nachhaltig entfalten. Übertragen auf die Situation im Businessalltag heißt das: Geht der Chef als positives Beispiel voran, zieht er seine Mitarbeiter mit und schafft wiederum Raum für das Leben von Werten.

Zurück zu unserem Beispiel:
Dem Angeklagten gegenüber sitzt der Staatsanwalt und zwischen beiden sitzen die Richter. Das Urteil wird auf Basis von Recht und Gesetz gefällt. Professionelle Distanz ist dabei die Voraussetzung für ein gerechtes Urteil, und doch bringen alle Beteiligten ihre eigenen Sichtweisen auf das, was „compliant" ist, in das Verfahren ein. Alle haben

ihre eigenen Vorstellungen davon, welchen Handlungsspielraum der CEO eines Weltkonzerns haben darf – der Richter und der Staatsanwalt genauso wie der Angeklagte und dessen Verteidigung. Recht haben und Recht bekommen sind bekanntlich zweierlei. Und diese individuellen Maßstäbe sind – siehe oben – geprägt von den individuellen Erfahrungen, Lebensumständen, Verhaltensmustern, und nicht zuletzt Emotionen wie Stolz auf das unternehmerisch Erreichte oder möglicherweise Neid auf das persönlich Erlangte. Nicht nur das monatliche Gehalt unterscheidet die Protagonisten. Auch ihr jeweiliger Wertekanon ist ein ganz eigener und prägt somit das Verständnis von unternehmerischer Compliance auf unterschiedliche Weise.

Eine wesentliche Frage, die sich im konkreten Verfahren daher stellt, lautet: Wie können die prozessualen Kontrahenten, der Staatsanwalt als Vertreter des Volkes und der CEO als Angeklagter, ihre Sichtweise auf die Dinge dem Gericht gegenüber nachvollziehbar vermitteln? Denn allein die Tatsache, dass Anklage erhoben wurde, bedeutet nicht, dass ihr ein entsprechendes Urteil folgt. Jeder Prozess beginnt vielmehr ergebnisoffen. Und was sich im äußeren Erscheinungsbild vielleicht als eindeutiges Fehlverhalten darstellt, mag sich bei näherer Betrachtung nachvollziehbar relativieren. Stimmt der Wertekanon des CEO, dann wird es ihm gelingen, zumindest die Richterbank davon zu überzeugen, dass im eng getakteten Leben eines Vorstands ein bestimmter, vielleicht sogar hoher Luxusgrad angemessen und auch unternehmerisch vertretbar ist. Dazu bedarf es jedoch der selbstkritischen Hinterfragung des eigenen Verhaltens ebenso wie des Gespürs für die Sicht- und Denkweise des Gegenübers. Ein von narzisstischer Grundhaltung geprägtes „Ich habe Recht! Basta!" erhöht allenfalls die begründeten Zweifel; und Hochmut kommt bekanntlich vor dem Fall – das steht schon im Alten Testament. Auch in der griechischen Mythologie ist die Hybris, also die menschliche Selbstüberschätzung, Auslöser für das Scheitern vieler Protagonisten.

Im Falle unseres Ex-Vorstands ist ihm die Selbstüberschätzung, die Verkennung der eigenen Fehlbarkeit, zum Verhängnis geworden. Macht verleitet zu Übermut, der dann wiederum dazu verleitet, die eigene Lebensweise selbst unter dem Druck einer Anklage trotz der Situation nicht anzupassen, sie offenkundig nicht einmal zu überdenken. Stattdessen hat der Mann sich mit seinem provokanten, selbstgefälligen Verhalten direkt ins Abseits manövriert. Denn feststeht: Abenteuerliche Ausreden statt empathischer Einsichten, Unverständnis für die Position der Anklage, trotzige Uneinsichtigkeit und mangelndes

Schuldbewusstsein anstelle von Reue liefern der Gegenseite Stoff für die Bestätigung der Vorwürfe. Der Angeklagte verpasst so die — zumindest theoretische — Chance auf ein anderes, vielleicht sogar angemesseneres Urteil.

Dabei standen ihm zahlreiche Top-Berater zur Seite. Juristische Berater. Wer ihm jedoch geholfen hätte, die Perspektive der Gegenseite zu verstehen und/oder seine Situation einmal aus einem anderen Blickwinkel zu betrachten, sich also Wahlmöglichkeiten des eigenen Verhaltens bewusst zu machen, ist ein Coach. Denn genau hier setzt Coaching an. Es fördert die Bewusstmachung und Selbstwahrnehmung des Coachee, d. h., blinde Flecken werden abgebaut, neue Blickwinkel erkannt und in der Folge ergeben sich neue Handlungsmöglichkeiten. Das Coaching dient dem Erreichen von selbstgewollten, realistischen Zielen, die für die Entwicklung des Klienten relevant sind. Vorausgesetzt, der Klient lässt sich coachen. Denn ein solcher Prozess ist nur dann möglich, wenn ein Coachee das Coaching auch in Anspruch nehmen möchte. Coaching basiert auf der Beziehung zwischen Coach und Coachee. Nur wenn diese Beziehung tragfähig ist, kann es Ergebnisse bringen.

Gerade Menschen mit Machtstreben, Erfolgsdenken und selbstbewusstem Charisma legen jedoch häufig eine stark narzisstische Persönlichkeit an den Tag, wie man sie sonst nur von Psychopathen kennt. Sie sind gefühlskalt, manipulativ und handeln in erster Linie in ihrem eigenen Interesse. Verharmlosend könnte man sagen, sie leben nach dem „Pippi-Langstrumpf-Prinzip“: „Ich mach mir die Welt, so wie sie mir (und meinen Vorstellungen) gefällt.“ Sie stellen sich selbst nicht infrage, schuld sind immer die anderen. Einen Coach brauchen sie nicht, davon sind sie überzeugt.

Der Gedanke, von einer Art Mentor bei der Entscheidungsfindung begleitet zu werden, widerstrebt aber nicht nur extremen Persönlichkeiten. Obwohl Coaching in der Wirtschaft in den letzten 20 Jahren eine rasante Entwicklung genommen hat, beschleicht viele Top-Executives noch immer ein Gefühl von „ich muss auf die Couch“, wenn es darum geht, sich professionelle Unterstützung von einem Dritten zu holen, die über die üblichen Management- und Leadership-Techniken hinausgeht. In Compliance-Fragen kommt bei vielen Top-Führungskräften nochmal eine gehörige Portion Skepsis hinzu, inwieweit diese besondere Art der Betreuung die Zwänge und Abläufe des Berufsalltags nachvollziehen kann. Immer noch geben die wenigsten Entscheider zu, dass sie gecoacht werden. Die Erkenntnis, dass strategischer Support auf der „Brain-Seite" ein maßgebliches Erfolgstool ist, ist inzwischen gleichwohl gesetzt.

Zu mehr Verständnis darüber, wie gewinnbringend Coaching sein kann, führt der Blick auf die Parallelen im Hochleistungssport. Spitzensportler haben dasselbe Ziel wie Führungskräfte: Sie wollen den größtmöglichen Erfolg und die damit verbundene Anerkennung. Sie müssen Bestleistungen auf dem Punkt abrufen − sportlich und vor allem mental. Im Leistungssport ist der Coach deshalb schon seit Langem ein probates Mittel, um dem Athlet zu dieser inneren Stärke zu verhelfen. Ob Fußballer, Golfer, Biathleten, Handballer bis hin zum Turmspringer, sie alle haben einen Sparringpartner, der sie dabei unterstützt, Ziele zu setzen und zu erreichen, die richtigen Entscheidungen im richtigen Moment zu treffen und die Herausforderungen erfolgreich zu meistern.

Für die verbliebenen Zweifler noch einmal in aller Deutlichkeit: Ein Sportler muss permanent Höchstleistungen bringen − der Verantwortungsträger in der Wirtschaft auch. Ein Sportler orientiert sich an Spielregeln, die vom Grundsatz-Gebot der Fairness umrahmt werden − die Führungskraft auch. Ein Sportler wird an seinem Erfolg gemessen − genauso wie die Führungskraft. Beide sind häufig mit Versuchungen außerhalb der Regeltreue konfrontiert und müssen − teilweise täglich − neu entscheiden. Dabei hat jeder von ihnen immer die Wahl: einerseits dem Regelwerk folgen, das Fairplay achten und Compliance leben oder andererseits mit unfairen Mitteln, vielleicht gar mit der Teilhabe an einem ganzen Unrechts-Subsystem, nach persönlichen Vorteilen trachten. Worauf am Ende des Tages die Entscheidung fällt, hängt maßgeblich mit der eigenen Werteorientierung zusammen.

Vergleichbar mit Spielregeln im Sport findet sich inzwischen in vielen, vor allem Großunternehmen ein Compliance Management System (CMS). Genauso wie die Spielregeln auf dem Fußballplatz klar formuliert sind, kann im Unternehmen jeder nachlesen, welche Konsequenz ein Regelverstoß nach sich zieht. So weit die Theorie, in der es um Regeln und Gesetze geht. In der Praxis haben wir es mit Menschen zu tun, die mehr oder weniger compliant, also mehr oder weniger regelkonform handeln. Sie sind gesteuert von der eigenen Werteorientierung, dem ganz persönlichen Compliance-Muster. Dabei geht es zum einen um Fragen der Loyalität, um persönliche Interessen, um

Interessenkonflikte, zum anderen aber auch um unterschiedliche menschliche Wahrnehmung sowie — wie im Falle des Ex-Vorstands — die (mangelnde) Bereitschaft, sich auf eine solche Diskussion mit sich selbst überhaupt einzulassen.

Fakt ist: Manager wie Mitarbeiter stehen in Compliance-Fragen vor immer neuen Herausforderungen. Die Anforderungen steigen und gleichzeitig auch die Ängste um Job- und Reputationsverlust, wenn die Vorgaben nicht erfüllt werden. Das Gewinner-Prinzip „Um jeden Preis" ist nicht nur bei einem großen deutschen Automobilkonzern eine Systemfrage. Komplexität, Wettbewerb und zunehmende Unberechenbarkeit im Business haben in den vergangenen Jahren deutlich zugenommen und führen zu Handlungen, die zwar nicht mehr regelkonform sind, dafür aber das gewünschte Ergebnis bringen — wie im Falle des Autokonzerns klar zu erkennen ist. Gleichzeitig wachsen Ansprüche und Erwartungen im Umfeld. Ein Nährboden für Unsicherheit und Überforderung der Protagonisten.

Innehalten und die Fokussierung auf das Wesentliche gelingen im sich ständig wandelnden Umfeld immer seltener. Automatisiertes Handeln unter Druck statt Erkennen von Wahlmöglichkeiten ist die Folge. Fehler passieren. Fehleinschätzungen auch. Regelverletzungen sind dann häufig die Konsequenz.

Für den Leistungssportler ist die professionelle mentale Begleitung überlebensnotwendig. Ohne Coach ist ein Platz in der Spitzengruppe heute fast unmöglich. Für die Wirtschaft gilt dasselbe — und das Compliance-Coaching bildet dabei einen wesentlichen Erfolgsfaktor. Im Leistungssport weiß die Elite — schon immer an Trainer gewöhnt — sehr wohl um den Zugewinn der Coaching-Begleitung und nutzt völlig selbstverständlich den damit einhergehenden „Rückenwind" zur Erzielung noch besserer Leistungen. In der Wirtschaft hingegen begegnen genau die Leistungsträger und Entscheider in richtungsweisenden Positionen Coaching häufig mit Ressentiments, und viele zweifeln insgesamt die Seriosität der Methodik an. Coaching, erklärt so mancher (vor allem narzisstischer) Entscheider (und davon gibt es jede Menge!)[4] immer noch als „überflüssig", „sollen andere machen", „brauche ich nicht" etc. Wirkung und Seriosität werden so von vornherein in Abrede gestellt. Als Schutzschild, um sich nicht mit sich selbst beschäftigen zu müssen? Oder aus der Hybris heraus, es nicht notwendig zu haben?

Eine mögliche Antwort: Coaching ist keine geschützte Berufsbezeichnung. Jeder kann und darf sich „Coach" nennen. Es gilt also, die Spreu vom Weizen zu trennen.

Compliance-Coaching, so wie wir es verstehen, bedarf gerade auch deshalb einer klaren Definition, die erahnen lässt, was Coaching und Compliance zu einem so starken Tandem macht. Dazu möchte ich zunächst den Begriff „Coaching", so wie ihn die International Coach Federation (ICF), der weltweit größte und einzige internationale Coachverband, versteht, klar eingrenzen und auf diese Weise für Kritiker des Coachings wie für Befürworter denselben Blickwinkel schaffen. Wie immer, wenn Begrifflichkeiten verschiedene Auslegungen anbieten, ist es für eine zielführende Diskussion wichtigste Voraussetzung, sich über die konkret anzuwendende Definition zu verständigen. Damit eröffnet man überhaupt erst die Möglichkeit, Kritiker wie Befürworter auf denselben Fokus zu einigen und ihre wechselseitigen Argumente einander zugänglich zu machen.

Die Ausführungen in diesem Buch fußen im Wesentlichen auf dem Verständnis des Begriffs „Coaching", wie ihn die ICF versteht. Der nachfolgende Auszug von deren Homepage soll insoweit helfen, ein gemeinsames, Autor wie Leser verbindendes Wortverständnis zu schaffen.

Die ICF-Philosophie und -Definition von Coaching

Die International Coach Federation verpflichtet sich zu einer Coaching-Form, die den Klienten als Experten des eigenen persönlichen und/oder beruflichen Lebens anerkennt und ist demzufolge der Überzeugung, dass alle Klienten über genügend Ressourcen verfügen, kreativ sowie eigenverantwortlich und in sich vollkommen sind.

Basierend auf diesem Verständnis wird der Coach:
- in völliger Übereinstimmung mit dem Klienten erarbeiten/definieren, was dieser im Coachingprozess erreichen und erzielen möchte;
- den Klienten ermutigen, sich selbst und seine/ihre Möglichkeiten zu entdecken;

- den Klienten bei der Entwicklung von eigenen Lösungen und Strategien begleiten;
- stets die Eigenverantwortlichkeit des Klienten anerkennen und die Ergebnisverantwortung und Zuständigkeit jederzeit beim Klienten belassen.

Wie das in der Praxis im Detail erfolgt, ist in den Kernkompetenzen und den Ethikstandards der ICF beschrieben.

Definition von Coaching

Professionelles Coaching ist eine andauernde Partnerschaft, welche die Klienten unterstützt, ihre Ziele im persönlichen und beruflichen Leben zu verwirklichen.

Durch den Coaching-Prozess können Klienten umfassend lernen, ihre Leistungen zu verbessern und die Lebensqualität zu erhöhen.

In jeder Coaching-Sitzung wählt der Klient den Schwerpunkt der Konversation, während der Coach intensiv zuhört und mit Beobachtungen und Fragen zur Seite steht.

Die Interaktion führt den Klienten zu umfassender Klarheit und aktivem Handeln.

Coaching beschleunigt die Fortschritte des Klienten indem es ihm die Konzentration auf Schwerpunktthemen und die deutlichere Wahrnehmung von Wahlmöglichkeiten anbietet.

Der Coach konzentriert sich darauf, wo sich die Klienten heute befinden und fördert ihre Bereitschaft, Veränderungen herbeizuführen, um dorthin zu gelangen, wo sie morgen sein möchten.

Coachs, die Mitglied in der ICF sind, wissen, dass die Ergebnisse des Coachings aus den Entscheidungen und Handlungen des Klienten herrühren, unterstützt von den Anstrengungen und Interventionen des Coachs im Coachingprozess.

Daraus ergibt sich eine klare Definition des „Compliance-Coachs bzw. -Coachings"
im Sinne der ganzheitlichen Compliance:
Professionelles Compliance-Coaching wird im unternehmerischen Bereich eingesetzt. Der Prozess zielt immer auf eine ganzheitliche Lösung ab und vermittelt z. B. durch Wertearbeit Ansatzpunkte, die sowohl das unternehmerische Interesse als auch das persönliche Mindset einbeziehen und den Prozess der Bewusstmachung von Wahlmöglichkeiten, die jeder in jeder Situation hat, unterstützt. Mindset ist dabei nichts anderes als das Bild, das wir von uns selbst in Bezug auf Intelligenz, soziale Kompetenz, Begabungen oder körperliche Leistungsfähigkeit haben.

Compliance-Coaching beginnt immer — so wie auch dieses Kapitel — bei der Unternehmensführung. Denn der Fisch stinkt bekanntlich vom Kopf.

Das Compliance-Coaching richtet den Fokus des Klienten auf Lösungen und die Wahrnehmung von Wahlmöglichkeiten.

Der Compliance-Coaching-Prozess konzentriert sich auf den Coachee und fördert seine Bereitschaft und Fähigkeit, Wahlmöglichkeiten auch in schwierigen Situationen zu erkennen und Veränderungen herbeizuführen. So soll compliantes Verhalten auch in systemimmanenten Situationen, in denen er zu Compliance-Verstößen verleitet wird, ermöglicht bzw. in Problemsituationen konkrete Handlungsmuster erkannt werden, die selbstverantwortliches Handeln initiieren und festigen.

Die Aufgabe des Compliance-Coachings ist dabei in erster Linie, auf der menschlichen Ebene das (Selbst-)Bewusstsein zu schaffen, dass jeder in jeder Situation immer die Wahl hat. Es geht darum, die eigenen Muster zu erkennen und selbstverantwortlich zu beeinflussen. Eingeschliffene Muster haben die Krux, dass sie sich zunächst richtig anfühlen. Oft ist das Fehlverhalten konditioniert — sei es im Sandkasten, in der Familie, im Freundeskreis. Bestärkt wird es oft durch ein beschwichtigendes: „Das macht doch jeder!" Ein beliebter Satz, der falsch und richtig überdecken soll, fernab der tatsächlichen Wahrheitsfindung. Hinzu kommen Situationen, in denen der Betroffene unter Druck gehandelt hat. Auch hier geht es um die Musterunterbrechung. Wer unter Druck nicht compliant reagiert, kann mithilfe eines Coachings den richtigen Umgang mit Drucksituationen lernen, um sich dann entsprechend richtig zu verhalten.

Basis des Compliance-Coachings sind die Erkenntnisse der Neurowissenschaften. Laut einer Umfrage der Stanford University[5] hilft das Wissen um die neurowissenschaftlichen Hintergründe den Menschen u.a. bei der Umsetzung von Vorhaben und dem Überwinden von Vermeidungsverhalten. 87 % der Teilnehmer an einem Seminar der Universität berichteten, Neuro-Methoden hätten ihre Willenskraft gesteigert. Diese Erkenntnis lässt sich auf das Compliance-Coaching übertragen. Gerade Führungskräfte, die häufig eher von der linken Gehirnhälfte – der logischen, strategisch orientierten – gesteuert sind, setzen Veränderungen erfolgreicher um, wenn sie die Neuroplastizität ihres Gehirns nicht nur erkennen, sondern vor allem rational verstehen, dass Veränderung jederzeit möglich ist.

Compliance-Coaching vermittelt Strategien und Techniken, wie Veränderung nachhaltig „funktioniert". Ganz unabhängig davon, wie fest bestimmte Muster sich in unserem Gehirn eingebrannt haben, wir haben jederzeit – zumindest die theoretische – Chance, sie zu verändern. Die Neuroplastizität unseres Gehirns macht das, wie gesagt, möglich. Auch wenn viele Top-Führungskräfte schon in einem Alter sind, in dem die Neuroplastizität abnimmt. Die Natur hat vorgesorgt. Ab 60 erfreut sich unser Gehirn der Fähigkeit der Neurogenese – damit ist die Neubildung von Nervenzellen gemeint. Der Vorrat an Zellneubildung ist zwar irgendwann erschöpft. Doch vorher hat jeder Einzelne die Möglichkeit, aktiv den Prozess zu verlangsamen.

Compliance-Coaching eröffnet den Protagonisten über zahlreiche Techniken die Chance, Wahlmöglichkeiten zu erkennen, notwendige (Werte-)Entscheidungen mutig anzugehen und so dem Balanceakt „Compliance" auch im Kopf verlässliche Wege zu bahnen.

Zusammenfassung

1. Perspektivenwechsel, Veränderungsbereitschaft und Persönlichkeitsentwicklung sind klassische Themen im Coaching.

2. Das Coaching unterstützt den Coachee dabei, zu reflektieren und eigene, zum Teil liebgewonnene Verhaltensmuster wie auch so manche durch „Lebenserfahrung" erlangte Überzeugungen zu überdenken. Compliance ist geprägt von diesen Komponenten und erfordert damit aus sich heraus eine ständige Reflektion des eigenen „Wohlverhaltens".

3. Lebt eine Führungskraft dieses „Wohlverhalten" aktiv und aus innerer Überzeugung vor, schafft sie Raum für das Leben von Werten. Auf diese Weise kann sich Compliance auch im Unternehmensumfeld nachhaltig entfalten.

4. Menschen mit Machtstreben, Erfolgsdenken und selbstbewusstem Charisma legen jedoch häufig eine narzisstische Persönlichkeit an den Tag und der Gedanke, von einer Art Mentor bei der Entscheidungsfindung begleitet zu werden, widerstrebt ihnen.

5. Spitzensportler haben dasselbe Ziel wie Führungskräfte: Sie wollen den größtmöglichen Erfolg und die damit verbundene Anerkennung. Im Leistungssport ist Coaching daher schon seit Langem ein probates Mittel, um dem Athlet zu innerer Stärke zu verhelfen.

6. Vergleichbar mit Spielregeln im Sport findet sich inzwischen in vielen, vor allem Großunternehmen ein Compliance-Management-System (CMS). In der Praxis haben wir es jedoch mit Menschen zu tun, die, gesteuert von der eigenen Werteorientierung, mehr oder weniger compliant handeln.

7. Innehalten und die Fokussierung auf das Wesentliche gelingen im sich ständig wandelnden wirtschaftlichen Umfeld immer seltener. Automatisiertes Handeln unter Druck statt Erkennen von Wahlmöglichkeiten ist die Folge.

8. Compliance-Coaching bedarf einer klaren Definition.

9. Die International Coach Federation (ICF) ist der weltweit größte und einzige internationale Coachverband und legt Richtlinien und eine Definition von (Compliance-)Coaching fest.

10. Basis des Compliance-Coachings sind die Erkenntnisse der Neurowissenschaften, mithilfe derer Strategien und Techniken vermittelt werden können, wie man eingebrannte Muster erkennen und selbstverantwortlich beeinflussen kann.

II Der Entscheider im Fokus

II.1. Der Entscheider als Homo oeconomicus oder: Der tägliche Kampf zwischen Rationalität und Bauchgefühl
Dr. Kathrin Niewiarra

Herausforderungen der unternehmerischen Compliance-Entscheidungen

Irren ist menschlich und Fehler sind jeder einzelnen Entscheidung immanent. Sobald wir sie treffen, sind mögliche Fehler unausweichlich. Und jeder Entscheider, jeder Unternehmer, jeder von uns muss mit potentiellen Risiken leben und umgehen – auch sie sind immer Teil einer jeden Entscheidung. Wir alle kennen diesen Umstand aus unserem Alltag und unseren Erfahrungen. Dies gilt natürlich nicht nur im privaten Umfeld, sondern und gerade für den beruflichen Alltag. Auch dort wiegen Irrtümer schwer, zerstören Wert(e), Karrieren und letztendlich Menschen. Daher ist es von maßgeblicher Bedeutung, etwaige Risiken, Fehlerquellen und vor allem den Umgang damit zu beleuchten und zu kennen, um die sinnvollste Wahl zu treffen. Ohne Entscheidungen kann es keine Innovationen, keine Fortschritte geben, sondern nur Rückschritte – und dies gilt ganz besonders für unternehmerische Compliance-Entscheidungen. Die Herausforderungen sind vielfältig, jedoch birgt jede immer auch eine Chance in sich.

Doch zunächst klären wir, was man unter dem Homo oeconomicus versteht, diesem rationalen Nutzenmaximierer. Wie trifft der Entscheider, den wir im wirtschaftlichen Umfeld erwarten, seinen Entschluss? Und dann noch unternehmerische Compliance-Entscheidungen. Sind diese von anderen unternehmensrelevanten abzugrenzen, oder geht es hier um Sachverhalte, um die sich die Experten, die Juristen, die Chief Compliance Officer oder die Compliance-Beauftragten kümmern und die mit dem Tagesgeschäft als solchem keine Berührungspunkte aufweisen?

Der Homo oeconomicus und Compliance
Dies kann und soll natürlich keine wirtschaftspsychologische oder verhaltensökonomische Abhandlung werden. Deshalb wird das „laienpsychologische" Verständnis des Homo oeconomicus zugrundegelegt – das Modell des rationalen Entscheiders, „eines ausschließlich, wirt-

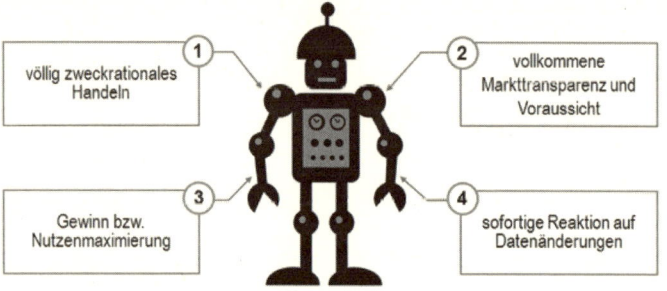

Abbildung 1: Der Agent
Quelle: Dr. Florian Becker, www.wpgs.de

schaftlich denkenden Menschen."[1] Oder anders gesagt: „Der Agent der volkswirtschaftlichen Theorie ist rational egoistisch und seine Präferenzen verändern sich nicht."[2]

Er handelt danach völlig zweckrational, geht von einer Markttransparenz aus, ist fokussiert auf die Gewinn- und Nutzenmaximierung und tendiert zu einer sofortigen Reaktion, wenn sich Daten oder Fakten ändern.[3] Wir haben es also auf den ersten Blick mit dem „typischen" Idealbild des Wirtschaftslenkers und eines Managers zu tun, der auf der Grundlage von Fakten und Informationen entscheidet, vorher analysiert, abwägt und Prioritäten setzt — intrinsische Motive werden dabei vernachlässigt. Dieser Typ des Entscheiders handelt rational und avisiert als Ziel den größtmöglichen (monetären) Nutzen, der höher sein soll als die Kosten.[4]

Entscheidungen und die Theorie der zwei Systeme

Wie werden Entscheidungen ganz grundsätzlich getroffen?[5] Wie denken wir? Hier soll kurz auf das System-Eins-Denken und das System-Zwei-Denken nach Kahneman,[6] zurückgehend auf Stanovich und West,[7] eingegangen werden.

Kahneman unterscheidet unsere Art zu Denken in zwei Systeme. Das System 1 kann man mit Intuition oder Bauchgefühl gleichsetzen. Hier erkennen wir dank unseres abgespeicherten Wissens schnell gewisse Muster. Es ist assoziativ. System 2 dagegen beschreibt Kahneman als „langsames Denken". Dieses Denken gebrauchen wir immer dann, wenn wir systematisch vorgehen, etwas analysieren oder komplexe Sachverhalte wie eine schwierige Mathematikaufgabe berechnen müssen.

	System 1	System 2
Definition	• Schnell • Automatisch • Immer aktiv • Emotional • Stereotypisierend • Unbewusst	• Langsam • Anstrengend • Selten aktiv • Logisch • Berechnend • Bewusst
Stärken	• Reaktionsschnelle in Krisensituationen • Einfache, unkomplizierte Erledigung von Routineaufgaben • Kreativität durch Assoziationen	• Entscheidungen • Rationale Analyse • Reflektion
Schwächen	• Tendenz zu voreiligen Schlüssen • Fehleinschätzungen • Emotionale Reaktionen • Mangel an Selbstreflektion	• Hohe Aufmerksamkeit • Anfällig für Störungen/Krisen • Fehlgeleitete Logik

Die zwei Denksysteme nach Kahnemann auf einen Blick

Ein sehr interessantes Beispiel für das Zusammenwirken der Systeme und die Auswirkungen zeigt folgende Studie, die Kahneman in seinem Buch anführt[8]: In Israel wurde am Beispiel von Richtern, die über Begnadigungen zu entscheiden hatten, untersucht, ob es eine Korrelation zwischen den Urteilen und (Essens)Pausen gibt. Im Schnitt dauerte eine Urteilsfindung sechs Minuten, die Standardentscheidung war die Ablehnung des Entlassungsgesuchs. Je näher die Mittagspause rückte, desto hungriger und erschöpfter die Richter waren, desto weniger Haftentlassungen sprachen sie aus. Es zeigt sich, welche Auswirkungen System 2 haben kann, Denken verbraucht Energie — erschöpften und hungrigen Richter fallen rationale Entscheidungen also schwerer, und die Tendenz zur leichteren (und vielleicht auch vertrauteren Alternative)[9] Standardentscheidung steigt. Genau dort liegt die Wurzel für den hier verfolgten ganzheitlichen Corporate-Compliance-Ansatz. Die Erkenntnisse aus der Neurowissenschaft belegen deutlich, dass der ermüdete präfrontale Cortex (PFC) andere Entscheidungen trifft als ein wacher, trainierter. Wie gelingt es dem Homo oeconomicus seinen PFC zu trainieren, um auch um 17:00 Uhr schwierige Entscheidungen noch mit der gleichen Aufmerksamkeit zu treffen wie morgens um 10:00 Uhr? Dies beleuchten wir in Teil V unseres Buchs.

Man sollte also meinen, dass der rationale Nutzenmaximierer seine Entscheidungen eher nach dem System 2 trifft. Also bewusst langsam denkt, Logik walten lässt und rational analysiert. Stimmt dies aber? Ich glaube, die Antwort ist offensichtlich. Denn natürlich ist der Entscheider im Unternehmen den gleichen Situationen ausgesetzt wie z. B. die Richter bei ihrer Urteilsfindung. Schon vermeintliche Belanglosigkeiten wie Hunger, Ermüdung oder auch Störungen führen dazu, das beschriebene Denken zu erschüttern.

So sieht demnach oft der Arbeitsalltag eines (Homo oeconomicus-)Entscheiders aus: Er trifft auf der Grundlage von Fakten und Informationen möglichst schnell und kalkulierbar Entscheidungen. Aufgrund der oben beschriebenen Systematik ist aber der allgegenwärtige Konflikt zwischen dem schnellen und langsamen Denken jeder Entscheidung immanent, dem Meistern von Risiken und Chancen im geschäftlichen Alltag. Beide Systeme führen jeweils isoliert zu keinen klugen Entscheidungen.[10] Nicht immer können wir den schnellen Entscheidungen unseres Bauchgefühls trauen – aber auch „langsame" Entscheidungen auf der Grundlage von Fakten als Homo oeconomicus sind nicht immer die Lösung.

Der Entscheider steht beim täglichen Management permanent im Spannungsfeld zwischen Intuition und Rationalität.

Die unternehmerische Compliance-Entscheidung
Nicht anders sieht es bei der unternehmerischen Compliance-Entscheidung aus.

Wie bei anderen Entscheidungen wird der klassische Homo oeconomicus versuchen, auch Compliance-Entscheidungen rational und auf der Grundlage von Fakten zu treffen. Recht, Gesetz und Unternehmensrichtlinien, Prozesse sowie die Organisation (unterstützt und umgesetzt mithilfe des Chief Compliance Officer, Juristen, Wirtschaftsprüfers oder eines anderen externen Beraters) stellen die Grundlage für die Entscheidung. Der Sachverhalt wird oft anhand einer Checkliste vorgefiltert, in ein System eingeordnet oder in Form eines „Ampelpapiers", das bereits eine Gewichtung der Tatsachen vornimmt, zusammen mit einer kurzen Einführung zur Entscheidung vorgelegt. Alle entscheidungserheblichen Informationen sind damit präsent und der Homo oeconomicus kann eine rationale Entscheidung fällen. Aber ist es tatsächlich so einfach?

Wie gesagt, Compliance-Entscheidungen sind unternehmerische Entscheidungen. Aber etwas ist hier anders. Wichtig ist sicherlich ein Durchdringen der Situation wie bei jedem anderen (risikobehafteten) Sachverhalt. Gesetzliche Regeln sowie Unternehmensrichtlinien sind vorhanden und sollen/müssen respektiert und eingehalten werden — sie geben quasi die „Leitplanken" vor, innerhalb derer sich der Entscheider bewegt. Aber Compliance erfordert noch mehr. Innerhalb dieser Leitplanken gibt es viele Bereiche, die weder schwarz noch weiß sind, sondern sich in Grauschattierungen bewegen. Gerade bei Fragestellungen, die Compliance betreffen, fließen häufig und verstärkt neben den rechtlichen auch ethische Bewertungen mit ein. Diese sind eben naturgemäß nicht nur schwarz und weiß oder wahr und falsch. Hier gilt es für den Entscheider, einen Weg zu finden, die Graubereiche bei seiner Entscheidungsfindung zu berücksichtigen.

Der Homo oeconomicus sieht sich damit bei seiner Compliance-Entscheidung dem Konflikt zwischen beiden Denksystemen und — vielleicht häufiger als bei anderen Entscheidungen — der Notwendigkeit einer ethischen Bewertung ausgesetzt.

Aber was sind die Faktoren und Kriterien, die bei der unternehmerischen Compliance-Entscheidung eine Rolle spielen und diese beeinflussen?

Was sind die „richtigen" Prioritäten? Der Zielkonflikt des Homo oeconomicus

Noch nie konnten und mussten wir so viel entscheiden wie heute. Und dies unter gesteigerten Anforderungen. Der Wettbewerbs- und Kostendruck nimmt kontinuierlich zu, die Welt dreht sich immer schneller. Die Globalisierung schafft neue Herausforderungen und Risiken, der demografische Wandel darf nicht außer Acht gelassen werden. Darüber hinaus steigen täglich die Ansprüche an Qualität und Transparenz — und damit eine sich zuspitzende Haftungssituation für Unternehmen und das Individuum. Dazu begegnen uns Compliance-Skandale mittlerweile überall. Es vergeht kein Tag, an dem nicht über einen Compliance-Vorfall berichtet wird: VW, ADAC, Petrobas, immer wieder die Deutsche Bank — und auch Siemens verschwindet nicht aus den Schlagzeilen. Das Thema Compliance mit seinen Facetten Korruption, Kartellrecht, Fraud, Geldwäsche, Verstöße gegen Ausfuhrbestimmungen, um nur einige zu nennen, schlussendlich Reputation und Integrität sind die bestimmenden Faktoren des geschäftlichen Miteinanders geworden. Eine große Herausforderung[11] für jedes Unternehmen und seine Menschen, die ein kontinuierliches Um- und Mitdenken erfordert. Und dies nicht nur vor dem Hintergrund, dass in Deutschland bis 1999 Schmiergeldzahlungen noch als nützliche Aufwendungen deklariert werden konnten und Unternehmen damit weder steuer- noch strafrechtlich angreifbar waren. Der Gesetzgeber hat reagiert und seit Beginn 1999 wiederholt die Zügel angezogen und folglich das Augenmerk verstärkt auf das Thema Compliance gelenkt. Hier konnte der Eindruck entstehen, dass mehr Vorschriften zu mehr Verstößen führen. Oder führen immer detailliertere Compliance-Kataloge dazu, dass die Menschen ihr Wertebewusstsein und das Gefühl für richtig und falsch verlieren?[12] Ist der Zielkonflikt einer unternehmerischen Compliance-Entscheidung inhärent und wie soll der Homo oeconomicus seine Prioritäten setzen?

Driver der unternehmerischen Compliance-Entscheidung

Bestehen im Wirtschaftssystem oder zwischen Gewinn und Verlust
Gerade im geschäftlichen Umfeld und Tagesgeschäft der Entscheider, mögen es Vorstände, Geschäftsführer oder die Führungskräfte eines Unternehmens sein, ist der geschäftliche Erfolg und die Rendite das erstrebenswerte Ziel. Jeder Rückschritt und auch die Stagnation ist oft gleichbedeutend mit Erfolglosigkeit, Versagen und dem Ausschluss aus dem Top-Team im Unternehmen. Der persönliche finanzielle Gewinn ist durch Bonuszahlungen an den Unternehmenserfolg — meist den finanziellen — geknüpft. Projekte müssen innerhalb des Zeitplanes und des Budgets umgesetzt werden. Nebenbei wird reorganisiert, die Personaldecke optimiert und Changemanagement betrieben. Das Produkt, die Dienstleistung muss im Wettbewerb reüssieren,[13] den Konkurrenten ausstechen, dabei den gesetzlichen Anforderungen entsprechen und ständig angepasst werden — primär unter dem Gesichtspunkt der Kosten-Nutzen-Analyse. Wichtig ist unter dem Strich, dass das Ergebnis stimmt und die Vorgaben erfüllt werden.

Der Homo oeconomicus ist damit in seinem Element — der rationalen Nutzenmaximierung. Fakten, Zahlen, logisches Denken. Und wie passt Compliance, auf den ersten Blick ein bloßer Kostenfaktor, ins Bild? Hier drängt sich für den Unternehmenslenker und Kostenstellenverantwortlichen folgendes Dilemma auf: Solange Compliance dazu beiträgt, den Unternehmenserfolg zu pushen und zu unterstützen, ist sie ein gutes Mittel zum Zweck. Wenn die Waage aber kippt und Compliance und die Einhaltung von Regelwerken oder integre Entscheidungen das Geschäftsgebaren negativ und zu ungunsten der Rendite beeinflusst, stellt sich die Lage ganz anders dar.[14] Der Zielkonflikt des Homo oeconomicus lässt sich wie folgt zusammenfassen: „Wenn du denkst, Compliance sei teuer, dann versuche es ohne Compliance."

Risikomanagement oder Chance und Risiko

Neben den ökonomischen Herausforderungen muss jeder Manager täglich große und kleinere Risiken meistern. Hinter kleinen können sich große verbergen, große können sich bei näherem Hinschauen als kleine entpuppen. Es gibt kalkulierbare Risiken, und es gibt die, die vielschichtig und auf den ersten Blick nicht einzuordnen sind. Und genau das sind wohl die häufigsten. Darüber hinaus hat sich die unternehmerische Risikolandschaft geändert. Jetzt gehören nicht nur klassische Risiken in das Portfolio, wie Produktion, Produktentwicklung, Business Continuity, Nachfolgeplanung usw., sondern zunehmend sogenannte Compliance-Risiken. Sehr anschaulich hat dies kürzlich das Deutsche Institut für Compliance (DICO) beschrieben. Das DICO hat einen generischen Risikokatalog erarbeitet. Hier sind 33 Compliance-Themen identifiziert worden, die von Datenschutzrecht bis Geldwäsche reichen.[15] Aus diesen Themenfeldern ergeben sich regulatorische Anforderungen und Risiken oder auch Anforderungen aus selbstgesetzten Standards (z. B. Produktstandards), die das Unternehmen und der Einzelne erfüllen sollten. Ein Compliance-Risiko entsteht immer dann, wenn es zu Verstößen gegen bzw. Nichtbeachtung dieser Anforderungen kommt. Im Themenfeld Korruption sind dies z. B. die Risikofelder Zuwendungen im Zusammenhang mit Ausschreibungen und Vertragsvergaben oder Geschenke und Gastfreundschaft. Hier stellt sich die Herausforderung der Identifikation und des Erkennens sowie schlussendlich des Umgangs mit diesen spezifischen Risikogruppen. Aus der Sicht des Homo oeconomicus zweifelsohne mit dem Schwerpunkt der Nutzenmaximierung: Welche Risiken können eingegangen werden, um Erfolg zu ernten, welche zahlen sich nicht aus, sondern vernichten Wert(e)?

Compliance-Management und Risikomanagement sind nicht so unterschiedlich, wie es der ein oder andere Entscheider glaubt.[16] Es geht darum, zunächst Risiken zu erkennen. Genau wie bei jeder Entscheidung und jeder Risikoanalyse bedarf es zunächst einer Bestandsaufnahme — der Feststellung des Ist-Zustandes. Von Fall zu Fall kann es dabei bereits zu einer Priorisierung aufgrund etwa der unternehmensspezifischen Risiken führen. So wird ein Unternehmen in der Sicherheits- und Verteidigungsindustrie unter anderem stark auf außenwirtschaftsrechtliche Faktoren achten, während ein Pharmaunternehmen besonders auf Produktsicherheit und -haftung fokussiert. Ausgehend von dieser Ist-Situation, werden die Risiken bewertet und können abgearbeitet werden. Hier gilt es, sowohl im Rahmen eines klassischen Risikomanagements wie auch eines Compliance-Managements geeignete Maßnahmen zu definieren, damit die Risiken entschärft bzw. bestenfalls präventiv aufgegriffen werden können. Wichtig und entscheidend ist aber für das Unternehmen und seine Menschen, dass diese Methodik in ein System, sei es ein internes Kontrollsystem oder Enterprise Risk Management, übernommen wird, Teil der Unternehmensprozesse ist und natürlich regelmäßigen Wirksamkeitskontrollen unterzogen wird. Compliance(-Management) ist — ebenso wie das Management von anderen Risikobereichen — eine Aufgabe, die im Grundsatz jeden Entscheider angeht.[17]

Beim Management von Compliance-Risiken kommt aber oft noch etwas anderes zum Tragen: In vielen Fällen lassen sich diese Risiken und ihre Auswirkungen nicht am Reißbrett planen, kalkulieren, bekämpfen, geschweige denn beziffern und in die Rückstellungen aufnehmen. Wie wir aus vielen pressebekannten Compliance-Vorfällen der letzten Jahre wissen, kommt es nicht nur zur Verhängung von (existenzbedrohenden) Sanktionen gegen die Unternehmen und die Einzeltäter, sondern es entstehen nicht-bezifferbare Reputationsschäden, von denen sich weder das Unternehmen noch der Einzelne schnell erholt. Diese Reputationsschäden vernichten Unternehmenswert und Werte wie etwa Integrität oder Fairness und zwar mit einer ungeheuren Schnelligkeit und Aggressivität. Reputations- und Compliance-Risiken sind zunehmend häufiger miteinander verwoben und lassen sich nicht mehr klar voneinander abgrenzen. Reputationsrisiken sind Verstärker. Sie haben sowohl negative als auch positive Auswirkungen auf das Wesen, die Dauer und Ausdehnung anderer Risiken — wie auch Compliance-Risiken — bezüglich der betroffenen Organisationen, Personen, Produkte oder Dienstleistungen.[18] Ein Beispiel aus jüngster Vergangenheit ist sicherlich der Einsatz der illegalen Software bei den Dieselfahrzeugen von VW: Hier hat VW nicht nur mit rein juristischen Auswirkungen zu kämpfen, sondern die Marke VW hat durch den ganzen Vorfall stark gelitten. Beim Umgang mit diesen spezifischen Reputationsrisiken ist der Homo oeconomicus besonders gefordert. Allein mit seinen Stärken und der rationalen Brille wird er sich schwer tun, diese oft unkalkulierbaren Risiken zu beherrschen.

Zwischen Legalität und Ermessen – Vermeidung von persönlicher Haftung als oberstes Gebot?

Im Zusammenhang mit Compliance-Sachverhalten und der Einhaltung von Compliance-Pflichten sind besonders die persönliche Haftung sowie deren Vermeidung von Organmitgliedern und von anderen Unternehmensverantwortlichen zu betrachten. Und dies zunehmend im Hinblick auf Compliance-Sachverhalte und die Vorgaben für ein funktionierendes Compliance-Management-System.[19] So sind Haftungsverschärfungen durch umfassende Compliance-Vorgaben, eine laufende Aktualisierung der gesetzlichen Anforderungen und der Rechtsprechung[20] sowie die damit steigende Gefahr, sich dem Vorwurf von Pflichtverletzungen und dem Risiko der Strafbarkeit auszusetzen, zu beobachten.

Hier, liebe Leser und Leserinnen, wird es nun etwas juristischer, denn die erklärten Sachverhalte werden durch Gesetze und nicht zuletzt von der Rechtsprechung definiert und aufgenommen. Beispiele für eine Tendenz etwa, die Haftung von Managern und Unternehmen auszudehnen, zeigen die Diskussionen um ein Unternehmensstrafrecht[21] und Klagen wie von ThyssenKrupp gegen einen ehemaligen Manager auf Ersatz der vom Konzern zu zahlenden Kartellbuße.[22] Die Zahl der Urteile zur Managerhaftung im Zeitraum zwischen 1986 bis 1995 war zweimal so hoch wie in den 100 Jahren davor. Diese Zahl hat sich in den zwei darauffolgenden Dekaden (1996 – 2005 und 2006 – 2015) noch einmal verdoppelt.[23] Manager sollten daher ihre Pflichten kennen – auch im Hinblick auf das Thema Compliance. Zwar haben sich im Bereich der Organhaftung die Haftungsnormen seit geraumer Zeit wenig geändert, doch wurde der Pflichtenkatalog ständig ausgeweitet.[24] Grundsätzlich kann hier zwischen der sogenannten Innen- und Außenhaftung unterschieden werden.

Unter „Innenhaftung" ist die Haftung von Organmitgliedern gegenüber ihrem Unternehmen zu verstehen. Die Mehrzahl der Haftungsfälle von Managern gehört in diese Kategorie. Ein typischer Fall dabei ist die Haftung wegen Organisationsverschuldens.

Grundsätzlich haftet ein Organmitglied nur für eigenes schuldhaftes Verhalten, z. B. aus Vorsatz oder Fahrlässigkeit oder wegen Unterlassen bei Garantenstellung. Der Verschuldensmaßstab ist die „Sorgfalt eines ordentlichen Geschäftsmannes".[25] Hieraus wird die sogenannte Legalitätspflicht abgeleitet, also die Pflicht zu eigenem rechtskonformen Handeln[26, 27] und daraus folgend die Pflicht, das Unternehmen so zu organisieren, dass die anwendbaren Gesetze und Rechtsvorschriften eingehalten werden.[28] Neben der Pflicht zur Gesetzestreue trifft das Organmitglied eine Legalitätskontrollpflicht — die Pflicht, Gesetzesverstößen durch Mitarbeiter vorzubeugen.[29]

Soweit es sich um Entscheidungen und Situationen handelt, die dem Bereich der Legalitätspflicht zugeordnet werden können, liegt eine sogenannte gebundene Entscheidung vor. Ein Ermessensspielraum ist nicht vorhanden — die Einhaltung von Recht und Gesetz steht nicht zur Disposition. Ein Abweichen von den anwendbaren Normen stellt eine Pflichtverletzung dar und kann zu einer Sanktionierung des Handelns führen. So hat es auch das Gericht im Fall des ehemaligen Siemens CFO, Heinz-Joachim Neubürger, gesehen, der zunächst zu 15 Mio. Euro Schadensersatz verurteilt wurde, da er es versäumt hatte, ein effektives Compliance-System in seinem Unternehmen einzurichten.[30] Das Gericht machte deutlich, dass eine Rechtspflicht besteht, ein Compliance-System im Unternehmen zu verankern.[31] „Die Frage des Ob, also ob ein funktionierendes CMS (Compliance-Management-System) eingerichtet werden ... bzw. eine Analyse zu den Compliance-Risiken durchgeführt werden muss",[32] ist sicherlich keine unternehmerische Entscheidung, sondern ergibt sich aus dem Gesetz".[33] Die Umsetzung im Einzelfall liegt dagegen im Ermessen des Unternehmens. Für Fehlentscheidungen kann der Unternehmer in diesen Fällen dann nicht haftbar gemacht werden, soweit er sich auf die sogenannte Business Judgement Rule berufen kann (BJR).[34] Das Haftungsprivileg der BJR greift,[35] wenn es sich (i) um eine unternehmerische Entscheidung handelt, die (ii) in gutem Glauben, (iii) ohne Sonderinteressen und sachfremde Einflüsse (iv) zum Wohle des Unternehmens (v) auf der Grundlage angemessener Informationen getroffen wird.[36] Bei der Entscheidung, ein Compliance-Management-System einzurichten, kommt die BJR nicht zum Tragen. Ein etwaiger Ermessensspielraum reduziert sich auf null, d. h. es existiert kein Entscheidungsspielraum, da es sich um eine vorgegebene, also normierte Pflicht und nicht um einen Sachverhalt handelt, der eine Interpretation zulässt. Es kann allerdings im Einzelfall entschieden werden, welche Maßnahmen der Risiko- und Gefährdungslage des jeweiligen Unternehmens und Sachverhalts entsprechen. Bei dem „Wie" geht es um die Frage, wie das System angelegt und umgesetzt werden kann. Fazit ist: Compliance ist Chefsache und damit Führungsaufgabe.

Von der Innenhaftung unterscheidet sich die sogenannte Außenhaftung, die Haftung gegenüber außerhalb des Unternehmens stehenden

Dritten. Im Rahmen von sogenannten Directors-and-Officers-Versicherungen macht dies nur etwa ein Drittel der Fälle aus.[37] Die Außenhaftung kommt in Ausnahmefällen (Grundsatz der Haftungskonzentration) in Betracht und erfordert besondere Anspruchsgrundlagen. Hier gibt es spezialgesetzliche Vorschriften (z. B. Steuerrecht, Arbeitsrecht), Ansprüche aus Deliktsrecht und dem Straf- (z. B. Untreue, Betrug, Bestechung) bzw. Ordnungswidrigkeitenrecht (§§ 130, 9 OWiG). Bei der Haftung wegen Aufsichts- und Organisationsverschuldens im Zusammenhang mit Compliance-Entscheidungen verdienen Vorschriften des Ordnungswidrigkeitengesetzes besonderes Augenmerk, die wir hier kurz zitieren möchten:

§ 130 OWiG:

„Wer als Inhaber eines Betriebes oder Unternehmens vorsätzlich oder fahrlässig die Aufsichtsmaßnahmen unterlässt, die erforderlich sind, um in dem Betrieb oder Unternehmen Zuwiderhandlungen gegen Pflichten zu verhindern, die den Inhaber treffen und deren Verletzung mit Strafe oder Geldbuße bedroht ist, handelt ordnungswidrig, wenn eine solche Zuwiderhandlung begangen wird, die durch gehörige Aufsicht verhindert oder wesentlich erschwert worden wäre. Zu den erforderlichen Aufsichtsmaßnahmen gehören auch die Bestellung, sorgfältige Auswahl und Überwachung von Aufsichtspersonen. ..."

§ 9 OWiG:

„(1) Handelt jemand
1. als vertretungsberechtigtes Organ einer juristischen Person oder als Mitglied eines solchen Organs,
2. als vertretungsberechtigter Gesellschafter einer rechtsfähigen Personengesellschaft oder
3. als gesetzlicher Vertreter eines anderen,
so ist ein Gesetz, nach dem besondere persönliche Eigenschaften, Verhältnisse oder Umstände (besondere persönliche Merkmale) die Möglichkeit der Ahndung begründen, auch auf den Vertreter anzuwenden, wenn diese Merkmale zwar nicht bei ihm, aber bei dem Vertretenen vorliegen.
(2) Ist jemand von dem Inhaber eines Betriebes oder einem sonst dazu Befugten
1. beauftragt, den Betrieb ganz oder zum Teil zu leiten, oder
2. ausdrücklich beauftragt, in eigener Verantwortung Aufgaben wahrzunehmen, die dem Inhaber des Betriebes obliegen,
und handelt er auf Grund dieses Auftrages, so ist ein Gesetz, nach dem besondere persönliche Merkmale die Möglichkeit der Ahndung begründen, auch auf den Beauftragten anzuwenden, wenn diese Merkmale zwar nicht bei ihm, aber bei dem Inhaber des Betriebes vorliegen. Dem Betrieb im Sinne des Satzes 1 steht das Unternehmen gleich. Handelt jemand auf Grund eines entsprechenden Auftrages

für eine Stelle, die Aufgaben der öffentlichen Verwaltung wahrnimmt, so ist Satz 1 sinngemäß anzuwenden. "

Nach § 130 OwiG ist der Inhaber eines Betriebes oder Unternehmens für die Pflichtverletzung haftbar — über § 9 OWiG wird dieses persönliche Merkmal aber auf Organe und den in dieser Vorschrift aufgeführten Personenkreis abgewälzt. Der Vorwurf ist das vorsätzliche oder fahrlässige Unterlassen von Aufsichtsmaßnahmen, die eine Zuwiderhandlung gegen betriebsbezogene Pflichten verhindert oder zumindest erschwert hätten bzw. es ermöglicht, dass sogenannte Anknüpfungstaten[38] begangen werden können.[39] So kann ein Verstoß gegen § 130 OwiG vorliegen, wenn das Management keine Risikoüberprüfungen vornimmt sowie es versäumt, Compliance-Maßnahmen einzuführen. Oder der sogenannte Worst Case, in dem zwar eine Risikoanalyse durchgeführt wurde, aber keine oder unzureichende Reaktionen erfolgt sind. Die Rechtsprechung entscheidet im Einzelfall, sodass Leitlinien insofern fehlen.

Dieser Exkurs in die relevanten Gesetzestexte soll Folgendes verdeutlichen: Die aufgrund der doch noch weit verbreiteten Unsicherheit, Unwissenheit und vielleicht auch Leichtfertigkeit von Entscheidern gepaart mit fehlender Sensibilisierung für Compliance-Sachverhalte,[40] führt in extremen Fällen dazu, entweder die Augen zu verschließen oder die Vermeidung der Haftung als oberstes Gebot zu sehen und erst einmal gar nicht zu entscheiden, um Fehler und Risiken zu verhindern. Dem Manager sollte aber bewusst sein, dass ihn als Unternehmenslenker oder Aufsichtsorgan die Legalitätspflicht trifft und nur bei rein unternehmerischen Entscheidungen — also über das „Wie" der Maßnahme —, Ermessen und Entscheidungsspielraum zugebilligt wird.

Der ehrbare Kaufmann und Compliance

In Anbetracht der sich mehrenden Fälle von Fehlverhalten im Top-Management,[41] erklingt neben dem oben beschriebenen Legalitätsprinzip vermehrt der Ruf nach der Rückkehr des Leitbildes des ehrbaren Kaufmanns.

Seine Wurzeln gehen bis in das 12. Jahrhundert zurück. Zu den Zeiten der Hanse und des frühen Mittelalters in Italien wurde ein Kaufmann als ehrbar betrachtet, der seine Handlungen im Wirtschaftsleben an Tugenden wie Integrität, Aufrichtigkeit und Verlässlichkeit ausrichtete.[42] Er strebt den langfristigen wirtschaftlichen Erfolg an, wobei er gesellschaftliche Interessen berücksichtigt sowie seine sozialen und wirtschaftlichen Ziele ehrlich und fair verfolgt. Das Leitbild hat einen „Vorbildcharakter für jeden Teilnehmer am Wirtschaftsleben"[43] und hat gerade heute nichts an Aktualität eingebüßt.[44, 45] Es orientiert sich am Menschen, stellt ihn und seine Grundbedürfnisse, „richtig" zu handeln sowie wertschätzend behandelt zu werden, in den Mittelpunkt.[46]

Die Grundausrichtung des ehrbaren Kaufmannes enthält ein ungeschriebenes Wertesystem, das sich in Compliance-Richtlinien wie z. B. einem Verhaltenskodex, einer Whistleblower-Richtlinie oder Compliance-Entscheidungen widerspiegeln sollte. Compliance-Regelwerke und Entscheidungen sind nicht nur Ausfluss des Legalitätsprinzips, sondern auch des Wertekanons und der Integrität des Unternehmens und seiner Menschen. Der ehrbare Kaufmann könnte quasi als Vorreiter der Compliance-Disziplin mit einer Schnittstelle zum Bereich Corporate Social Responsibility[47] verstanden werden.[48] Auch der Unternehmer der Gegenwart tut gut daran, sich seiner Verantwortung gegenüber der Umwelt, seinen Mitarbeitern, Kunden, Investoren, Wettbewerbern und der Gesellschaft zu stellen. Dabei sollte er diese bei seinen unternehmerischen Handlungen in die Entscheidungsfindung einbeziehen. Dies gilt ebenso für den Homo oeconomicus, der aber auch und in erster Linie Mensch (jedoch laut Definition ohne intrinsische Motivation) ist.

Mit einem Augenzwinkern: Aber vielleicht wird so ein Schuh daraus: Gewinnorientierung als Unternehmenswert?[49] Denn Unternehmen können nur dann überleben, wenn sie Gewinnorientierung als Wert begreifen, der sich langfristig und nachhaltig steigern lässt, wenn sie dieses Ziel mit Tugenden wie Fairness, Gerechtigkeit und Glaubwürdigkeit umsetzen.

Die Last der Priorisierung

Auf den Entscheider prasseln viele Faktoren ein, die er bei seiner Entscheidung und im Umgang mit Compliance-Sachverhalten beachten soll und muss. Viel hängt dabei von der Situation und Gegebenheit ab. Bei großen weitreichenden Entscheidungen bietet sich eine Entscheidungsanalyse an – ganz nach dem Modell des Homo oeconomicus und dem Denk-System 2 nach Kahneman. Bei Zeitdruck aber, in Krisensituationen, ohne verfügbare Daten oder wenig Erfahrungswerte schaltet sich das Denk-System 1 ein, die Intuition. Der Zielkonflikt (z. B. zwischen „Erfolg um jeden Preis" versus „Recht und Gesetz") ist automatisch gegeben und kann nicht weg diskutiert werden. Dazu kommt auch noch der Druck aus der Führungsspitze und/oder der Druck aus der Gruppe, sodass die Werte- und Integritätsvorstellungen des Einzelnen im Schwarm untergehen. Dann braucht es breite Schultern und Mut, den eigenen Vorstellungen gegen diesen Druck zu folgen und diese gegebenenfalls sogar zu verteidigen.

Fazit

Sei es „langsames" oder „schnelles" Denken, das Leitbild des ehrbaren Kaufmanns oder die Notwendigkeit, in Graubereichen einer Compliance-Entscheidung zu navigieren — ausschlaggebend ist, dass der Entscheider seine Pflichten kennt und er sich bewusst ist, wann er sich auf sein Bauchgefühl und seine Intuition verlassen kann, ob eine rationale Entscheidung angebracht ist oder eine Situation vorliegt, in der beide Komponenten verknüpft werden sollten.[50] Wie kann er sich aufstellen, dass er seine Wahlmöglichkeiten erkennt, Erschöpfungsentscheidungen vermeidet. Also kurzum: Welche aktiven Einflussmöglichkeiten hat der Homo oeconomicus auf seinen ganz persönlichen Compliance-State, den wir im nächsten Teil des Buchs näher betrachten wollen?

Zusammenfassung

1. Wer entscheidet, macht Fehler und geht Risiken ein.

2. Der Homo oeconomicus entscheidet rational egoistisch und bleibt starr hinsichtlich seiner Präferenzen.

3. Entscheidungen basierend auf den Denksystemen von Kahneman können spontan, emotional und zufällig oder rational erfolgen.

4. Die Compliance-Entscheidung ist eine unternehmerische Entscheidung.

5. Bei den Compliance-Entscheidungen besteht verstärkt die Besonderheit, dass ethische Bewertungen Teil der Entscheidungsfindung sind.

6. Treiber der unternehmerischen Compliance-Entscheidung sind der geschäftliche Erfolg innerhalb des Legalitätsprinzips, ein funktio-

nierendes Risiko- und Compliance-Management sowie die Vermeidung von persönlicher Haftung.

7. Der ehrbare Kaufmann und damit Werte, Integrität und intrinsische Motive sind Teil der unternehmerischen Entscheidung, getroffen durch den Menschen.

8. Der Konflikt zwischen Intuition und Rationalität bestimmt das Leben eines Entscheiders.

II. 2. Der „Meckertopf-Effekt" oder:
Wie compliant will ein Entscheider sein?

Dorette Segschneider

Wie compliant ein Entscheider sein will bzw. ist, hängt ganz wesentlich von seinem persönlichen „Compliance-State" ab. „State" ist das Grundgefühl, in dem man in jedem einzelnen Moment ist und die Basis unserer Handlungen. Der Compliance-State bezieht sich auf unser Grundgefühl, das wir rechtlichen Fragen gegenüber haben — also unser Verständnis von Moral und Ethik und wie wir es in unseren Handlungen umsetzen. Unsere Gedanken und unsere Haltung darüber prägen unseren State und der wiederum kontrolliert unser Verhalten. Welchen aktiven Einfluss jeder Einzelne auf seinen ganz persönlichen Compliance-State hat und ob bzw. wie er ihn nutzt, fußt zunächst einmal wesentlich auf seinen persönlichen Erfahrungen. Was wir als „gut" oder „böse", „recht" oder „schlecht" empfinden, ist vor allem das Ergebnis der Vorbilder, Lernprozesse und Interaktionen, die wir von Kindesbeinen an durchleben. Und sukzessive entwickeln wir so unseren eigenen Compliance-Kompass, die Werteskala, für die wir stehen.

Inwieweit wir diesen Erfahrungshorizont erweitern bzw. bewusst zu einem Compliance-State entwickeln, das entscheiden wir letztendlich jeden Tag neu. Wie wir lernen, bewusste compliante Entscheidungen in unseren Alltag zu integrieren, vermitteln die Lösungsansätze (vgl. Teil V). Basis jeder Entscheidung sind dabei unsere persönlichen Erfahrungen und die sammeln wir bekanntlich schon in unserer Kindheit.

Entwicklung der eigenen Compliance als Herausforderung im Widerstreit von Sollen und Wollen

1974. Auf unserem himmelblauen Esszimmertisch im Wohnzimmer steht ein kleiner, silberfarbener Pokal. Mein Vater, ein Verleger, hat ihn bei einer Schachmeisterschaft gewonnen. Sein Schachzug im Hinblick auf die Erziehung seiner Kinder: Jeder, der zu Mittag über das Essen meckert, muss einen kleinen Obolus in den Pokal werfen. Die Kinder 5 Pfennig und die Erwachsenen 20 Pfennig. Der Betrag wird immer nur für denjenigen fällig, der über das Essen meckert. So bekommt der Pokal seinen Namen: Meckertopf.

Nach dem Mittagessen verschließt mein Vater den Meckertopf im Mittelteil des Bücherschranks und „versteckt" den Schlüssel, gut sichtbar für meine neugierigen Augen, hinter den Büchern. Als der Meckertopf eines Tages — in meiner Wahrnehmung — mal wieder „viel zu voll" ist und — nach meiner Überzeugung — es ohnehin sehr ungerecht ist, dass wir Kinder für die — aus meiner Sicht — hin und wieder mangelhaften Kochkünste meiner Mutter (eine begnadete Köchin... nur aus Kindersicht schmeckt Gemüse nun mal nicht immer!) auch noch bezahlen müssen, entnehme ich 20 Pfennig. Natürlich klammheimlich und leise, als meine Eltern nicht zu Hause sind. Für die Beute erstehe ich einen Mars-Riegel im Tante-Emma-Laden um die Ecke — und habe nicht einmal ein schlechtes Gewissen beim Genuss des ungesunden Schokoladen-Klassikers.

Mit einem habe ich allerdings nicht gerechnet: dass mein Vater regelmäßig notiert, wie viel Geld in dem Meckertopf ist, und dass ihm infolgedessen der Schwund sehr wohl auffällt. Als er mich zur Rede stellt, tue ich genau das, was wohl die meisten Menschen in einer solchen Situation erst einmal tun: Ich leugne es, streite kräftig ab, überhaupt etwas mit dem Vorfall zu tun zu haben. Mit der ihm eigenen liebevollen Strenge und intelligenten Spürnase kann mein Vater mir dann aber nachweisen, dass nicht etwa meine Schwester oder unser Kindermädchen für das Vergehen infrage kommen, wie ich ihm glauben machen will, sondern ganz allein ich. Im zweiten Schritt beginne ich damit, eine Geschichte zu erfinden, wofür ich das Geld dringend gebraucht habe — für ein dringend notwendiges neues Schulheft, das ich allerdings nicht vorweisen kann, sodass ich es zugleich als „verloren" melde. Aus meiner Wahrnehmung ist die Geschichte so grandios und logisch, dass sie zweifelsohne glaubhaft wirken muss. Tatsächlich jedoch rede ich mich buchstäblich um Kopf und Kragen und muss schlussendlich eingestehen, dass ich das Geld sehr wohl unrechtmäßig genommen, das Vertrauen meines Vaters missbraucht und ihm zur „Krönung" auch noch eine Lügengeschichte nach der anderen aufgetischt habe. Dies alles, um mein Verhalten und das genossene süße Vergnügen zu rechtfertigen. Mein Unrechtbewusstsein zum „Tatzeitpunkt" war minimal. Im Gegenteil: Ich empfand mein Handeln als gerechten Ausgleich für „erlittenes" Unrecht. Köstlicher Nachtisch bezahlt von „meinem" Geld, das nur aufgrund vorgegebener, von mir höchst widerwillig akzeptierter Regeln nicht mehr „mein" Geld war.

Ein klassischer Fall von Selbstjustiz, wie er täglich passiert — im Kleinen. Doch letztendlich mit großer Wirkung. Denn das schlechte Gewissen habe ich im Grunde noch heute, wenn ich an den Vorfall denke, und darf mir gleichzeitig sicher sein, dass ich mich in bester Gesellschaft befinde.

Die Meckertopf-Geschichte ist für mich Ausdruck meiner persönlichen Compliance-Messlatte. Jeder hat seine ganz persönliche „Meckertopf"-Geschichte, seinen ganz persönlichen Maßstab, wann Compliance für ihn selbst beginnt, wie „legal" Selbstjustiz ist und wie weit ein möglicher Spielraum gefühlt tolerabel ist. Wenn ich die „Meckertopf"-Geschichte in Unternehmen oder auf Vorträgen erzähle und die Menschen nach ihrer ganz persönlichen „Meckertopf"-Erfahrung frage, hat jeder mindestens eine Erinnerung oder Erfahrung im Gedächtnis, die die persönliche Compliance-Messlatte geprägt hat.

Dabei gibt es nur wenige, wie zuletzt einen Coachee, der mir folgende Geschichte berichtete: Er sei in Wien mit dem City Airport Train — ohne Fahrschein — in die Stadt gefahren. Aber nicht etwa, weil er keine Fahrkarte kaufen wollte, sondern weil er in letzter Sekunde in den Zug sprang, bevor dieser abfuhr. Zeit zum Fahrkartenkauf blieb ihm keine mehr. Bis zum Ausstieg kam dann auch kein Schaffner, der ihn kontrollierte. „Der Glückliche!", denken Sie jetzt bestimmt. Nicht nur, dass er der Kontrolle entgangen war, er hatte auch noch Geld gespart. Ich wette, 99 % der Leser denken oder handeln genauso, ohne ein schlechtes Gewissen oder gar Unrechtsbewusstsein. Nicht mein Klient. Seine erste Handlung, nachdem er in der Wiener Innenstadt ankam, war der Fahrkartenkauf: Flughafen — Wien Innenstadt. Er löste die Fahrkarte nachträglich — für ihn völlig selbstverständlich und doch eine Ausprägung von Wohlverhalten, die viele Leser wahrscheinlich für völlig überzogen, gar dumm halten.

Und schon sind wir mitten in der Diskussion: Wo fängt Compliance an? Wie viel Korrektheit ist nötig? Wie viel Spielraum darf sein im Unternehmensalltag, um im Wettbewerb zu bestehen? Wie viel Compliance-Freiheit darf sich jeder ganz privat gönnen? Wo ist Selbstjustiz justiziabel und wo gerechtfertigt? Ist sie überhaupt rechtmäßig? Und wie viel trägt jede einzelne Führungskraft durch ihre ganz persönliche Compliance-Messlatte zum Compliance-Verständnis im Gesamtkonzern bei?

Die Werte aus Kindertagen, unsere Vorbilder, die Erfahrungen des eigenen Lebens und die Erkenntnisse aus dem täglichen Miteinander sind wesentliche Pfeiler unserer Entscheidungsfindung und ergeben unsere ganz persönliche Compliance-Skala. Je näher diese an dem liegt, was gemeinhin als compliant erachtet und in Unternehmen als Wertekanon vorgegeben wird, desto leichter fällt das Wohlverhalten.

Selbstjustiz vs. Compliance – Die Stelle, an der das Unrecht beginnt. Beispiele aus der täglichen Unternehmenspraxis

Im Laufe meiner langjährigen Coaching-Praxis sind mir unzählige Beispiele begegnet, die belegen, wie schwierig der Balanceakt Compliance für jeden Einzelnen ist. Und im Laufe des Buches werden wir noch klar feststellen, dass erst das Training, sich bestimmte Situation bewusst zu machen und Wahlmöglichkeiten zu erkennen, überhaupt die Möglichkeit eröffnet, das erforderliche innere Gleichgewicht zu finden. Erst dieses wird uns in die Lage versetzen irgendwann unbeeindruckt von dem zu sein, was um einen herum geschieht, um schließlich in der Manier eines Nik Wallenda[1] den Grand Canyon der Compliance auf einem Drahtseil zu überqueren. Doch der Reihe nach.

Davor liegt für die meisten ein langer Trainingsweg und der Blick auf die zahlreichen Situationen, die deutlich machen, warum der Balanceakt – bei aller Erkenntnis – bisweilen dennoch scheitert. Dies häufig vor allem dann, wenn die „verbindliche Regel" dem eigenen Gerechtigkeitsempfinden zuwiderläuft, wenn die „Regel" den handelnden Personen gar widersinnig erscheint. Insbesondere dann, wenn sie aus ihrer Wahrnehmung heraus gesetzestreu handeln und sich nicht einmal im – aus juristischer Sicht auch inakzeptablen – Graubereich bewegen. Wie im folgenden Fall, den mir ein Coachee schilderte:

Der Inhaber eines großen Speditionsunternehmens beauftragt seinen kaufmännischen Leiter (meinen Coachee) mit der Anmietung einer Halle für neu hinzukommende LKW. Der potentielle Vermieter und der kaufmännische Leiter werden in der Sache schnell einig und schließen einen langfristigen Vertrag. Man ist sich sympathisch. In den Folgejahren entwickelt sich über zeitweilig erforderliche Kontakte mehr und mehr eine persönliche Ebene und man stellt fest, dass man sich gerne auch einmal privat, mit den Ehefrauen, treffen möchte. Die lose Absichtserklärung führt schließlich dazu, dass der Vermieter den kaufmännischen Leiter mit Ehefrau anlässlich seines 60. Geburtstages zu einem großen Fest einlädt. Das Ereignis fällt just in eine Zeit, zu der die Verlängerung des Mietvertrags ansteht. Der kaufmännische Leiter schlägt die Einladung aus – zu groß sei die Gefahr, dass Außenstehende diese Art von Privatkontakt im Zusammenhang mit den geschäftlichen Beziehungen falsch interpretieren könnten. Zu unklar auch, ob die Einladung letztlich tatsächlich „rein privat" motiviert sei.

„Was soll's?", so könnte man einwerfen, die wechselseitige Sympathie wird unter der Absage nicht leiden, wenn entsprechende Transparenz hergestellt wird. Das ist richtig, doch nicht der Punkt. Mein Coachee fragte sich vielmehr: Warum dürfen zwei Menschen, die einander im Berufsleben begegnen, keine private Beziehung knüpfen? Und wenn doch, in welch engen Grenzen müssen sie sich bewegen, um compliant zu sein? Ist ihr Verhalten nicht immer compliant, solange sie Berufliches von Privatem trennen? Wer richtet über das richtige Maß an Compliance? Und gibt es für den Vermieter möglicherweise eine andere Werteskala als für den kaufmännischen Angestellten eines Großunternehmens?

Die Geschichte findet ihre Fortsetzung. Die Verlängerung des Mietvertrags erfolgt im gegenseitigen Einvernehmen erneut für eine lange Zeitspanne. Etwa ein Jahr nach der Unterschrift „trauen" sich beide Protagonisten, sich mit ihren Ehefrauen zu einem gemeinsamen Abendessen zu verabreden, für das am Ende der Vermieter allein und gegen den erklärten Willen des kaufmännischen Leiters bezahlt. Und wieder fühlt sich mein Coachee in seiner Compliance berührt. Wieder könnte es so aussehen, als versuche der Vermieter sich seiner Gunst auch in Zukunft zu versichern, um den solventen Mieter zu halten. Die Regeln des Speditionsunternehmens sind in diesen Punkten klar und eindeutig: Geschenke oder Vorteile gleich welcher Art, die einen bestimmten, geringen(!) Betrag überschreiten und von Geschäftspartnern an Angestellte des Unternehmens gehen, sind zurückzuweisen. Doch − so fragte sich mein Coachee − ist die Einladung zum Essen überhaupt noch die Einladung des Vermieters an den Vertreter des Mieters? Ist es nicht längst die Einladung des Ehepaares V. an das Ehepaar K.? Geht es hier noch um die Compliance-Regeln des Speditionsunternehmens?

Die Diskussion zwischen beiden Beteiligten deckt schnell weitere Aspekte der Komplexität von Compliance auf. Der Unternehmer konnte die Bedenken seines Freundes nicht wirklich nachvollziehen, schließlich ist er neben dem Gesetz vor allem auch sich selbst gegenüber Rechenschaft für sein Handeln schuldig. Im Gegenteil: Wenn es beiden Seiten zugutekomme, dass sich die verantwortlich Handelnden gut verstehen, und sich daraus sogar Vorteile für beide Seiten ergäben, sei dies doch zu begrüßen — formulierte der Unternehmer immer wieder deutlich. Wem also soll Compliance überhaupt dienen? Wen oder was soll sie schützen?

Auf diese Frage gibt es so viele Antworten wie Beispiele. Und wo es viele Beispiele gibt, braucht es Regeln, die — weg von der Einzelfalllösung — sich auf die Erfassung von Sinn und Zweck konzentrieren, mit dem Ziel, für möglichst viele der denkbaren Situationen einen orientierenden Rahmen zu geben. Schon aus der Kindererziehung wissen wir, dass eindeutige Regeln und ein klarer Handlungsrahmen die Entwicklung erleichtern.

Zugleich ist eine Regel nur so viel wert wie die Bindungswirkung, die sie entfaltet. Neben dem „üben, üben, üben" von Kindesbeinen an spielt dabei vor allem auch das Vorbild eine wesentliche Rolle. Das Vorbild, das sich mir einprägt, weil es vorgelebt wird — völlig selbstverständlich, ohne große Worte. In der Familie sind es die Eltern, im Unternehmen die Führungsspitze.

Diese Art von „top-down"-Moral wirkt sich unmittelbar aus. Wird Compliance von der Chefetage vorgelebt, orientieren sich alle nachfolgenden Hierarchien daran. Umgekehrt, wenn das Top-Management mangelndes Compliance-Bewusstsein erkennen lässt, gilt — leider — Selbiges.

Dies belegt eindrucksvoll eine Studie zweier Professoren der University of Nottingham, die auf der Basis ihrer — im wahrsten Sinne des Wortes — spielerischen Untersuchungen Belege für die Erkenntnis gewonnen haben, dass in unehrlichen und korrupten Systemen alle Beteiligten zur Unehrlichkeit und Korruption neigen.[2] Wo Steuerbetrug als Kavaliersdelikt gilt oder Bestechung zum Behördenalltag, sinkt die Hemmschwelle, machen „alle" mit. Dabei handeln die Menschen nicht einmal zwingend unehrlich — der Schritt zur richtigen Lüge ist in den meisten Fällen immer noch ein großer. Doch die Bereitschaft, die aufgestellte Spielregel ein wenig auszuweiten, zu interpretieren oder umzudeuten, so dass das eigene Fehlverhalten immer noch als Missverständnis zu tarnen wäre, erscheint in tendenziell korrupten Gesellschaften deutlich verbreiteter.

„Der Fisch fängt vom Kopf an zu stinken" — so sagt man. Und diese Studie findet dafür nachvollziehbare Anhaltspunkte. Ja, der Moralzustand wirkt „top-down" — doch auch „die da oben" waren einmal klein, haben das Laufen und Lesen — und Lügen gelernt. Und so wird klar: Die Moralentwicklung vollzieht sich bei jedem Einzelnen „bottom-up", und sie ist es, die letztlich die Maßstäbe setzt.

Die Herausforderung, die sich also in derartigen Systemen und Subsystemen stellt, liegt darin, diesen Teufelskreis zu durchbrechen. Um dabei erfolgreich zu sein, braucht es jedoch vor allem Einheitlichkeit in den Wertvorstellungen, Entschlossenheit darüber, das, was gewollt ist, auch umzusetzen und die notwendige Energie im Bewahren der Nachhaltigkeit. Doch schon die Mindestvoraussetzung, Einheitlichkeit zu gewährleisten, lässt das System an seine Grenzen stoßen: von wem nämlich sollte sie kommen, die Zielvorstellung, die die „richtigen" Verhaltensmaßstäbe setzt? Im normalen Alltag kommt sie „von oben", von Regierungen in Ländern, vom Top-Management in Großkonzernen — und schon gilt das oben Gesagte: Die „top-down"-Spirale wird am Leben erhalten. Das Ruder herumzureißen, wenn der Balanceakt Compliance nicht gelungen ist, ist dann eine hochkomplexe (Generationen-)Aufgabe oder ein systemimmanenter Veränderungsprozess auf der Führungsebene, der auch und gerade die Chance eines erfolgreichen Bewusstseinswandels im positiven Sinne „top-down" ermöglicht.

Deutschland hat sich übrigens in der erwähnten Studie der Professoren durchaus tapfer geschlagen und als eines der regeltreuesten Länder abgeschlossen. Na, dann ist doch alles gut! Im Großen und Ganzen gelingt der Balanceakt hierzulande also offensichtlich. Warum dann dieses Buch? Unter den Blinden ist der Einäugige König — wollen wir tatsächlich auf einem Auge blind sein/bleiben?

Wie groß auch im „Compliance-Deutschland" alltäglich die Versuchung ist, die Regeln zu dehnen oder kreative Interpretationsvarianten für eigentlich klare Vorgaben zu ersinnen, zeigt nicht zuletzt ein banales Fallbeispiel, das — für die Führungskraft vielleicht weit weg erscheint — doch in vielen Unternehmen zum Alltag gehört. Es zeigt die „Brutstätte" von Verhaltensweisen, die oftmals nicht compliant sind:
Seit drei Tagen fehlt zu Hause Druckerpapier. Ganz dringend muss jedoch endlich die Buchungsbestätigung für den nächsten Urlaub an das Reisebüro gefaxt werden. Nach Feierabend bietet sich keine Möglichkeit, neues Papier zu kaufen, also wird der Brief in der Firma ausgedruckt und auch gleich von dort per Fax versendet. Ein leicht mulmiges Gefühl stellt sich ein. Das Bedürfnis, jetzt nicht erwischt zu werden, signalisiert uns unverkennbar, dass hier etwas am Regelrand verläuft. Reflexartig setzen bei den meisten die Rechtfertigungsautomatismen

ein, die ganz ungefragt als innere Gedankenprozesse ablaufen: „Wenn ich so viel und so lange arbeiten muss, dass der Postbote den bestellten Papiernachschub nicht abliefern kann, ist es ja wohl das Mindeste, wenn ich einmal auf Kosten der Firma eine Seite privat ausdrucke und versende." Oder: „Hier wird jeden Tag so viel Papier verschwendet und vernichtet, dass es auf das eine Blatt von mir sowieso nicht ankommt."

Das mag sogar stimmen. Doch wo ist nun die Grenze? Bei einem Blatt? Bei einem Mal? Bei einem Mitarbeiter? Ist derartige Selbstjustiz überhaupt erlaubt? Wie viel Selbstjustiz ist erlaubt? Wie viel ist gewünscht? Je mehr Eigenverantwortung der Einzelne trägt, umso mehr muss — und darf! — er verantworten. Also auch die Grenzen seines Handelns festlegen. Und diese sind im Zweifel umso weiter gefasst, je mehr der Einzelne sich allein in der Verantwortung sieht.

Genau diese Mechanismen konnte man bei dem kaufmännischen Leiter des Speditionsunternehmens und dessen Freund, dem Vermieter, beobachten. Für den Vermieter gingen der Ausbau der guten Geschäftsbeziehung und die Entwicklung der Freundschaft völlig selbstverständlich Hand in Hand. Und heute kontaktiert er immer zunächst seinen Freund, wenn er glaubt, ihm ein gutes Angebot machen zu können. Für ihn ist es kein Verstoß gegen Compliance, wenn er ihm aufgrund der persönlichen Beziehung Vorteile verschafft. Für ihn wäre es Verrat an der Freundschaft, wenn er es nicht täte.

Dass sich eine solche Freundschaft entwickelt, ist gleichwohl eher die Ausnahme. Entscheidend für die Compliance-Bewertung ist dabei, ungeachtet der Basis einer Geschäftsbeziehung, immer Recht und Gesetz. Und auch unabhängig davon, ob sich eine Freundschaft entwickelt oder der Geschäftsmann „nur" sein Business verfolgt — sein inneres Denkmuster ist im Zweifel immer gleich:
Die Bereitschaft, unternehmerisches Risiko nach Maßgabe eigener Ideen und Investitionen zu tragen, wirkt sozusagen als moralisches Gegengewicht zur Berechtigung, den größtmöglichen Gewinn nach Maßgabe eigener Wertvorstellungen zu erzielen. Mit anderen Worten: „Ich trage das Risiko, also habe ich auch das Recht zu entscheiden, was ich mache bzw. wie ich etwas mache." Nur sich selbst gegenüber verantwortlich, ohne Transparenz der Entscheidungsfindung nach außen. Warum auch? Die Rechenschaft, die man sich selbst gegenüber schuldig ist, legt man in dem Maße ab, wie man sie von sich selbst einfordert. Und Basis ist insoweit die individuelle, persönliche Compliance-Messlatte. Nach außen wird davon in der Regel nichts erkennbar.

Und genau hierin liegt die Schwäche des Systems „Compliance". Innere Abläufe wie Gedanken, Gefühle und Absichten sind vom Außenstehenden allenfalls auf Plausibilität hin zu überprüfen. Letztlich bleiben sie verborgen. Das äußere Erscheinungsbild birgt zudem die Gefahr der Missinterpretation – nicht nur Fehlverhalten bleibt unentdeckt, auch Wohlverhalten wird möglicherweise als solches verkannt.

Im Fall des Speditionsunternehmers muss man die Entwicklung der Zusammenarbeit zwischen ihm und dem Vermieter analysieren. Welche Gedanken, Gefühle und Absichten hatte er im Fokus? Dabei geht es auch um Sinn und Zweck der Compliance-Regeln des Speditionsunternehmens. Im vorliegenden Fall wurde schnell offenkundig, dass er tatsächlich „einfach Freund" sein darf, solange er sich seiner Verantwortung für das Speditionsunternehmen bewusst ist und seine kaufmännischen Grundsätze in zukünftigen Verhandlungen mit dem Freund genauso beherzigt wie bei Geschäften mit einem Fremden.

Der Seiltänzer im Spannungsfeld zwischen Anspruch und Wirklichkeit – Weder „Täter" noch „Opfer", wie schafft man das?

Jedes Beispiel ist genau das, was es sagt: Veranschaulichung eines Musters – und damit regelmäßig geeignet, „Schule zu machen". Der Anspruch eines jeden ist in der Regel, die bestmögliche Compliance an den Tag zu legen. Doch die konkrete Definition ist, wie die gesamte Diskussion des Themas zeigt, so mannigfaltig, dass Anspruch und Wirklichkeit immer wieder auseinanderklaffen können. Von den großen, Aufsehen erregenden Fällen lesen wir in der Zeitung. Sie erscheinen dann häufig so klar und eindeutig, dass man sich allen Ernstes fragt, wie es überhaupt dazu kommen konnte. Der Seiltanz beginnt jedoch im Alltagskleinerlei eines jeden von uns. Und zu Beginn der Balance-Übungen ist das Seil häufig nur wenige Zentimeter über dem Boden gespannt, sodass wir gar nicht recht realisieren, wenn wir schon abgerutscht sind und nebenher weiterlaufen.

Wie die renommierte Wissenschaftlerin an einer Forschungseinrichtung, die zu einem Kongress eingeladen ist, den sie in Vertretung ihres Fachgebietes für das Unternehmen besuchen soll. Sie beantragt hierzu die Überlassung eines Dienstfahrzeugs. Da das Programm bereits am Montagmittag beginnt, muss sie um spätestens 6.30 Uhr losfahren. Die Überlassung des Dienstfahrzeugs wird genehmigt. Die Formalitäten erledigt sie bereits am Freitagnachmittag, da nicht sichergestellt ist, dass hierfür am Montagmorgen schon jemand um 6.00 Uhr bereitsteht. Im Verlaufe des Samstags kommt ihr der Gedanke, dass sie wohl eine Stunde Fahrzeit einsparen könnte, wenn sie am Montagmorgen direkt von zu Hause aus starten würde. So entschließt sie sich, das Fahrzeug sofort zu holen. Auf dem Rückweg erledigt sie die Wochenendeinkäufe und bringt ihre beiden Kinder zum Fußballplatz. Am Sonntag nutzt sie den Wagen, um — wie geplant — ihre Eltern zu besuchen. Die 80 km sind im komfortablen Dienstwagen deutlich angenehmer zu absolvieren als im eigenen Kleinwagen. Sie findet es nur gerecht, dass sie diese kleinen Vorteile nutzen darf, schließlich muss sie Montagmorgen auch mit Dienstwagen vor der Haustür über eine Stunde früher raus als üblich. Zudem ist es im Interesse des Unternehmens, dass sie auf diesem Kongress auftritt. Mehr Gedanken — etwa über mögliche Folgen, wenn etwas auf den Privatfahrten passieren würde, oder was wäre, wenn alle ihre Kollegen diese Annehmlichkeiten für sich in Anspruch nehmen würden — macht sie sich nicht.

Wie viel „Täter" steckt in einem scheinbar willkürlich kreierten Compliance-System überhaupt im Einzelnen, der sich keiner oder kaum einer Schuld bewusst ist? Wie hoch ist der „Opferanteil", den jeder von uns für sich reklamieren kann, der sich zu Unrecht von einem ihm vielleicht sogar unbekannten Regelsystem übervorteilt sieht?

Wie der langjährige Mitarbeiter eines Großkonzerns in der metallverarbeitenden Industrie, der als Führungskraft in der Fertigung arbeitet. Seine Arbeitszeit wird über ein Stempelkartensystem erfasst, indem er bei Ankunft und Verlassen des Betriebsgeländes seine Karte stempelt. Im Zuge der Modernisierung und Digitalisierung der Personalabteilung wird das System geändert; jeder ist fortan für die eigene Zeiterfassung derart zuständig, dass er sie von Hand in einem speziellen PC-Tool am Arbeitsplatz einträgt. Zeiten vor 6.30 Uhr und nach 19.00 Uhr werden dabei nicht erfasst, für die Mittagspause werden pauschal 45 Minuten abgezogen. Ziel ist es, den Mitarbeitern Eigenverantwortung zu übertragen, vonseiten der Geschäftsleitung das Vertrauen in die Ehrlichkeit zu dokumentieren und — mithilfe der Zeitbeschränkung — die Einhaltung des Arbeitszeitfensters zum Wohle der Betroffenen sicherzustellen.

Der langjährige Mitarbeiter hat in der Vergangenheit stets nur 30 Minuten Mittagspause gemacht und behält diesen Rhythmus auch bei. Zudem fährt sein Zug nach der Spätschicht erst um 19.30 Uhr, so dass er regelmäßig noch bis 19.15 Uhr im Betrieb ist. Mit dem neuen System werden ihm nun regelmäßig 30 Minuten Arbeitszeit „abgezogen". Das sieht er nicht ein und findet schnell einen Ausweg: Er notiert an Tagen seiner Spätschicht eine Ankunftszeit, die 30 Minuten vor seinem tatsächlichen Eintreffen liegt. Er findet das gerecht und richtig, schließlich arbeitet er ja die „falsch" erfasste Zeit. Dennoch fühlt er sich nicht wohl in seiner Haut und behält sein Vorgehen für sich. So ganz richtig ist es vielleicht doch nicht …

Wird Compliance als transparentes, nachvollziehbares Regelwerk kommuniziert, haben alle Beteiligten eine Chance zu verstehen, warum welche Spielregeln gelten und welchen Zweck sie verfolgen. Damit ist jeder Einzelne in der Lage, die Notwendigkeit der Regel nachzuvollziehen und zugleich die unterschiedlichsten Situationen auf ihre mögliche Wirkungsweise hin zu hinterfragen, sie in einen abstrakten Kontext zu bringen. Bisweilen mag es dazu erforderlich sein, aus Vereinfachungsgründen banale wirtschaftliche Grenzwerte (z. B. Geschenke über 25 Euro dürfen nicht angenommen werden) zu benennen oder Grundsatzverbote auszusprechen (z. B. Dienstfahrzeuge dürfen am Wochenende nicht mit nach Hause genommen werden). Im komplexen Dschungel der Anforderungen an das individuelle Wohlverhaltensprofil kann das helfen, sich im jeweiligen Kontext zurechtzufinden. Wie ein Balancestab, der dazu beiträgt, das Gleichgewicht auch in luftiger Höhe zu halten. Oder der Fixpunkt am gegenüberliegenden Ende des Drahtseils, der die notwendige Orientierung zur Überwindung der Strecke bietet.

Und genau das ist der ausschlaggebende Punkt: Jeder braucht ein Regelwerk und zusätzlich den (menschlichen) Orientierungspunkt, damit der Meckertopf-Effekt nicht systemimmanent wird. In der Realität fehlt jedoch häufig der freie Blick auf den Orientierungspunkt, wie ein weiteres Beispiel aus meiner Coaching-Praxis zeigt, von dem mir der Compliance-Verantwortliche einer Aktiengesellschaft berichtet hat:

2014 – in München steht das Oktoberfest an. Ein mittelständisches Unternehmen, das eng mit einer der ortsansässigen Großbanken zusammenarbeitet, lädt den für die Betreuung der gewährten Kredite zuständigen Sachbearbeiter zu einem geselligen Nachmittag im Oktoberfestzelt ein. Der Sachbearbeiter hat keinen Einfluss auf die Kreditvergabe selbst, allerdings wird er im Rahmen von Neuvergaben regelmäßig nach der Qualität der Zusammenarbeit mit den Kunden befragt. In der Bank gibt es klare Vorgaben zur Compliance, und so weiß der Bankkaufmann, dass er seine Zusage zunächst mit seinem Vorgesetzten und dem Compliance-Beauftragten abstimmen muss. Die Überprüfung ergibt, dass es sich nach Art und Umfang der Einladung um eine nette Geste des Kunden für die engagierte Begleitung durch den Betreuer handelt. Das O.K., die Einladung anzunehmen, wird erteilt.

Im Folgejahr erhält der Sachbearbeiter erneut eine Einladung zum Oktoberfest. Dieses Mal allerdings mit Begleitung und geladen wird zum Anstich ins Hauptzelt. Soll er annehmen? Muss er wieder fragen? Nun ist das Gespür des Sachbearbeiters für das konkrete Compliance-Verständnis seines Arbeitgebers gefragt. Je eindeutiger hier die Vorgaben sind, je klarer Sinn und Zweck des Melde- und Genehmigungsverfahrens allen im Unternehmen deutlich gemacht werden, desto leichter fällt es, sich „wohl zu verhalten" und das − aus Sicht dieses Arbeitgebers! − Richtige zu tun.

Schon die Ausweitung auf eine Begleitung und Verlagerung der Einladung auf den wichtigsten Termin des Festes überhaupt sind wie „rote Flaggen", die „Gefahr" für das erwünschte Verhalten signalisieren. Zudem kommt just in diesen Tagen die Anfrage der Kreditvergabeabteilung nach der Kundenverbindung. Spätestens jetzt sollte klar sein, dass hier zumindest ein Compliance-Verstoß droht, wenn der Sachbearbeiter die Einladung ohne weitere, hausinterne Abklärung annimmt. Diese Rückfrage ergibt dann auch schnell das erwartete Ergebnis: Er möge die Einladung bitte ausschlagen.

Die nachfolgende Reaktion des Kunden zeigt, dass dort die zeitliche Koinzidenz der Ereignisse von neuer Kreditbeantragung und Oktoberfesteinladung überhaupt nicht realisiert wurde, zeichnete doch die Marketingabteilung für die Einladung verantwortlich, die nicht einmal von den Verhandlungen mit der Bank wusste.

Die konkrete Ausgestaltung mit Begleitung und zum Fassanstich war allein dem Umstand geschuldet, dass man das 60-jährige Firmenjubiläum selbst in einem etwas größeren Rahmen feiern wollte und die geladenen Gäste darin eingeschlossen sein sollten. Letztlich findet sich also nicht einmal ansatzweise ein Hinweis darauf, dass hier etwas Unlauteres beabsichtigt war, Einfluss auf Entscheidungen genommen werden sollte oder Ähnliches.

Deshalb unser ganzheitlicher Corporate-Compliance-Ansatz. Wir möchten diesem Buch ein umfassendes, integriertes und ganzheitliches Verständnis von Compliance zugrunde legen: die Befolgung von externen und internen Regeln, Organisationsgrundsätzen, von Prinzipien einer guten Unternehmensführung (Good Governance) sowie allgemein akzeptierter ethischer Normen und moralischer Grundsätze, wobei die Interessen von internen und externen Stakeholdern berücksichtigt und die verschiedenen Compliance-Bereiche strategisch und operativ verbunden werden. Doch wir wollen sogar noch einen Schritt weitergehen und das Thema noch ganzheitlicher, vielschichtiger betrachten: interdisziplinär mit der juristischen, strategisch werteorientierten Compliance-Coaching-Brille.

Zurück zum Beispiel: Der Sachbearbeiter fühlte sich als „Opfer" einer überzogenen Regel und fragte sich, ob die Einladung im nächsten Jahr überhaupt noch einmal erfolge. Es fiel ihm schwer, die Entscheidung des Compliance-Verantwortlichen zu akzeptieren. Gleichwohl konnte er im Gespräch mit meinem Coachee, der für die Compliance-Vorgaben im Unternehmen verantwortlich war, dessen Überlegungen nachvollziehen, wohlwissend, dass die Regel selbst durchaus ihre Berechtigung hat und er vielleicht auch aus eigener Erfahrung den einen oder anderen Kunden kennt, der solcherlei Einladung sehr wohl mit entsprechenden Hintergedanken ausgesprochen hätte.

Weder „Täter" noch „Opfer" zu sein, integer zu bleiben, wenn alle anderen längst aufgegeben zu haben scheinen, menschlich reagieren zu dürfen, ohne zugleich Übermenschliches leisten zu müssen — wie gelingt dieser Seiltanz? Durch Bewusstmachen der Wahlmöglichkeiten — in dem Wissen um die Fallstricke des Alltags und die Untiefen des Lebens verbunden mit dem festen Wollen, (auf-)recht durchs Leben zu gehen und sich jeden Morgen mit Wohlgefühl im Spiegel anschauen zu können.

Techniken, wie Sie das Bewusstmachen in den Alltag integrieren, finden Sie im Kapitel über die Lösungsansätze. Letztendlich geht es dabei immer um ein Investment. Zum einen um das Investment in die eigene Persönlichkeit, und zum anderen investieren Sie, wenn Sie den Balanceakt Compliance bestehen lernen, in die ökonomische Zukunft Ihres Unternehmens.

Zusammenfassung

1. Was wir als „gut" oder „böse", „recht" oder „schlecht" empfinden, ist vor allem das Ergebnis der Vorbilder, Lernprozesse und Interaktionen, die wir von Kindesbeinen an durchleben. Sukzessive ent-

wickeln wir so unseren eigenen Compliance-Kompass, die Werte-skala, für die wir stehen.

2. Die Meckertopf-Geschichte ist Ausdruck der persönlichen Compliance-Messlatte. Jeder hat seinen ganz persönlichen Maßstab, wann Compliance für ihn selbst beginnt, wie „legal" Selbstjustiz ist und wie weit ein möglicher Spielraum gefühlt tolerabel ist.

3. Je näher unsere Compliance-Skala an dem liegt, was gemeinhin als compliant erachtet und in Unternehmen als Wertekanon vorgegeben wird, desto leichter fällt das Wohlverhalten.

4. Es gibt zahlreiche Situationen, in denen der Balanceakt Compliance gar nicht oder nur mühsam gelingt, z. B. wenn die „verbindliche Regel" dem eigenen Gerechtigkeitsempfinden zuwiderläuft oder die „Regel" den handelnden Personen gar widersinnig erscheint.

5. Dennoch bedarf es Regeln, die sich auf die Erfassung von Sinn und Zweck konzentrieren, mit dem Ziel, für möglichst viele der möglichen Situationen einen orientierenden Rahmen zu geben.

6. Eine Regel ist nur so viel wert wie die Bindungswirkung, die sie entfaltet. Wird Compliance von ganz oben an vorgelebt, orientieren sich alle Nachfolgenden daran („top-down"-Prinzip).

7. Die Versuchung, die Regeln zu dehnen oder kreative Interpretationsvarianten für eigentlich klare Vorgaben zu ersinnen, besteht alltäglich. Der Seiltanz beginnt im Alltagskleinerlei eines jeden von uns.

8. Wird Compliance als transparentes, nachvollziehbares Regelwerk kommuniziert, haben alle Beteiligten eine Chance zu verstehen, warum welche Spielregeln gelten und welchen Zweck sie verfolgen.

III Compliance und Wirtschaft

III. 1. Wirtschaftsfaktor Compliance

Dr. Kathrin Niewiarra

Schon die tägliche Medienberichterstattung zu Korruptionsvorwürfen, Steuer- oder Kartellabsprachen etc. und deren Folgen belegt, dass Compliance ein Wirtschaftsfaktor ist, geht es doch in der Regel um hohe Summen. Betroffen von den Auswirkungen sind die Unternehmen selbst, deren Mitarbeiter und Führungskräfte sowie das geschäftliche Umfeld. Hat ein Unternehmen hier Handlungsoptionen?

Der Business Case „Compliance"

Um diese Handlungsoptionen auszuloten, ist zunächst einmal zu definieren, was die Aspekte des Business Case „Compliance" sind. Im Grunde geht es um die Vermeidung von rechtlichen Haftungssituationen, Schutz vor Imageverlust und Stärkung der Wettbewerbsposition.[1] Aber zunächst einmal — was ist denn eigentlich Compliance? Eine einheitliche Definition des Begriffs Compliance existiert nicht. Abhängig von der Branche oder der Blickrichtung der Experten gibt es viele unterschiedliche Schattierungen. So herrscht ein Verständnis, das Compliance als die Einhaltung von Gesetzen, Regeln und Vorschriften begreift und die Rechtsperspektive stark in den Vordergrund stellt: „Compliance (ist) die Gesamtheit aller Vorkehrungen, um das rechtskonforme Verhalten eines Unternehmens, seiner Organe und Mitarbeiter hinsichtlich aller rechtlichen Vorschriften, die das Unternehmen und seine Aktivitäten betreffen, zu gewährleisten".[2] Es gibt auf der anderen Seite aber auch weite Begriffsdefinitionen, die neben der sogenannten „Legal Compliance" Elemente der „Moral Compliance" berücksichtigen, also das „Moralsystem einer Gesellschaft und eines Unternehmens zu einem bestimmten Zeitpunkt".[3]

Wie bereits erwähnt, gehen wir von einer umfassenden und ganzheitlichen Compliance-Interpretation aus. Allein die „Legal Compliance" wird der Bedeutung nicht gerecht, sondern es sollten sowohl „Soft Laws" als auch „Moral-Compliance"-Aspekte in die Definition aufgenommen werden: „Der Fachbegriff Compliance bedeutet im Unternehmens- und Organisationsbereich die Befolgung der Gesetze und regulatorischen

Anforderungen, der Organisationsgrundsätze, interner Kodizes und Richtlinien, der Prinzipien einer guten Unternehmens- bzw. Organisationsführung (Good Governance) sowie allgemein akzeptierter ethischer Normen"[4] und „moralischer Grundsätze".[5] Compliance und Corporate Governance gehören nach der hier zugrundeliegenden Auffassung der Corporate Compliance zusammen: Compliance (Rechts- und Regeltreue) ist integraler Bestandteil einer „Good Corporate Governance".[6] Und ganzheitliche Corporate Compliance sollte darüber hinaus auch die Interessen der Stakeholder[7] im und außerhalb des Unternehmens berücksichtigen und in den hier verfolgten Ansatz integrieren[8] sowie sicherstellen, dass die verschiedenen Compliance-Felder sowohl organisatorisch als auch strategisch verbunden werden und den Menschen in den Fokus stellen.[9]

Was sind die Ziele von Compliance? Was soll mit der Einführung eines Compliance-Management-Systems (CMS) erreicht werden? Nur wenn die Ziele klar definiert sind, kann der Begriff Compliance mit Leben gefüllt werden. So geht es darum, die Einhaltung von gesetzlichen Vorschiften und unternehmensinternen Richtlinien und Regelwerken sicherzustellen und Sanktionen zu vermeiden. Schaden soll vom Unternehmen und seinen Mitarbeitern abgewendet, die Wettbewerbsfähigkeit erhalten und die Reputation geschützt werden. Dies alles erfordert eine Werteorientierung im Unternehmen und besonders des Managements. Allein die Rechtskonformität des Verhaltens und die Vermeidung von Haftung und Sanktionen führen nicht zu einer nachhaltigen Umsetzung von Compliance im Unternehmen.[10] Kurz zusammengefasst: Effektive und effiziente Corporate Compliance zielt auf den nachhaltig rechtlich und wirtschaftlichen Erfolg des Unternehmens ab[11] und ist eine der vornehmsten Management- und Führungsaufgaben (gute und verantwortungsvolle Unternehmensführung). Compliance hat zum Ziel, das Ansehen und die Rendite des Unternehmens zu schützen oder sogar zu steigern und kann als Teil der Strategie zur Erreichung der Geschäftsziele und damit dem Erfolg des Unternehmens beitragen.[12]

Effektive und effiziente Compliance, die gelebt wird, ist zwar auch mit Kosten verbunden, aber ein nachhaltiger Wettbewerbsvorteil. Verstöße gegen Compliance-Vorschriften dagegen sind nicht nur belegbar teuer (binden enorme personelle Ressourcen und beanspruchen die Aufmerksamkeit des Managements), gefährden den Gewinn und die Existenz des Unternehmens, sondern führen oft zu existenzbedrohendem Image- und Vertrauensverlust. Und Reputationsschäden sind oft schwer zu beziffern, was dazu führt, dass kaum eine unternehmerische Vorsorge getroffen werden kann. Der Satz „If you think compliance is expensive, try non-compliance" hat in seiner Grundaussage nichts an Aktualität verloren, sondern eher gewonnen, und die Brisanz ist gestiegen. Aber kommen wir nun zu einigen Beispielen aus jüngster Vergangenheit, die zeigen, welche massiven finanziellen Auswirkungen Non-Compliance hat und eindrucksvoll belegen, dass Compliance ein Wirtschaftsfaktor ist.[13]

Der Abgas-Skandal bei VW: VW hatte illegale Software, sogenannte „Defeat Software" eingesetzt, um bei Emissionstests von Dieselmotoren zu manipulieren. VW wurde daraufhin im Jahr 2015 in den USA wegen Verstößen gegen das Luftreinhaltungsgesetz „Clean Air Act" verklagt. Dem Unternehmen wird auch vorgeworfen, die Ermittlungen durch irreführende Angaben bzw. das Vorenthalten von Informationen behindert zu haben. Es droht eine Strafzahlung in Milliardenhöhe. Angeblich werden die Ermittlungen auf den Verdacht von Bankbetrug sowie Verstöße gegen Steuergesetze ausgeweitet. Außerdem laufen mehrere hundert US-Zivilklagen von Privatpersonen gegen den Konzern. Dazu kommen Anlegerklagen in Deutschland wegen vermeidbarer Börsenverluste sowie Klagen von Autobesitzern. Gleichzeitig laufen Ermittlungen wegen Betrugs, unlauteren Wettbewerbs und Steuerhinterziehung gegen Angestellte des Unternehmens. Wechsel in der Vorstandsetage sowie in Aufsichtsgremien des Konzerns fanden statt – und mögliche Entlassungen unter der Belegschaft werden thematisiert.[14]

Commerzbank: Die Commerzbank musste in 2015 eine Strafe in Höhe von mehr als einer Milliarde Euro wegen Geldwäsche und Verstoßes gegen US-Sanktionsvorschriften gegen den Iran zahlen.[15]

Deutsche Bank: Sie zahlte im Libor-Skandal 2,33 Milliarden Euro (2015). 2013 musste bereits eine Vergleichssumme in Höhe von 725 Mio. Euro beglichen werden – im Zusammenhang mit dem Vorwurf von Zinsmanipulation, 2012 waren es 202 Mio. Dollar.[16]

MAN: 2009 zahlte MAN ein Bußgeld in Höhe von rund 150 Mio. Euro wegen Bestechung. Der Nutzfahrzeughersteller hatte in Europa, Asien und Afrika Kunden bestochen, um Aufträge für Busse zu erhalten. Der Vorstandschef trat zurück.[17]

Rekordbußgelder wegen Kartellverstößen: Besonders teuer sind wettbewerbswidrige Absprachen und Kartellverstöße für die beteiligten Unternehmen. Das Bundeskartellamt verhängte im Jahre 2014 Bußgelder in

Höhe von insgesamt mehr als eine Milliarde Euro.[18] Damit übertraf es die Rekordsumme von 2003 als 717 Mio. Euro verhängt wurden.[19] In 2015 waren es dagegen „nur" 208 Mio. Euro.[20]

Einige dieser Fälle zeigen bzw. lassen erahnen, dass die Existenz von Unternehmen, ihren Lenkern und Mitarbeitern von einem auf den anderen Tag auf dem Spiel stehen kann. Kosten und Schäden, die aus Compliance-Vorfällen resultieren, sind vielfältig. Aus der rein juristischen Brille entstehen diese einmal durch rechtliche Haftungs-fälle: Bußgelder, Geldstrafen, Verfall und Gewinnabschöpfung sowie Gefängnisstrafen. Daneben und besonders einschneidend sind die Reputationsschäden und der einhergehende Imageverlust, der zu enormen und teilweise existenzbedrohenden Konsequenzen führen kann: ins Bodenlose sinkende Aktienkurse, Risiken für Geschäftsbe-ziehungen, Verlust von Investoren, steigende Versicherungsprämien, Insolvenzrisiko, Blacklisting, Personalwechsel und Schwierigkeiten, gutes Personal am Markt zu gewinnen. Ein weiterer Kostenblock sind die finanziellen Aufwendungen, die das Unternehmen treffen, um den Non-Compliance-Vorfall zu bearbeiten und zu beheben: Anwalts- und Beraterkosten, Allokation von Ressourcen zur Aufklärung, Lessons Learnt und Übertragung auf die Organisation.[21]

Auch wenn die oben genannten Fälle unterschiedliche Branchen betreffen, so weisen sie doch verblüffende Gemeinsamkeiten auf: Es handelt sich meist um klassische Delikte der Wirtschaftskrimina-lität (Betrug, Untreue, Bestechung, Steuerhinterziehung) oder Kartell-vergehen. Täter bzw. Verantwortliche für diese Taten sind Mitarbeiter oder Führungskräfte aus dem Unternehmen im Zusammenwirken mit Tätern außerhalb des Unternehmens und die verursachten Schäden sind enorm.[22] Und noch eine Gemeinsamkeit existiert: Diese Fälle und Statistiken datieren nach dem Siemens-Skandal, der seit 2006 bekannt ist und 2008 dazu führte, dass der Konzern in Europa und den USA zu einer Strafe von insgesamt rund einer Milliarde Dollar verurteilt wurde (die Honorare für Berater beliefen sich auf 550 Mio. Euro, sodass der ganze Non-Compliance-Vorfall Siemens mehr als zwei Milliarden Euro kostete).[23] Zwar hat sich Deutschland im Vergleich zum Corruption Perception Index von Transparency International von 2014 in 2015 um zwei Plätze in der Rangfolge verbessert und liegt jetzt weltweit auf Platz zehn (und unter den G20 Staaten auf Platz zwei),[24] aber es besteht kein Grund zum Jubeln — der Ruf der deutschen Wirtschaft hat gelit-ten, und die Forderung nach gelebter Integrität und einem Kulturwan-del — gerade auch in den Führungsetagen — wird immer lauter.[25]

Die Kompetenz und Integrität der Manager stand schon beim Siemens-Skandal im Brennpunkt und ist auch bei den neueren Skandalen im Mittelpunkt. Es drängt sich der Gedanke auf, dass trotz der vielen Skandale die Brisanz von Compliance-Verstößen aber auch die Chance, aus Fehlern zu lernen, noch nicht in den Chefetagen angekommen ist. Oft beginnt bei Compliance-Vorfällen das Fehlverhalten im Top-Management. Dieses verschloss entweder die Augen vor Verstößen oder Verdachtsmomenten (oder war selbst daran beteiligt), ging diesen nur halbherzig nach, vernachlässigte die Themen Compliance und Risikomanagement vielleicht aus Kostengründen – oder es verlor schlicht die Kontrolle über sein Unternehmen, und auch eine Kontrolle durch Aufsichtsorgane fehlte oder ging ins Leere. Das Vertrauen, dass es schon nicht rauskommen wird, und der Druck im Unternehmen durch hohe, teils auch unrealistische Zielvorgaben tragen das Übrige bei. Das Streben nach Gewinn – dem des Unternehmens aber vielleicht oft auch der des Einzelnen – ist ein Treiber, während der Schutz von und das Streben nach Reputation und Vertrauen leidet. Dies, obwohl Reputation und daraus resultierendes Vertrauen ein bedeutender Aspekt für ein nachhaltig erfolgreiches unternehmerisches Handeln ist.[26] Dabei gibt der Deutsche Corporate Governance Kodex schon die Richtung vor: „Der Vorstand hat für die Einhaltung der gesetzlichen Bestimmungen und der unternehmensinternen Richtlinien zu sorgen und wirkt auf deren Beachtung durch die Konzernunternehmen hin (Compliance)."[27]

Der „Tone from the Top", eines der Elemente eines funktionierenden CMS, gibt die Richtung und Werteorientierung im Unternehmen sowie Geschäftsgebaren vor. Wenn der Fisch schon vom Kopf her stinkt, ist die Unternehmenskultur meist entsprechend. So erklärte auch Wolfgang Reitzle, Aufsichtsratsvorsitzender der Continental AG im Mai 2016, dass die Führung als wichtige Voraussetzung für ethisches Verhalten Vorbild sein müsse. Sobald die Mitarbeiter das Gefühl hätten, die Führungskräfte nähmen es mit der Moral nicht so genau, sei damit Tür und Tor geöffnet für immer mehr ethisches Fehlverhalten.[28] Besonders große und DAX-Unternehmen verfügen über die neusten Compliance Systeme, und (teilweise sogar zertifizierte Regelwerke), aber trotzdem kommt es zu eklatantem Fehlverhalten.

Es drängt sich auf, dass zwar ein Compliance-Management-System wie aus dem Buche in Unternehmen installiert ist, ganz nach dem Motto: „Wir haben ja alles getan, was gesetzlich vorgegeben ist und damit sind wir auf der sicheren Seite." Aber ein ausschließlich auf die Haftungs- und Sanktionsvermeidung angelegtes Compliance-Verständnis reicht nicht aus. Es muss noch etwas hinzutreten. Compliance kann nur dann effektiv und effizient zum Wohle des Unternehmens und seiner Mitarbeiter umgesetzt werden, wenn regelkonformes (nicht nur gesetzestreues, also selbstverständliches) Verhalten im Fokus eines solchen Systems steht, sondern diese Haltung konsequent und besonders von der Führungsmannschaft kommuniziert sowie in jeder Lage (in guten und in schlechten Zeiten) vorgelebt wird. Werte wie Integrität sind dabei das zentrale Moment. Ohne diese funktioniert es nicht – und Compliance bleibt nur ein Lippenbekenntnis. Die Werteorientierung muss integraler Teil der Unternehmenskultur sein und dort verankert werden: das heißt bei den Menschen.[29]

Es lohnt sich also für den Entscheider, im Zusammenhang mit Compliance-Sachverhalten genauer hinzuschauen und das Phänomen, das sich nicht wegdiskutieren lässt, klug, realitätsnah und nachhaltig in den Unternehmensalltag zu integrieren.

Compliance als Wettbewerbsvorteil

Quo vadis Compliance?
Es gibt eine Vielzahl an Studien, die sich mit dem Stand der Entwicklung und Einführung von Compliance-Management-Systemen beschäftigen. Folgend seien nur einige, besonders spannende Ergebnisse kurz zusammengefasst:

Nach aktuellen Erhebungen hat trotz wachsendem Druck durch zunehmende Regulierung und straf- bzw. zivilrechtliche Konsequenzen nicht jedes Unternehmen ein Compliance-Management-System oder es besteht zumindest noch großer Handlungsbedarf.[30] Als Grund für das Fehlen eines CMS gibt die Hälfte der Unternehmen an, dass die bestehenden Strukturen ausreichend sind, 44 Prozent meinen, dass der organisatorische Aufwand unverhältnismäßig sei, nur 18 Prozent geben finanzielle Gründe für die Nichteinführung an.[31]

Besonders interessant wird es, wenn dieser Aussage zufolge, die Kosten für den Aufbau und die Umsetzung von Compliance-Maßnahmen denen der Non-Compliance gegenübergestellt werden. Nach einer Benchmark-Studie über multinationale Unternehmen[32] sind die Kosten für Non-Compliance im Durchschnitt 2,65-mal höher als die Investitionen für ein CMS.[33] Die Kosten pro Mitarbeiter für Non-Compliance waren 820 US-Dollar, während die Compliance-Kosten bei 222 US-Dollar pro Mitarbeiter lagen. Die Größe des Unternehmens ebenso wie der Industriezweig sind weitere Faktoren, die die Kosten bestimmen. Branchen und Unternehmen, die in einem hoch regulierten Markt tätig sind wie z. B. Technologie-Unternehmen oder Firmen, die eine Fülle von sensiblen Informationen schützen müssen, verzeichnen höhere Kosten. Sehr bemerkenswert ist auch diese Erkenntnis: Wer regelmäßige Audits durchführt und sein CMS überprüft, dessen Kosten sind geringer. Die teuersten Folgen eines Compliance-Verstoßes sind übrigens nicht etwa die Geldstrafen oder Bußgelder, sondern die Unterbrechungen der Geschäftsprozesse.[34] Zur Vorbeugung von Wirtschaftskriminalität soll noch kurz die Tatsache erwähnt werden, dass die tatsächliche Gefährdung durch Mitarbeiter und Führungskräfte oft falsch eingeschätzt wird. Laut einer Studie von PricewaterhouseCoopers (PwC)[35] wird knapp die Hälfte der Unternehmen durch eigene Angestellte geschädigt.[36] Führungskräfte des mittleren Managements und des Top-Managements sind dabei zu mehr als der Hälfte der Fälle beteiligt.

Zwar ist Compliance bei deutschen Unternehmen (auch im Mittelstand) angekommen, aber nach wie vor besteht noch Verbesserungspotential.[37] Die Frage nach dem „Ob" eines Compliance-Management-Systems stellt sich in der Mehrzahl der Fälle nicht mehr. Allein die Art und Weise sowie die Umsetzung im Unternehmen sind fraglich.

Compliance, Integrität und Umsatz – die Korrelation
Das Beispiel der PwC-Studie zu Wirtschaftskriminalität und Compliance in der Automobilindustrie im Zusammenhang mit den neuesten Vorfällen bei VW[38] bestätigt wohl, dass allein die Einrichtung eines CMS nicht ausreicht.[39] Es müssen noch andere Faktoren hinzukommen, so dass die mit Compliance und der Einrichtung eines CMS verfolgten Ziele auch erreicht werden können. Hier kommen die Werte ins Spiel.

So belegen Studien bereits, dass Reputationspflege als ein leitendes Motiv für ein CMS verstanden und der Schutz vor Imageverlust angestrebt wird.[40]

Interessant sind auch Ergebnisse einer internationalen Studie von EY aus dem Jahr 2015, die 3.800 Mitarbeiter aus Unternehmen in 38 Ländern befragte[41]: Zwar sind ein Fünftel der Interviewten der Auffassung, dass die Einhaltung und Befolgung von Antikorruptionsrichtlinien einen Wettbewerbsnachteil darstellen könnte. Die Studie zeigt jedoch eine klare Korrelation zwischen ethischem Verhalten und Umsatzwachstum. Bei den von ihren Mitarbeitern als ethisch eingestuften Unternehmen stieg die Wahrscheinlichkeit eines Umsatzwachstums an. Diese Firmen hatten auch eher ein funktionierendes CMS mit den entsprechenden Regelwerken verankert.

Zu einem ähnlichen Ergebnis gelangt auch ein Research Report von Glassdoor aus dem Jahre 2015, indem klar ein Link zwischen zufriedenen Mitarbeitern und der Stockperformance des Unternehmens festgestellt werden konnte.[42] Zufriedene Mitarbeiter, die ihr Unternehmen als ethisch einschätzen, scheinen eher zum Erfolg des Unternehmens beizutragen, sodass im Ergebnis nicht nur die Rendite stimmt.

Fazit

Compliance ist ein (Wirtschafts-)Faktor, der die Wettbewerbsfähigkeit sowohl positiv als auch negativ (bei Non-Compliance) beeinflusst. „Legal Compliance" steht nicht zur Disposition, da Gesetzestreue als selbstverständlich vorausgesetzt wird, aber Corporate Compliance und eine Werteorientierung zahlen sich aus. Die Kosten für deren Umsetzung und integritätsfördernde Maßnahmen sind nicht wegzudiskutieren und wegen der gestiegenen rechtlichen Anforderungen auch angewachsen. Die Vorteile von Compliance als Wirtschaftsfaktor sind eindeutig: Kurzfristig ist die Einrichtung eines CMS zwar mit Kosten verbunden, zumal es vorkommen kann, dass Projektkosten in unerwartete Höhen katapultiert oder Vorhaben nicht realisiert werden können (z. B. weil Geschäftspartner nicht über die geeignete Reputation verfügen oder aus rechtlichen oder ethischen Gründen von dem Projekt abzusehen ist). Langfristig aber sind die Vorteile von Compliance unschlagbar und tragen nicht nur zur Rendite des Unternehmens, sondern zu seiner Reputation bei — was wiederum die Business Continuity stärkt.[43] Die kurzsichtige Einsparung von Investitionen in Compliance und die genaue Einhaltung aller anwendbaren Regeln im Geschäftsalltag durch eine flexible Handhabung in diesem Bereich zu ersetzen, lohnt sich unter dem Strich nicht. Das Geld ist gut angelegt, indem sich die Unternehmen auf die Kernelemente eines CMS besinnen und — dies kostet nichts — sich das Management integer verhält. Die laxe Handhabung führt immer zur Angreifbarkeit, und ein langfristiger Erfolg kann nicht garantiert werden. Kontinuierliches Wachstum — sei es auch dem ein oder anderen Firmenlenker zu langsam — durch eine compliante Führung der Geschäfte schafft Wert(e) und damit auch Rendite. Der Marktvorteil, den eine gute Reputation mit sich bringt, ist enorm. Auch die Mitarbeiter sind motivierter und tragen damit zum Unternehmenserfolg bei. Wer arbeitet nicht gerne bei einem Unternehmen, das integer ist? Nicht nur gute Qualität und Leistung sind im Wettbewerb von Vorteil, sondern auch ein Geschäftspartner, dem man vertrauen kann, der sich an Recht und Gesetz hält sowie nachhaltig und redlich integer im Markt unterwegs ist, ist von unschätzbarem Wert. Sei es als Auftraggeber oder Auftragnehmer. Der Wertekanon eines Unternehmens, der gelebt und umgesetzt wird, ist ein nachhaltiger und kostenrelevanter Vorteil. Gelebte Corporate Compliance – und hier steht wiederum der Mensch mit seinen Stärken und Schwächen im Mittelpunkt – leistet damit einen Beitrag zum Schutz der Reputation des Unternehmens und damit auch zur Rendite.[44] Und qualifiziert sich damit als klarer Wettbewerbsvorteil.

Zusammenfassung

1. Es gibt keine einheitliche Definition von Compliance.

2. Wir gehen von Corporate Compliance aus und verstehen den Begriff als die Befolgung der Gesetze und regulatorischen Anforderungen, der Organisationsgrundsätze, interner Kodizes und Richtlinien, der Prinzipien einer guten Unternehmens- bzw. Organisationsführung (Good Governance) sowie allgemein akzeptierter ethischer Normen und moralischer Grundsätze.

3. Unser Verständnis von ganzheitlicher Corporate Compliance beinhaltet ferner die Berücksichtigung der Interessen externer und interner Stakeholder und befürwortet eine organisatorische sowie strategische Integration von Compliance-Feldern und stellt den Menschen in den Fokus.

4. Ziele von Compliance sind die „Legal Compliance", Vermeidung von Haftung, Schutz vor Reputationsverlust und Werteorientierung.

5. Compliance ist bei der Mehrzahl der deutschen Unternehmen als Thema angekommen, aber es gibt noch Verbesserungsbedarf in der Umsetzung.

6. Es gibt eine Korrelation zwischen ethischen und integren Unternehmen und deren Umsatzwachstum.

7. Die Kosten für die Einrichtung eines CMS sind geringer als die Kosten für Non-Compliance.

8. Corporate Compliance ist ein Wettbewerbsvorteil und trägt zum nachhaltigen Unternehmenserfolg und zur Sicherung der Existenz des Unternehmens bei.

III. 2. Von „Schwarzen Schwänen" – Compliance-Verstöße aus Sicht eines CFO

Dr. Jürgen Bruns

Man glaubte lange, alle Schwäne seien weiß. Doch dann war es wieder soweit. Im September 2015 erreichte VW, einem Vorzeigeunternehmen mit bester Gewinnentwicklung, der Abgasskandal. Die Aktie fällt ohne Ankündigung ins Bodenlose. Das ist ein Schwarzer Schwan im Sinne Nassim Talebs,[1] also ein undenkbarer Vorfall mit einem großen Einfluss auf die Finanzen und die Reputation eines Unternehmens. Der Zusammenbruch der Börsen 1928, 1987 und die Finanzkrise 2008, der Enron-Skandal, Schmiergeldaffären bei Siemens und ThyssenKrupp, Zinsmanipulation von Banken oder jüngst der VW-Skandal – das alles sind Schwarze Schwäne in unserem Wirtschafts- und Finanzsystem.

Ist das unvorhergesehene Unvorhersehbare in der Gestalt des Schwarzen Schwans wirklich unvorhersehbar und was haben nun Schwarze Schwäne mit Compliance-Management-Systemen (CMS)[2] in Unternehmen zu tun?

1. Schwarze Schwäne machen Pläne auch im Unternehmensalltag immer öfter zunichte. Rückkopplungsschleifen und nicht-lineare Einflüsse wirken zusammen und führen zu ungeahnten Ergebnissen oder Verfehlungen, wie auch im Fall VW. Erst das unternehmerische Agieren in einer globalisierten Welt und extreme Szenarien machen Ausschläge in diesem Ausmaß möglich. Weil Wahrscheinlichkeiten nicht unter null sinken können und unsere oft nur linearen Denkmodelle über die Welt fehleranfällig sind, sollten wir auch bei allen unternehmerischen Handlungen – ob gut oder schlecht, regelkonform oder nicht regelkonform – von einer Eintritts- und Aufdeckungswahrscheinlichkeit ausgehen, die zumindest über null liegt.[3]

2. Mit der Entdeckung des Schwarzen Schwans (bereits 1697!) kann auch in naher Zukunft nicht mehr behauptet werden, dass alle Schwäne weiß seien. Dieses Beispiel steht Pate für den Vater aller, auch in der Unternehmenspraxis häufig anzutreffenden Bestätigungsfehlers, nämlich der menschlichen Neigung, neue Informationen nur so zu interpretieren, dass sie mit unseren bestehenden Theorien, Anschauungen und Überzeugungen vereinbar sind. Neue Informationen, die im Widerspruch zu unseren bestehenden Vor-

stellungen stehen, werden einfach ausgeblendet. Genau an dieser Stelle muss man hellhörig werden.

Fallbeispiel: Ratingagenturen
Prominentes Beispiel ist der Bestätigungsfehler der Ratingagenturen in der Finanzkrise 2008, der in einer Kettenreaktion nach der Lehmann-Pleite viele Unternehmen in den Abgrund gerissen oder zumindest in ernsthafte Schwierigkeiten gebracht hat. Der Preissturz am Immobilienmarkt in den USA war dabei der Auslöser für die Finanzkrise und galt als unvorhersehbares Ereignis. Die Prognosen für die Ausfallrisiken von hypothekengesicherten Wertpapieren, verursacht durch einen Preissturz, kamen in den Theorien der beratenden US-amerikanischen Finanzwissenschaftler nicht vor, weil ein plötzlicher Preissturz und ein vorangegangener Preissprung in den USA noch nicht im Immobilienmarkt beobachtet wurde. Entsprechend haben die Finanzmodelle ein solches Marktverhalten nicht reflektiert und folglich konnte der Finanzmarkt nicht mit entsprechenden Gegenmaßnahmen rechtzeitig reagieren. Das Platzen der Immobilienblase, der Schwarze Schwan, lag in den Vereinigten Staaten außerhalb des Denkbaren und Wahrscheinlichen. Hätte man bei global vernetzten Finanzmärkten die eigenen Theorien und Finanzmodelle mit fast identischen Wirkungszusammenhängen von geplatzten Immobilienblasen in Spanien und Japan falsifiziert, dann wäre die „Triple A"-Einschätzung (hohe Bonität) der Ratingagenturen zumindest schon zu dem Zeitpunkt in Frage zu stellen gewesen. Schwarze Schwäne hören jedoch nicht auf zu existieren, nur weil sie ausgeblendet werden.[4]

Standortbestimmung – Compliance-Systeme in Unternehmen

Neueste Studien[5] belegen, dass bei dem Thema Umsetzung von Compliance in deutschen Unternehmen noch viel Luft nach oben ist. Zwar hat sich nach zum Teil aufsehenerregender Rechtsprechung (LG München im Jahr 2013 mit 15 Mio. Euro Geldstrafe gegen den Ex-CFO von Siemens) die Erkenntnis durchgesetzt, dass Compliance wichtig ist und CMS eingeführt werden müssen, aber viele Unternehmen tun sich bei der Umsetzung im Sinne einer gelebten Compliance-Kultur noch sehr schwer. Hauptergebnisse der Studie sind, dass die Zuständigkeitsstruktur für Compliance in den Unternehmen nach wie vor als riskant einzuschätzen ist, und der Compliance-Index bei nur lediglich 64 von 100 möglichen Punkten liegt. Defizite sind u. a. eine mangelnde finanzielle und personelle Ausstattung, eine verzerrte Risikoeinschätzung, mangelndes Compliance-Bewusstsein bei der Mehrzahl der Mitarbeiter und fehlende Schulungsmaßnahmen.[6]

Es zeigt sich, dass die Gefahr, die von Regelverstößen in Unternehmen ausgehen kann, zwar erkannt, aber damit noch lange nicht gebannt ist.

Unternehmen und Systeme

Unternehmen als Teil eines Systems

In der Begriffssprache der Systemtheorie werden alle Teile der Gesellschaft als (Sub-)Systeme[7] aufgefasst. Im funktionalen Kontext von Compliance steht das Rechtssystem in wechselseitigem „Kontakt" zu anderen Systemen (z. B. Wirtschafts- und Finanzsystem), d. h. erhält von diesen Inputs (z. B. Fälle für die Gerichte). Ein in das Wirtschafts- und Finanzsystem eingebettete Unternehmen wird somit maßgeblich durch die Interdependenz mit anderen sozialen Teilsystemen geprägt, vor allem mit dem politischen und rechtlichen System eines Landes. Unternehmen und Haushalte sind Teile des Gesellschaftssystems und Wirtschaftssystems. Durch international und global agierende Unternehmen wird zudem die Navigation von Unternehmen in Rechtssystemen unterschiedlicher Länder damit beliebig komplex.

Unternehmenssteuerung mit System

Managementsysteme beschreiben die Aufgaben des Managements und verknüpfen Methoden, um die Management-Aufgaben Ziele zu setzen, zu steuern und zu kontrollieren erfolgreich zu bewältigen. Dabei verfügt jedes Unternehmen über ein „Managementsystem", zumindest ein implizites. Sonst würde das Unternehmen nicht funktionieren. Immer wieder wird versucht, einzelne Methoden zu einem „System" zu verbinden oder einfach die Steuer- und Kontrollmechanismen zu systematisieren. Das heute bekannteste Managementsystem ist das Qualitätsmanagementsystem nach ISO 9001[8]. Letzteres zählt zu einem Bündel an Normen (ISO 9000 ff.), die die Internationale Organisation für Standardisierung (ISO) ab Ende der 1980er Jahre eingeführt hat, um das Verständnis rund um das Qualitätsmanagement international zu vereinheitlichen. Bei integrierten Managementsystemen verbindet man die ursprünglich getrennten Systeme zu einem Managementsystem, das alle Aspekte und Aufgaben des Managements ganzheitlich umfasst. Dazu stellt die ISO 9004[9] einen Leitfaden bereit, der sowohl die Wirksamkeit als auch die Effizienz eines Qualitätsmanagementsystems ganzheitlich betrachtet und dessen Struktur sich auch in den anderen ISO-Normen wiederholt. Auf diese Weise kann in der Praxis relativ schnell und einfach die Basis für ein integriertes Management-system geschaffen werden. Leider trifft man einen solchen integrierten Ansatz in der Praxis nur selten oder wenn man ihn antrifft, dann mit den (zumindest für ein funktionierendes CMS) falschen Akzenten.

Aufgaben, Aufbau und Prozesse von Compliance-Systemen

CMS bezeichnet die Gesamtheit der im Unternehmen eingerichteten Maßnahmen und Prozesse, um Regelkonformität sicherzustellen.[10] Für die praktische Durchsetzung von CMS ist die gleichzeitige Errei-chung von Rechtskonformität des Verhaltens, Haftungsvermeidung und Werteorientierung anzustreben.[11]

Aufgaben

Aufgabe eines CMS[12] ist es, hinreichend sicherzustellen, dass Risiken für wesentliche Regelverstöße rechtzeitig erkannt werden und solche Regelverstöße verhindert werden. Da auch ein angemessenes CMS nie in der Lage sein wird, Verstöße zu 100 Prozent zu verhindern, muss es zusätzlich dennoch auftretende Verstöße zeitnah erkennen und im Unternehmen kommunizieren, damit angemessene Reaktionen auf den Verstoß ergriffen werden können. Seit Dezember 2014 gibt es mit der ISO 19600[13] eine internationale Norm für den Einsatz von CMS, nach der CMS zertifiziert werden können. Mit dem Thema betraute Funktionsträger (z. B. CFO oder Compliance Officer) können ihre Qua-lifikation durch eine Personenzertifizierung bestätigen lassen.

Aufbau

Die Gesamtheit der im Unternehmen eingerichteten Maßnahmen und Prozesse, um Compliance sicherzustellen, werden vom Institut der Wirtschaftsprüfer in Deutschland im IDW-Prüfungsstandard PS 980 als CMS bezeichnet. Dabei stehen ISO 19600 und IDW PS 980 nicht im Widerspruch zueinander, sondern ergänzen sich.[14]

Das IDW verweist für die Ausgestaltung eines solchen CMS auf allge-mein anerkannte Rahmenkonzepte (COSO ERM). Auf der Basis unter-schiedlicher Rahmenkonzepte hat das IDW in seinem Standard sieben Grundelemente eines CMS identifiziert[15]:

- Compliance-Kultur
- Compliance-Ziele
- Compliance-Risiken
- Compliance-Programm
- Compliance-Organisation

- Compliance-Kommunikation und -Information
- Compliance-Überwachung und -Verbesserung

Ziel ist es, nach dem Standard, systematisch die Voraussetzungen in der Organisation zu schaffen, dass Verstöße gegen Compliance-Anforderungen vermieden bzw. wesentlich erschwert werden[16] und eingetretene Verstöße erkannt und behandelt werden können. Damit die Anforderungen des Standards erfüllt werden können, muss ein Unternehmen eine systematische Compliance-Organisation, d.h. ein CMS einführen, dokumentieren, verwirklichen und aufrechterhalten. Dazu sind die einzuhaltenden Prozesse festzulegen, die Verfügbarkeit der erforderlichen Ressourcen und Informationen ist sicherzustellen und die Prozesse sind zu überwachen, zu messen und zu analysieren.[17]

Prozesse
Für die Durchführung der betrieblichen Compliance-Aktivitäten ist die Etablierung spezifischer Prozesse erforderlich. Im Folgenden werden wesentliche Compliance-Prozesse skizziert.[18]

- *Prozesse der Risikoanalyse:* Derartige Teilprozesse dienen der Identifikation von Bedrohungen und Gefahren im Rahmen der wertschöpfenden Aktivitäten des Unternehmens.

- *Prozesse der Abweichungsanalyse:* Solche Prozesse werden ausgelöst, sofern der realisierte Ist-Wert einer Aktivität oder einer Aktivitätenfolge außerhalb des definierten Toleranzbereichs um den Soll-Wert liegt.

- *Prozesse des Umgangs mit Ausnahmesituationen:* Im Mittelpunkt steht das (potentielle) Eintreffen gravierender Ereignisse mit erheblicher kritischer Relevanz für das Unternehmen. Es gilt, für solche Fälle mit vorstrukturierten Soll-Prozessen zum Zwecke der Aufklärung und Schadensbegrenzung vorbereitet zu sein.

- *Prozesse der Eskalation:* Gegenstand von Eskalationsprozessen ist die Auflösung bereits entstandener sowie die Verhinderung zu befürchtender Non-Compliance-Situationen. Das Ziel dieser Prozesse besteht darin, kritische Aktivitäten zu eskalieren. Dies bedeutet, dass derartige Aktivitäten transparent gemacht und zeitnah einer verantwortlichen Instanz zum Treffen regulierender Entscheidungen zwingend vorgetragen werden.

Grenzen von Compliance-Systemen aus der Praxis
Der Standard des IDW legt die berufsständische Auffassung der deutschen Wirtschaftsprüfer fest, welche Anforderungen an Annahme, Planung und Durchführung von CMS-Prüfungen zu stellen sind.[19] Darüber hinaus definiert der Standard auch erstmals allgemeingültige strukturelle Anforderungen an ein CMS, ohne dabei jedoch konkrete Maßnahmen oder Prozesse einzufordern.

Die Prüfung basiert auf einer vom Unternehmen anzufertigen den Beschreibung des CMS für den ausgewählten Teilbereich (CMS-Beschreibung). Diese Beschreibung soll ein umfassendes und verständliches Bild des CMS geben. Die CMS-Beschreibung muss auf alle bereits aufgezählten sieben Grundelemente eines CMS eingehen und darf keine wesentlichen falschen Angaben sowie keine unangemessenen Verallgemeinerungen oder unausgewogenen und verzerrenden Darstellungen enthalten, die eine Irreführung der Berichtsadressaten zur Folge haben können.

Auf der Basis der CMS-Beschreibung prüft der Wirtschaftsprüfer das CMS mit der Zielsetzung, eine Aussage dazu zu machen, ob
• die in der CMS-Beschreibung enthaltenen Aussagen über die dargestellten Grundsätze und Maßnahmen des CMS in allen wesentlichen Belangen angemessen dargestellt sind,
• die dargestellten Grundsätze und Maßnahmen in Übereinstimmung mit den angewandten CMS-Grundsätzen geeignet sind, mit hinreichender Sicherheit sowohl Risiken für wesentliche Verstöße der betreffenden Regeln der abgegrenzten Teilbereiche rechtzeitig zu erkennen als auch solche Regelverstöße zu verhindern und tatsächlich eingerichtet waren und während des Prüfungszeitraums wirksam durchgeführt wurden.

Hinreichende Sicherheit?
Die Prüfung richtet sich ausschließlich auf das System und dessen Eignung, mit hinreichender Sicherheit, Verstöße zu verhindern oder zumindest wesentlich zu erschweren bzw. trotzdem auftretende Verstöße zu erkennen und eine angemessene Reaktion sicherzustellen. Die Prüfung ist nicht darauf ausgerichtet, selbst Verstöße aufzudecken.[20]

Eine hinreichende Sicherheit bedeutet dabei nicht absolute Sicherheit im Sinne einer Vollkaskoversicherung, da eine solche absolute Sicherheit mit angemessenen Mitteln durch kein System zu erreichen ist. Jedes CMS hat systemimmanente Grenzen, die dazu führen können, dass trotz eines wirksamen Systems Verstöße auftreten können oder aufgetretene Verstöße nicht zeitnah entdeckt werden. Dies ergibt sich bereits durch die Tatsache, dass Menschen das System versehentlich falsch anwenden oder auch durch erhebliche kriminelle Energie umgehen können. In § 130 des Gesetzes über Ordnungswidrigkeiten (siehe Seite 41 ff.) wird daher parallel auch von einer Aufsichtspflicht und einer Pflicht zur wesentlichen Erschwerung von Verstößen gesprochen.[21] Auch der Gesetzgeber selbst erkennt wohl Systemgrenzen und geht a priori nicht von einem 100-prozentigen Schutz aus – schon gar nicht bei kriminellen und dolosen Handlungen.

Wirksamkeit?

Eine CMS-Prüfung nach dem Prüfungsstandard IDW PS 980 bietet eine sehr hohe Sicherheit dafür, dass eine zuverlässige Gesamtaussage über die Eignung und Wirksamkeit des CMS getroffen werden kann.

Unternehmen und die Unternehmensverantwortlichen erhalten hiermit ein Instrument, das ihnen zum einen verlässlich Auskunft darüber gibt, ob das eingerichtete CMS angemessen und wirksam war. Zum anderen kann der Prüfungsbericht auch dazu dienen, gegenüber Dritten nachzuweisen, dass im Prüfungszeitraum tatsächlich ein solches System eingerichtet und wirksam war. Damit kann für den Fall, dass zu einem späteren Zeitpunkt ein Compliance-Verstoß im Prüfungszeitraum aufgedeckt wird, der Nachweis geführt werden, dass das Unternehmen seiner Pflicht zur gehörigen Aufsicht nachgekommen war und der Verstoß trotz eines wirksamen CMS aufgetreten ist und nicht wegen des Fehlens eines wirksamen CMS.

Kritische Befunde für Systemversagen aus der Praxis

Bei näherer Betrachtungsweise des Zusammenwirkens von CMS und dem Faktor Mensch in der Praxis in Unternehmen offenbart sich das Auftreten von einem oder mehreren Denkfehlern gleichzeitig. Diese sind leider in der Unternehmenspraxis noch weit verbreitet und lassen sich in drei verschiedene Arten des Entscheidungsfehlverhaltens typisieren:

1. Unterlassungsfehler,

2. Dokumentationsfehler und der

3. Bestätigungsfehler.

Es handelt sich dabei um menschliches Fehlverhalten, das nicht auf ein Entscheidungsverhalten zurückgeht, wo der persönliche Nutzen maximiert wird.[22]

Unterlassungsfehler

Dieser Fehler tritt als häufigster Fehler in der Unternehmenspraxis und leider auch immer noch zu häufig in der Rechtsprechung zum Organisationsverschulden als entsprechender Haftungsgrund auf.

Durch organisatorische Anordnungen und Kontrollen ist er vermeidbar. Der Unterlassungsfehler besteht in der menschlichen Neigung, statt aktiv Risiken abzuwenden, das Unterlassen vorzuziehen und dem Irrtum zu erliegen, wer nichts mache — sich also passiv verhält —, mache auch keine Fehler. Ist ein solches Fehlverhalten bekannt, muss die Unternehmensorganisation dieses Fehlverhalten vermeiden.[23]

Fallbeispiel: Impfung

Eltern zögern manchmal, ihre Kinder wegen vereinzelt heftiger Nebenwirkungen impfen zu lassen, obwohl die Impfung das allgemeine Krankheitsrisiko nachweislich deutlich senkt. Objektiv betrachtet müsste man diese Eltern der aktiven Schädigung der Kinder bezichtigen, falls die Kinder dann aufgrund der fehlenden Impfung tatsächlich erkranken. Diese Impfungen werden aber wegen des Unterlassungsfehlers oft nicht gemacht, weil wir eine vorsätzliche Unterlassung als weniger schlimm empfinden als eine verwerfliche, aktive Handlung, bei denen es zu vereinzelt heftigen Nebenwirkungen für das Kind kommen könnte.[24]

Genau umgekehrt verhält es sich jedoch bei der Einführung eines CMS, deren Regeln („Impfung" des Unternehmens) zur Risikoabwehr dienen und außer Kosten keine lebensbedrohlichen Nachteile für das Unternehmen aufweisen. Dass dies auch oft mit dem Weglassen von nicht regelkonformen Geschäften einhergehen muss, liegt in der Natur der Sache. Ein Unternehmen, das sich durch das Weglassen von nicht regelkonformen Geschäften in seiner Fortführung bedroht sieht, hat seine Existenzberechtigung im Markt bereits verloren.

Dokumentationsfehler

Dieser Entscheidungsfehler führt zur systematischen Überschätzung der Vorhersehbarkeit und Vermeidbarkeit von Schadensereignissen zum Nachteil des Entscheidungsträgers, weil nach dem Schadensereignis in Kenntnis des Schadensverlaufes alle schlauer sind, die das Verschulden des Verursachers beurteilen müssen.

Sie bilden sich in der Rückschau auf die Dinge ein, sie hätten den Schaden kommen sehen, weil sie ihr Wissen über den Schadensverlauf vor dem Schadenseintritt nicht von ihrem Wissen nach dem Schaden unterscheiden können. Dieser Fehler lässt sich durch die konsequente Dokumentation der Entscheidungsgründe des Managers im Zeitpunkt seiner Entscheidung über seinen Wissensstand zum möglichen Schadensverlauf vor dem Schadenseintritt abwenden. Aus diesem Grund wurde der oft als Rückschaufehler bezeichnete Fehler an dieser Stelle, da besser eingängig, in den Dokumentationsfehler „umgetauft".

Insbesondere lässt sich durch die Dokumentation die Unterstellung von Gerichten und Geschädigten verhindern, der Schaden sei vorhersehbar und vermeidbar gewesen, deshalb schuldhaft verursacht und vom Entscheidungsträger zu ersetzen.[25]

Fallbeispiel: Dokumentation
Der Vorstand eines Unternehmens wird auf Schadensersatz in Millionenhöhe wegen Einlassung eines Geschäftes verklagt, was sich im Nachhinein als hochgradig verlustreich herausstellte. Der beklagte Vorstand wird alles daran setzen, um das Schadensereignis aus damaliger Sicht als unvorhersehbar und nicht vermeidbar darzustellen. Für die Kläger ist es nach dem Schadenseintritt und in der Rekonstruktion der Wirkungskette im Nachhinein relativ einfach, plausibel vorzutragen, wie es zum Schaden und der Verluste absehbar kommen musste. Der Vorstand ist in seiner Verteidigung – ohne eine vorherige plausible Dokumentation der Entscheidungsgründe für das Geschäft – a priori unter Darlegung der Entscheidungsgründe für die Duldung der Verluste in einer denkbar ungünstigen Situation.

Bestätigungsfehler
Er beschreibt die menschlichen Neigungen, nur Informationen zu berücksichtigen, die die eigenen Vorstellungen bestätigen und alle Informationen zu ignorieren, die die eigene Meinung widerlegen könnten. Fehlprognosen werden dadurch verkannt, nicht oder zu spät korrigiert. Nur durch Gegenbeweise mittels Falsifikation lassen sich Fehlprognosen erkennen und korrigieren.[26]

Fallbeispiel: Falsche Absicherung
Aufsichtsrat und Vorstand beschließen eine neue Strategie. Diese scheint abgesichert auch durch ein Gutachten einer renommierten Unternehmensberatung. In der Folge werden sämtliche Anzeichen, die einen Erfolg dieser Strategie bestätigen, euphorisch gefeiert. Gegentei-

lige Indizien z. B. dass im Hauptzielmarkt inzwischen Krieg wütet und das Land auf einer Embargoliste steht, als unvorhersehbares Ereignis, mit dem man fertig wird, abgetan. Der Aufsichtsrat ist gegenüber „disconfirming evidence" (mittels Falsifikation) blind und nicht zu einer Strategie- und Plananpassung zu bewegen.[27]

Die Beteiligten vertrauen zunächst ihrem „Bauchgefühl". Dass hierbei Irrtümer unterlaufen können, erklärt wohl auch, warum die Wirtschaftskrise 2008 von vielen Experten nicht vorhergesehen wurde oder warum erst Regelverstöße der Ratingagenturen eine solche Krise möglich machten. Der bereits erwähnte Psychologe Kahneman[28] hat dieses Phänomen in zahlreichen Forschungen untersucht. Dass das mühelos arbeitende, intuitive Denk-System 1 das rationale, langsamere System 2 in so starkem Maße beherrscht, kann nicht nur für die Regelkonformität von Unternehmen fatale Folgen haben. System 2 wird immer erst dann aktiviert, wenn ein Ereignis wahrgenommen wird, das gegen das Weltbild von System 1 verstößt: bellende Katzen, jaulende Schränke, laufende Lampen oder eben auch das Bild von „Managern hinter Gittern", weil sie wegen illegaler Ausfuhrlieferungen in Kriegsgebiete mit dem Strafrecht in Konflikt geraten sind.[29]

Geisteshaltung, Denkfehler und Beispiele aus der Praxis
Compliance war und ist noch immer ein „enfant terrible" in Unternehmen, obwohl Studien nachgewiesen haben, dass die Kosten bei Compliance-Verstößen höher sind als die Kosten der Vorsorge. Aus Sicht des CFO hat das Thema Compliance im Sinne der Werterhaltung des Unternehmens deshalb weiterhin einen hohen Stellenwert, auch wenn man gehalten ist, ständig Geschäftspraktiken präventiv zu hinterfragen, aufzuklären und in Konsens mit seinen Kollegen Compliance anordnen muss, was immer noch zu oft zu Stirnrunzeln und Unverständnis bei „unerfahrenen" Kollegen führt. In der Praxis finden sich häufig Geisteshaltungen[30] — der Jurist würde wohl eher von Schutzbehauptung sprechen —, die die drei zuvor beschriebenen Denkfehler entlarven und sich in Beispielen wie folgt manifestieren.

Geisteshaltung 1: „Compliance ist lästig und hindert uns nur am Geschäftemachen."
Denkfehler: *Kombination aus Unterlassungsfehler und Dokumentationsfehler*
Beispiel: *Das Urteil des LG München, das im Jahr 2013 wegen der Unterlassung der Einrichtung eines CMS und damit mangelnder Dokumentationsmöglichkeit gegenüber dem Gericht einen Vorstand zu 15 Mio. Euro Schadensersatz verurteilte, spricht Bände in diesem Zusammenhang.*

Geisteshaltung 2: „Die Geschäftsführung hat Wichtigeres als Compliance auf der Agenda."
Denkfehler: *Kombination aus Unterlassungsfehler und Dokumentationsfehler*
Beispiel: *Ein Gericht bestätigt die fristlose Kündigung eines Holding-Vorstands, der Kenntnis von schwarzen Kassen bei einer Tochtergesellschaft hatte.*

Ein klassischer Unterlassungsfehler des Holding-Vorstands. Grund genug, sich in der Unternehmensleitung intensiv mit Compliance zu befassen und dies auch im Hinblick der Vermeidung eines Dokumentationsfehlers festzuhalten.

Geisteshaltung 3: „Bei einem Compliance-Verstoß sitzen wir das Thema aus."
Denkfehler: *Kombination aus Unterlassungsfehler und Dokumentationsfehler*
Beispiel: *Der CEO eines Geldinstituts veröffentlicht eine Presseerklärung, nach der die Finanzkrise auf dem amerikanischen Hypothekenmarkt praktisch keine Auswirkungen auf das Geldinstitut habe. Nur eine Woche später muss das Geldinstitut mit staatlicher Hilfe in Milliardenhöhe vor dem Zusammenbruch bewahrt werden. Das Geldinstitut und eine nicht in der Bilanz auftauchende Zweckgesellschaft hatten Mrd.-Beträge in nicht werthaltige Papiere investiert, in denen minderwertige Kreditforderungen gegen Immobilienbesitzer verbrieft waren. Mit der bewusst unzutreffenden Veröffentlichung wollte der Vorstandsvorsitzende den Kurs der Aktien seines Geldinstitutes stützen, der wegen der Finanzkrise nachgab. Kurzfristig bewirkt die Presseerklärung einen Anstieg des Börsenkurses um fast zwei Prozent. Der CEO wird wegen vorsätzlicher Marktmanipulation rechtskräftig zu einer Haftstrafe und zur Zahlung von Schadensersatz verurteilt.*

Der Unterlassungsfehler bezüglich der Kapitalmarkt-Compliance liegt hier in der fehlenden Mitteilungspflicht gegenüber dem Kapitalmarkt, der zwecks Vermeidung eines Dokumentationsfehlers auch entsprechend festzuhalten ist.

Geisteshaltung 4: „Branchenabsprachen machen doch alle und alle fahren gut damit."
Denkfehler: *Kombination von Unterlassungsfehler und Bestätigungsfehler*
Beispiel: *Die Produzenten von Pharmaprodukten sprechen untereinander fünf Jahre lang für mehrere europäische Länder im Detail Mindestpreise und Preiserhöhungen für Medikamente ab. Es werden vertrauliche Informationen über das jeweilige Geschäftsmodell ausgetauscht. Ferner gibt es mehrere Treffen am Zürichsee. Es können mehr als 15 Treffen nachgewiesen werden, die von zwei Pharmaverbänden koordiniert wurden. Die EU-Kommission verhängt ein Bußgeld von 250 Mio. Euro. Einem Unternehmen wird aufgrund der Kronzeugenregelung das*

Bußgeld erlassen, weil er der EU-Kommission die Existenz des Kartells offenbart hat. Einem anderen Unternehmen wird ein Teil des Bußgelds erlassen, weil es bei der Aufklärung mit der EU-Kommission eng kooperiert hat.

Hier kommt es neben dem Unterlassungsfehler zu einem noch fataleren Fehler, nämlich dem Bestätigungsfehler, dass solche Absprachen nicht irgendwann ans Tageslicht kommen, zumal es sehr häufig zu einer Aufdeckung solcher Preisabsprachen kommt. Wie sich hier im Beispiel zeigt, sind es oft die „Partnerunternehmen" von heute, die sich schon morgen gegen das eigene Unternehmen stellen und sei es nur durch das „Schlüpfen" unter eine kostengünstigere Kronzeugenregelung.

Geisteshaltung 5: „Als CFO können Sie sich auch um Compliance kümmern – ich als CEO muss Geschäft machen."
Denkfehler: *Kombination aus Unterlassungsfehler, Dokumentationsfehler und Bestätigungsfehler*
Beispiel: *Ein CFO einer Aktiengesellschaft wird vom Gesamtvorstand mit der Wahrnehmung der Compliance-Aufgaben betraut. Der CEO macht mit Anlagebauprojekten in Südamerika gute Geschäfte, aber nur mit Hilfe von üppigen Provisionszahlungen an verschiedene, sonst unbekannte Firmen. Der CFO zweifelt, ob er das Thema auf die Tagesordnung im Vorstandsgremium bringen sollte.*

Nach deutschem Aktienrecht hat der CEO keine „Richtlinienkompetenz" gegenüber seinen Vorstandskollegen. Er ist nicht deren Vorgesetzter, sondern es gibt eine Gesamtverantwortung des Vorstandes.[31] Bei mehrköpfigen Vorständen führt jedes Vorstandsmitglied sein Ressort zunächst eigenverantwortlich. Oft grenzen Geschäftsverteilungspläne die Ressorts ab. Nur wenn, wie hier, der CFO merkt, es läuft im Nachbarressort etwas schief, ist er zwingend gehalten, einzuschreiten. Der erste Ansprechpartner ist der Gesamtvorstand. Hier hat der CFO die Provisionszahlungen auf den Tisch zu bringen (ansonsten Unterlassungsfehler) und gegebenenfalls eine Abstimmung über seine Gegenvorstellungen herbeizuführen, damit er dokumentiert, wenn er überstimmt wird (ansonsten droht ein Dokumentationsfehler). Darüber hinaus kann und sollte sich der CFO bei Pattsituationen oder einem Unterliegen im Gesamtvorstand an den Aufsichtsrat wenden.[32]

Dennoch bleibt es bei der Gesamtverantwortung des CEO und CFO für den möglichen Korruptionsfall. Die Ressortverteilung wirkt nur nach innen (möglicher Bestätigungsfehler des CEO). Sollten CEO und CFO ihre Pflichten gemeinschaftlich verletzen, haften sie als Gesamtschuldner, egal wer von ihnen vorher das Compliance-Ressort unter sich hatte. Jeder von ihnen haftet auf den vollen Schaden mit der Möglichkeit, dann im Einzelfall bei seinem oder seinen Vorstandskollegen Regress zu nehmen. Nur an dieser Stelle spielt die interne Ressortverteilung eine Rolle.[33]

Geisteshaltung 6: „Wenn es knallt, dann ist das ‚systemimmanent' – unser Wirtschaftsprüfer hat doch alles geprüft und für gut befunden."

Denkfehler: *Kombination aus Unterlassungsfehler und Bestätigungsfehler*

Beispiel: *Eine Bank greift manipulativ zu ihrem Vorteil in den Kapitalmarkt ein und schädigt dabei nicht nur Markteilnehmer, sondern die eigenen Investoren durch Strafzahlungen in Milliardenhöhe. Der Vorstand argumentiert mit der naiven Schutzbehauptung: „Wir haben doch ein durch einen Wirtschaftsprüfer geprüftes CMS, was uns ‚enthaftet' von dem ‚Unterlassen' der Einführung bzw. der Aufrechterhaltung eines CMS und wenn dennoch etwas schiefgeht, dann ist das ‚systemimmanent'."*

Zunächst liegt ein Unterlassungsfehler vor, weil der Vorstand offenbar Marktmanipulationen geduldet hat und das bestehende CMS offenbar hier nicht funktioniert hat. Daran ändert auch ein Testat des Wirtschaftsprüfers aus dem Vorjahr nichts. Es gibt keine Exkulpationsmöglichkeit durch Vorschieben eines Systems, dies kann maximal entlastend wirken, aber nicht strafbefreiend.

Ferner ist es ein Denkfehler (Bestätigungsfehler) zu glauben, es handele sich bei CMS um sich selbst organisierende Funktionseinheiten, die ihr Weiterfunktionieren selbst organisieren. Erst durch die Führungsaufgabe des Managements wird ein CMS seiner Aufgabe gerecht.

Zusammenfassung und Ausblick

Systeme werden von Menschen gemacht und Menschen sind fehlbar. Solange Compliance nicht als Führungsaufgabe verstanden wird und Compliance-Management-Systeme nicht als Teil des Ganzen verstanden werden, wird der „Schwarze Schwan" immer wieder auftauchen. Da aber menschliches Fehlverhalten — spätestens nach diesem Beitrag — in den hier behandelten Dimensionen als vorhersehbar gelten kann, haben wir es nicht mehr mit dem Phänomen des „Schwarzen Schwanes" zu tun. Insoweit dürfen wir menschliches Fehlverhalten nicht mehr als Organisationsrisiko beim Aufsetzen und der kontinuierlichen Verbesserung von CMS einfach hinnehmen und methodisch ausblenden. Bereits hier tritt der Vater aller Denkfehler, der Bestätigungsfehler in Kombination mit dem Unterlassungsfehler, wieder einmal auf. Menschliches Fehlverhalten ist auf jeder Hierarchieebene vorhersehbar und muss in CMS erfasst, behandelt und wie jedes andere Organisationsrisiko durch die entsprechende Organisationspflicht des Managements und gegebenenfalls der Überwachungsorgane vermieden werden.[34]

Natürlich gibt es auch zu den hier hergeleiteten Aspekten zahlreiche praktische Handlungsempfehlungen im Sinne einer kontinuierlichen Verbesserung von CMS, auf die meine Co-Autoren in Teil V ausführlich eingehen.

III. 3. Compliance-Kommunikation@Metro Group von 2009 bis 2015: Ein Erfahrungsbericht aus der Metro AG

Stefanie Wagener, Compliance Officer für Metro Cash & Carry Deutschland, Metro AG

Der Erfahrungsbericht „Compliance-Kommunikation@Metro Group von 2009 bis 2015" liefert Erkenntnisse darüber,

- wie die Kommunikation zur Implementierung eines neuen Compliance-Programms in einem internationalem Konzern aufgesetzt werden kann,
- aus welchen Maßnahmen und Kernbestandteilen eine solche Kampagne bestehen kann,
- wie die Compliance-Kommunikation darauf aufbaute und weiterentwickelt wurde.

Des Weiteren werden Beispiele zur Compliance-Kommunikation aus der operativen Compliance-Arbeit gegeben, die dazu dienen, die kommunikativen Herausforderungen bei der Vermittlung von Compliance-Themen innerhalb der Organisation zu verstehen. Zudem werden die kommunikativen Anforderungen an den Compliance Officer dargestellt. Abschließend werden Empfehlungen für eine strategische Kommunikationsarbeit gegeben.

Compliance steht nicht still

Als internationaler unter dem Dach der Metro AG bestehender Handelskonzern ist die Metro Group in die drei Geschäftsfelder Selbstbedienungsgroßhandel (Metro Cash & Carry), SB-Warenhäuser (Real) und Elektrofachmärkte (Media Markt und Saturn) aufgeteilt. In diesen Geschäftsfeldern hat die Metro Group eigenständige Vertriebsmarken, die von Querschnittsgesellschaften in den Bereichen Immobilien, Logistik, Informationstechnologie und Werbung in ihren Prozessen konzernweit unterstützt werden. An über 2.000 Standorten in 29 Ländern aktiv, unterliegt die Metro Group vielfältigen Rechtsordnungen und komplexen Rechtsvorschriften sowie internationalen Standards auf dem Gebiet der Corporate Governance. Compliance ist somit für die Metro Group ein relevantes Thema. In den vergangenen Jahren sind die Anforderungen an das Compliance-Management-System (CMS) für die Metro Group gestiegen. Höhere Erwartungen der Öffentlichkeit, die von Compliance relevanten Fällen wie etwa der Siemens-Korruptions-Affäre oder auch dem VW-Abgasskandal ausgelöst werden, eine schärfere Durchsetzung seitens der Behörden und zugleich härtere Konsequenzen durch hohe Strafen und Bußgelder wie etwa bei Kartellrechtsverstößen (z.B. durch das ThyssenKrupp-Schienenkartell), machen eine kontinuierliche Weiterentwicklung erforderlich. Diese Beispiele unterstreichen die wirtschaftliche Gefahr von nicht Compliance gerechtem Verhalten, die durch mögliche Strafzahlungen oder aber auch durch Auswirkungen des Reputationsschadens ausgelöst wird.

Bis 2008 baute Compliance bei der Metro Group auf vier Bausteinen auf:
1. Aufmerksamkeit der Geschäftsführung
2. „Unsere Geschäftsgrundsätze"
3. Anti-Korruptionsklausel
4. Mitarbeiterschulungen zu „Unsere Geschäftsgrundsätze"

Mittlerweile fordern Gesetze (z.B. die §§ 91, 93 AktG und § 130 OwiG) und Gerichte ein CMS, dessen Effektivität vom Aufsichtsrat überwacht und bestätigt werden muss. Deshalb wurde 2009 ein Programm implementiert, das das bisherige Compliance-Fundament mit fünf weiteren Bausteinen ergänzte:
5. Systematische Compliance-Organisation
6. Klare Verantwortlichkeiten und Strukturen
7. Effektive Regeln und Prozesse
8. Umfassende Schulungen
9. Nachhaltige Kommunikation

Welche Bedeutung hat jedes dieser fünf zusätzlichen Elemente innerhalb des neuen Compliance-Programms?
Die systematische Compliance-Organisation besteht aus circa sechzig Compliance Officern, die weltweit in den Vertriebslinien und Querschnittsgesellschaften für die Umsetzung des Compliance-Programms verantwortlich sind. In der Regel ist ein Compliance Officer für eine Landesgesellschaft zuständig. In seiner Tätigkeit berichtet er direkt an den Group Director Compliance innerhalb der Abteilung Corporate Compliance der Metro AG. Der Group Director Compliance wiederum ist dem Chief Compliance Officer (CCO) und General Counsel der Metro AG unterstellt und Teil der Rechtsabteilung. Diese ist dem Vorstandsvorsitzenden der Metro AG zugeordnet. Im jeweiligen Land berät der Compliance Officer die Geschäftsführung zur Umsetzung von Richtlinien und Prozessen. Diese werden von Corporate Compliance vorgegeben, mit dem Ziel ein konsistentes Compliance-Programm weltweit zu etablieren.

Im Rahmen der Verantwortlichkeiten und Strukturen hat der Vorstand der Metro AG Compliance-Risiken definiert, für die das Compliance-Programm den organisatorischen Rahmen bietet. Die Compliance-Organisation übt dabei die Funktion der Beratung und Prävention aus, um die Compliance-Risiken effektiv zu steuern. Darüber hinaus ist das Meldesystem ein wichtiger Bestandteil des Programms, an das Mitarbeiter und externe Personen Hinweise zu regelwidrigem Verhalten abgeben können.

Corporate Compliance hat zentrale Themen wie Anti-Korruption, Kartellrecht, Spenden und Sponsoring definiert. Zusammen mit den Prozessverantwortlichen werden konkrete Richtlinien und Prozesse ausgearbeitet, damit die Mitarbeiter eine Orientierung bekommen, wie sie sich im Geschäftsalltag verhalten sollen. Für die Bekanntmachung von Richtlinien werden zentrale Datenbanken verwendet, um den Status der Kenntnisnahme der Mitarbeiter zu dokumentieren. Per E-Mail erhalten die Mitarbeiter, die für sie relevante Richtlinie und durch das Anklicken eines Linkes in der E-Mail bestätigen die Mitarbeiter, dass sie sich an die Vorgaben der Richtlinie halten. Dies wird im System somit vermerkt.

Eine Führungskräfteumfrage, die zur Bedarfsanalyse im Rahmen der Entwicklung des neuen Compliance-Programms diente, hatte ergeben, dass Schulungen als wesentlicher Faktor für die Umsetzung in das Tagesgeschäft angesehen werden. Somit galt es, verschiedene Schulungen zu etablieren (z. B. Präsenzschulungen und/oder E-Learnings).

Der letzte Baustein des Programms ist die nachhaltige Kommunikation, mit der jegliche Implementierung von Compliance-Themen steht und fällt. Mitarbeiter müssen über neue Themen informiert sein, damit sie diese im Geschäftsalltag anwenden können. Somit musste für die Implementierung des neuen Programms ein Kommunikationskonzept entwickelt werden, um die neuen und die alten Inhalte in der gesamten Organisation zu verankern.

Der Big Bang: Einfach richtig@Metro Group

Das Kernziel der konzernweiten Kommunikationskampagne war zum einen die bestehenden vier Bausteine noch stärker in die täglichen Geschäftsprozesse der Mitarbeiter aller Vertriebs- und Querschnittsgesellschaften des Konzerns zu integrieren und zum anderen alle Mitarbeiter für die neuen Bausteine zu sensibilisieren. Die neue Compliance-Organisation und die Geschäftsführung sollten darüber hinaus für die Implementierung des Programms gestärkt werden. Um den intensiven Austausch zwischen Compliance-Organisation, Management und Mitarbeitern zu fördern, wurde in Zusammenarbeit mit der Kommunikationsberatung Deekeling Arndt Advisors unter dem Motto „Einfach richtig"/„Simply right" eine internationale und hierarchie-übergreifende Kommunikationskampagne entwickelt, die 2011 den internationalen deutschen PR-Preis erhielt.

Mit diesem Motto sollte dem Thema eine gewisse Emotionalität verliehen werden. Inhaltlich sollte zum einen die Funktion der Compliance-Organisation beworben sowie auch das Thema selbst wie folgt platziert werden:

Unterstützung: Die Compliance-Organisation macht es jedem einfach, sich in der richtigen Art und Weise zu verhalten.

Nach Aktion verlangen: Es ist einfach richtig, sich integer zu verhalten.

Orientierung: Das neue Compliance-Programm zeigt den richtigen Weg.

Befolgung: Es gibt keinen anderen Weg innerhalb der Metro Group.

Für das Motto wurde ein urheberrechtlich geschütztes Logo entworfen, welches eine klare Wiedererkennung zu allen Compliance-Themen ermöglicht. Der „Haken" als Bestandteil des Logos symbolisiert das „richtige" Compliance-gerechte Verhalten.

Abbildung 2: Logo Einfach richtig/Simply right
Quelle: Metro AG

Ziel der Kampagne war es, die Compliance Officer als Partner für die Geschäftsführung und Unterstützer für die Geschäftsprozesse zu positionieren und in ihrer Rolle als vertrauensvolle Berater und aktive Kommunikatoren für das Thema zu befähigen. Um dieses übergreifende Ziel zu erreichen, wurde eine erste internationale Compliance-Online-Umfrage mit Führungskräften zum Thema Compliance und dessen Wahrnehmung im Konzern durchgeführt. Die Erkenntnisse dienten als Grundlage für die Entwicklung der Kommunikationsformate. Diese wurden in einem Kommunikationsplan gebündelt und zentral von Corporate Compliance gesteuert. Die Maßnahmen des Kommunikationsplans beinhalteten verschiedene Formate:

Das Compliance-Poster als zentrales Dialoginstrument übersetzte die teilweise komplexen, juristischen Inhalte anhand von Beispielen aus den unterschiedlichen Vertriebslinien und Querschnittsgesellschaften sowie Ländern in eine einfache und verständliche Bildsprache. Auf allen Hierarchieebenen wurden damit die Akzeptanz für Compliance gesteigert und ein erstes Grundverständnis dafür geschaffen. Vorbehalte, die es gegenüber Compliance immer wieder gibt (z. B. „Compliance verhindert das Geschäft"), sollten damit in den unterschiedlichen Kultur- und Sprachkreisen entkräftet werden. Kernbestanteil des Posters waren die Geschäftsgrundsätze, die Struktur der Compliance-Organisation, die Anforderungen an die Metro Group dieses Compliance-Programm aufzusetzen und die Information zum Compliance-Meldesystem. Abschließend erarbeiteten die Führungskräfte mit ihren Mitarbeitern die individuelle Relevanz und den persönlichen Beitrag, den jeder leisten muss, wenn das Programm effektiv sein soll. Die Führungskräfte wurden durch einen Moderationsleitfaden befähigt, die Dialoggespräche zu führen. Zum Abschluss der Diskussionsrunde erhielten die Mitarbeiter eine Safety-Card zu dem besprochenen Poster. Wie im Flugzeug stehen die wichtigsten Informationen auf einem DIN A4 Blatt, um im Arbeitsalltag griffbereit zur Verfügung zu stehen.

Der konzernweite Compliance-Tag mit verschiedenen Kommunikationsaktionen (z. B. Gewinnspiele, Interaktionen mit Compliance Officern und Mitarbeitern) sollte alle Mitarbeiter ansprechen, mit dem Ziel, die Sichtbarkeit und die Nachhaltigkeit von Compliance zu steigern und zu betonen, dass „Compliance jeden angeht".

Mit einer Comicfigur sollte das Compliance-Meldesystem als ein freundliches Tool eingeführt werden, das rund um die Uhr für Mitarbeiter und externe Personen verfügbar ist.

Abbildung 3: Compliance-Gespräch
Quelle: Metro AG

Compliance-Gespräche sollten zwischen Geschäftsführung und Compliance Officern stattfinden. Diese Gesprächsrunden sollten einen offenen Raum bieten, um Themen zu platzieren, wie z. B. aktuelle Fälle, Verständnisfragen, Verbesserungsbedarf zu Prozessen. Die gemeinsame Zusammenarbeit sollte gefördert werden, indem Compliance ein Gesicht bekommt.

Der digitale Compliance-Newsletter sollte alle sechs bis acht Wochen die Compliance Officer und Führungskräfte zu strategischen und aktuellen Compliance-Themen innerhalb und außerhalb des Konzerns informieren. Die Führungskräfte haben im Rahmen der Implementierung des Compliance-Programms eine Vorbildrolle und der Newsletter sollte die Führungskräfte darin unterstützen, die Compliance-Themen zu verstehen und diese in ihrer Funktion als Multiplikatoren weiter zu tragen.

Damit die Compliance Officer sich als aktive Kommunikatoren und vertrauensvolle Berater positionieren, wurden sie von Corporate Compliance mit einer Kommunikations-Toolbox ausgestattet, die sie bei der Kommunikation im Rahmen der Implementierung des Compliance-Programms unterstützen sollte.

Bestandteile der Toolbox waren:

- Compliance-Poster/Safety-Card, Moderationsleitfaden für die Führungskräfte/Officer, um die Diskussion mit den Postern zu leiten sowie Feedbackbögen.

- „Elevator-Speech" (Kurze Sprechtexte für die Officer zu möglichen Kernfragen von Mitarbeitern rund um das Thema, wie z. B. „Was ist eigentlich Compliance?", „Ist es realistisch, dass sich alle Mitarbeiter an die Geschäftsgrundsätze halten?" und „Was heißt Compliance für jeden persönlich?").

- Basis-Präsentationen, die für Meetings genutzt werden, um das Thema Compliance und das Compliance-Programm der Metro Group vorzustellen.

- Moderationsleitfaden für die Durchführung der Compliance-Gespräche sowie Feedbackbögen.

Für die tägliche Arbeit ist es hilfreich, sich mit den anderen Officern zu relevanten Themen auszutauschen. Dafür wurden die jährliche Compliance-Konferenz, Telefonkonferenzen und virtuelle Austauschplattformen im Intranet etabliert. Die Konferenz sollte der Organisation ermöglichen, sich anhand von Best-Practice-Beispielen auszutauschen und aktuelle Themen gemeinsam zu entwickeln. Entscheidend für die Konferenz sind interaktive Module der Themenfindung, Teamaktivitäten zur Stärkung der Organisation und die persönliche Weiterentwicklung der Officer für ihre Funktion. Die Durchsetzung der Kommunikationskampagne startete 2009 mit der dreitägigen Konferenz, zu der erstmalig alle Officer der neuen Organisation zusammenkamen.

Was kann man abschließend zum „Big Bang" sagen?
Corporate Compliance führte eine internationale Kommunikationskampagne durch, die zum ersten Mal ein Governance-Thema über alle Gesellschaften und Länder hinweg mit einer einheitlichen Bildwelt kommunizierte. Einige Maßnahmen wurden im ersten Jahr der Umsetzung auch bereits angestoßen. Damit das Compliance-Programm in alle Geschäftsprozesse integriert werden kann, muss die Compliance-Kommunikation langfristig aufgestellt sein. Nur so kann sichergestellt werden, dass die Themen bei den Mitarbeitern ankommen.

Die Berater sind aus dem Haus: Wie geht es weiter?

Die initiierten Maßnahmen müssen weiter implementiert und inhaltlich für das gesamte Unternehmen weiterentwickelt werden. Um diesem Anspruch gerecht zu werden, gibt es bei Corporate Compliance eine Stelle für die Themen Kommunikation und Training. Der Fokus der Kommunikation liegt auf der internen Compliance-Kommunikation, wobei diese in zwei Kommunikationsbereiche unterteilt wird:

- Die Kommunikation innerhalb der Compliance-Organisation und

- die Kommunikation von der Compliance-Organisation in die Organisation der Metro Group.

Die Kommunikation innerhalb der Compliance-Organisation hat das Ziel, die Konsistenz der Kommunikation innerhalb der Metro Group zu gewährleisten und die Compliance-Themen verständlich an die unterschiedlichsten Zielgruppen mit Unterstützung der Geschäftsführung zu kommunizieren. Dafür wurden diverse Kommunikationsmaßnahmen entwickelt, um die Organisation und die Officer zu stärken:
Regelmäßige Telefonkonferenzen der Compliance Officer werden von Corporate Compliance geleitet, damit die Compliance Officer über aktuelle Themen und Vorgaben der Metro AG informiert sind und zugleich Feedback geben können, um die Themen den lokalen Gegebenheiten — soweit erforderlich und möglich — anzupassen. Aus den Telefonkonferenzen werden Arbeitsgruppen für die weitere Bearbeitung von Themen gebildet, die sich dann wiederum in videobasierten Telefonkonferenzen oder persönlich zusammenfinden.

Die Compliance-Konferenz dient dem jährlichen Austausch und der Weiterbildung der Compliance Officer. Im Jahr 2009 wurde die Konferenz auch als Kick-off für die Kommunikationskampagne genutzt sowie 2011 für die Abstimmung des Compliance-Tags. Die Konferenz soll die Unterstützung der Compliance Officer für verschiedene Aktivitäten fördern und erhalten. Maßnahmen sollen gemeinsam erarbeitet werden, damit das Compliance-Programm konsistent über alle Länder hinweg weiterentwickelt werden kann und allen Anforderungen, ob fachlich oder auch kulturell, gerecht wird. Ein Personalentwicklungsmodul ist regelmäßig Bestandteil der Konferenz damit die Compliance Officer in den Gesellschaften ihre Fähigkeiten reflektieren und ihre Beratung verbessern können.

Die Best-Practice-Plattformen wurden durch Arbeitsräume im Intranet geschaffen. Hier können die Compliance Officer Beiträge zu lokalen Projekten einstellen, die auch für die anderen Compliance Officer relevant sind. Allerdings erfolgt der Austausch untereinander oft eher bilateral und länderspezifisch auf kurzem Wege. Auf der Compliance-Konferenz werden Best-Practice-Präsentationen von Compliance Officern vorgestellt und diskutiert. Diese Form des Austauschs hat sich bisher auf allen Compliance-Konferenzen bewährt.

Für die Kommunikation in die Metro Group Organisation wurden verschiedene Kommunikationsmaßnahmen entwickelt:
Der Compliance-Newsletter für die Führungskräfte wurde 2009/2010 eingeführt und fand eine gute Resonanz. Der Newsletter griff aktuelle interne sowie externe Compliance-Themen auf, die eine Relevanz für den Konzern hatten. Der Newsletter bestand aus einem Formatmix aus Interviews, Best-Practice-Beiträgen von Compliance Officern, Vorstellung von aktuellen Personalentwicklungen in der Compliance-Organisation. Corporate Compliance war für die zentrale Steuerung und die Inhalte verantwortlich. 2014 gab es die Rückmeldung, dass der Newsletter zu lang sei. Daraufhin wurde dieser in Bezug auf Kontext und Layout überarbeitet. Das Ergebnis war ein kürzerer, vierseitiger Newsletter, der wesentliche News aus der Metro-Geschäftswelt sowie Best-Practice-Beiträge zu Compliance-Themen enthielt. 2015 wurde ein soziales Intranet im Konzern implementiert und im Zuge dessen werden heute die Inhalte des E-Mail-Newsletters als Blogeinträge im sozialen Intranet kommuniziert.

Zur Einführung der Compliance-Gespräche im Jahr 2011 ging der Vorstand der Metro AG mit gutem Beispiel voran und führte das erste Compliance-Gespräch mit Corporate Compliance durch. Zitate aus dem Gespräch wurden für eine Videobotschaft mit dem Vorstandsvorsitzenden verwendet, welche zur internen Kommunikation im Intranet sowie auch für Mitarbeiterschulungen genutzt wurde. Dadurch sollte verdeutlicht werden: „Der Vorstand steht für und hinter Compliance". Die Compliance-Gespräche werden bis heute mit Mitarbeitern und Führungskräften gleichermaßen durchgeführt, um die Compliance-Kultur bei der Metro Group weiter zu prägen. Am Compliance-Tag 2013 waren die Gespräche Kernbestandteil der Veranstaltung.

Nachdem mit der Implementierung des Compliance-Posters 2009/2010 eine flächendeckende Maßnahme implementiert wurde, war es wichtig, die Aufmerksamkeit für Compliance aufrecht zu erhalten und nicht in der Themenvielfalt des Konzerns unterzugehen. Der Compliance-Tag als bisher angedachte, aber noch nicht durchgeführte Maßnahme des Maßnahmenpakets war dafür eine gute Möglichkeit. Ein Format, welches bei weltweiter Implementierung am gleichen Tag etwas Neues für die Metro Group bedeutete. Der Tag sollte für alle Mitarbeiter gelten und vom Compliance Officer in seiner Gesellschaft 2011 zum ersten Mal durchgeführt werden. Die Compliance-Organisation stimmte sich zunächst zu einem gemeinsamen Termin ab, denn der Tag sollte zeitgleich stattfinden, damit eine Live-Berichterstattung im Intranet erfolgen konnte. Das Thema des Compliance-Tags sollte für das erste Mal die Themen und Botschaften aus dem letzten Jahr verstärken und in Erinnerung rufen. Für die Abstimmung der Themen und Maßnahmen mit den Compliance Officern wurde die Compliance-Konferenz 2011 genutzt. Um die Durchführung für die Officer zu vereinfachen, wurden von Corporate Compliance Maßnahmen entwickelt, die in einem Kommunikations-Toolkit zur Verfügung gestellt wurden. Fokus des Compliance-Tags sollte die Interaktion des Compliance Officers mit Mitarbeitern an Infoständen sein. Mit den Informationsmaterialien sollte der Compliance Officer sich als aktiver Kommunikator und vertrauensvoller Berater weiter etablieren. Der Anspruch an den Tag sollte sein: Weniger Komplexität, ohne zu trivial zu werden, und gleichzeitig mit sympathisch, ansprechenden Bildern zu arbeiten, die bereits in der Kommunikationskampagne 2009/2010 verwendet wurden, um die Wiedererkennung sicherzustellen.

Das Toolkit beinhaltete Postkarten, Türanhänger, Faltblatt und Tischaufsteller für die Kantine „Unsere Geschäftsgrundsätze" sowie Quiz-Flyer.

Die bisher bekannte Safety-Card mit den Geschäftsgrundsätzen wurde in das oben aufgeführte Faltblatt für ein schnelles „Mitnehmen" an den Informationsständen umgewandelt. Heute werden „Unsere Geschäftsgrundsätze" zusätzlich in Form eines Animationsfilmes auf Veranstaltungen, Schulungen und im Intranet gezeigt.

Die Dialogposter sollten noch einmal an dem Compliance-Tag an prominenter Stelle (z. B. Aufzügen) platziert werden. Die Comicfigur, welche vielfach auf den Medien (wie z. B. Quizflyer) verwendet wurde, wurde heute durch emotionale Smileys ersetzt. Diese sollen den Mitarbeitern die Angst nehmen, Compliance-Verstöße anzusprechen.

Abbildung 4: Kommunikations-Toolkit – Türanhänger, Postkarten, Quizflyer,
Faltblatt und Tischaufsteller
Quelle: Metro AG

Nachdem im Jahr 2010 bereits Führungskräfte zum Status quo von Compliance in der Metro Group befragt wurden, wollte man 2011 bei der Online-Umfrage herausfinden, inwieweit die Compliance Officer sich in ihren Organisationen etabliert hatten. Ob diese als vertrauensvolle Berater wahrgenommen werden und wie die Maßnahmen Dialogposter sowie Newsletter in der Organisation ankommen. Die Ergebnisse fielen insgesamt positiv aus. Die Führungskräfte fühlten sich von ihren Compliance Officern gut informiert und besser betreut. Die Kommunikationskampagne wurde insgesamt positiv bewertet. Der Newsletter war allerdings nicht durchgängig bekannt. Dieser Verbesserungspunkt wurde im darauffolgenden Jahr zum Compliance-Tag aufgegriffen, indem eine Sonderausgabe des Newsletters erstellt wurde. Aufgrund der positiven Resonanz, die aus der Organisation an die Compliance Officer herangetragen wurde, wurde der Compliance-Tag als jährliche Kommunikationsmaßnahme etabliert. Dabei sollte der zukünftige Tag jeweils einem Motto folgen und das Fokusthema des Jahres darstellen.

Das Thema des Compliance-Tags 2012 lautete „Verantwortung übernehmen", denn die zweite Compliance Online-Umfrage im Jahr zuvor hatte gezeigt, dass die Führungskräfte das Thema Compliance weniger kommunizieren und die Kommunikation den Compliance Officern überlassen. Hier galt es, Compliance in den jeweiligen Verantwortungsbereichen auf allen Hierarchieebenen zum Thema zu machen. Das Motto lautete deshalb „Compliance & You". Mit Zitaten des Vorstandes und den lokalen Geschäftsführungen zu „Compliance & You" (wie z. B. „Compliancewidriges Verhalten beeinträchtigt unsere Bilanz. Auch deswegen machen wir keine Kompromisse" oder „Business oder Compliance? Meine Wahl ist Business und Compliance.") sollte in Form von Postern betont werden, dass jeder in seiner Funktion einen Beitrag leisten muss. Der Vorstand und die lokalen Geschäftsführungen verdeutlichten damit ihre Vorbildfunktion.

Die dritte Online-Umfrage 2012 zeigte, dass die Mehrheit der Befragten das Gefühl hatte, dass Compliance im Geschäftsalltag gelebt wird. Verbesserungspotential wurde bezüglich der Speak-up-Kultur gesehen. Deswegen wollte die Compliance-Organisation am Compliance-Tag 2013 noch ein Stück weiter die Mitarbeiter involvieren und wählte das Motto „Mitmachen", um zu verdeutlichen, dass die Einstellung und Werte jedes Mitarbeiters bei der Umsetzung ausschlaggebend seien. Drei Themen wurden definiert, die eine gute Compliance-Kultur bei der Metro Group ausmachen. Über diese Themen sollten Mitarbeiter und Compliance Officer in den Dialog gehen:

Speak-up-Kultur: In einer Speak-up-Kultur haben Mitarbeiter das Gefühl, dass sie kritische, sensible Themen ansprechen können, ohne dass sie negative Konsequenzen fürchten müssen.

Integrität: Wenn alle Mitarbeiter das gleiche Verständnis von Fairness, Integrität und Transparenz haben, ist die Wahrscheinlichkeit von Compliance-Verstößen geringer.

Verantwortung: Wenn jeder Mitarbeiter in seinem Bereich für Compliance Verantwortung übernimmt, wird Compliance zu einem Selbstverständnis.

In den Compliance-Gesprächen sollten erstmals Mitarbeiter und Führungskräfte zu diesen Themen in die Diskussion gehen. Ziel war es, ein einheitliches Verständnis zu fördern, wie Compliance in der Organisation gelebt werden soll.

Drei interaktive Maßnahmen wurden für den Compliance-Tag entwickelt:
Das Compliance-Spiel ist ein Würfel-Brettspiel, welches verschiedene Dilemma-Situationen rund um die Geschäftsgrundsätze enthält, die es zu lösen gilt, um erfolgreich die Karriereleiter zu ersteigen. Dabei spielt nicht nur der Zufall eine Rolle, sondern vor allem die Entscheidungen, die anhand eines Compliance-Indikators bewertet werden. Es geht darum, „einfach richtig" zu gewinnen. Dieses Spiel wird bis heute in den Präsenzschulungen zu „Unsere Geschäftsgrundsätze" für neue Mitarbeiter eingesetzt.

Bei den Compliance-Gesprächen sollte ein gemeinsames Verständnis zu den drei Themen erzielt und zugleich ein offener Raum geschaffen werden, in dem Themen transparent gemacht werden können, wenn Dinge nicht „einfach richtig" laufen. Um die Diskussion zu starten, wurden Poster entwickelt. Mit unkonventionellen, emotionalen Bildern sowie auch provokativen Sprüchen wurden die Themen Speakup-Kultur, Verantwortung und Integrität angesprochen.

Zusätzlich gab es ein Gewinnspiel, in dem die Mitarbeiter zu den drei Themen befragt wurden. Weiterhin vermittelten Tischaufsteller die konkrete Relevanz von Compliance (z. B. „Wussten Sie, dass die Einhaltung des Kartellrechts Bußgelder von bis zu 10% des Konzernumsatzes vermeidet?").

2013 wurde die Befragung der Führungskräfte ausgesetzt, um im darauffolgenden Jahr eine größer angelegte Umfrage in Kooperation mit einer deutschen Hochschule zum Programm und zur Compliance-Kultur innerhalb des Konzerns vorzunehmen. Die Online-Umfrage 2014 belegte ein hohes Bewusstsein für Compliance bei den Führungskräften. Die Compliance-Kultur wurde anhand der präventiven Wirkung des Anti-Korruptionsprogramms der Metro Group untersucht. Zwei Themen, die für ein wirksames CMS wichtig und Kernbestandteil

WUSSTEN
SIE DASS...

...die Einhaltung des Kartellrechts Bußgelder von
bis zu 10% des Konzernumsatzes vermeidet?

...die Kosten für die Compliance Organisation der
METRO GROUP unter 15 EUR pro Mitarbeiter
weltweit pro Jahr liegen?

EINFACH
RICHTIG
METRO GROUP Compliance

Abbildung 5: Tischaufsteller
Quelle: Metro AG

des Prüfungsstandards des Instituts der deutschen Wirtschaftsprüfer (IDW PS 980) sind. Die Umfrage wurde zeitgleich mit anderen großen börsennotierten Unternehmen durchgeführt, sodass die Compliance-Maßnahmen der Metro Group im Vergleich zu diesen Unternehmen bewertet werden konnten. Auf Basis des insgesamt positiven Ergebnisses der Umfrage zum Bewusstsein von Compliance in der Organisation, beschloss Corporate Compliance den bisher jährlich stattfindenden Compliance-Tag zukünftig alle zwei Jahre durchzuführen. Somit ist gewährleistet, dass das Bewusstsein im angemessenen Rahmen aufrechterhalten wird und die Compliance Officer können die Vielzahl der Themen besser bewerkstelligen. Somit wurde der nächste Compliance-Tag 2015 durchgeführt. Ziel war es, die Speak-up-Kultur zu fördern. Die Kommunikationskanäle des Compliance-Meldesystems, welches bereits seit fünf Jahren im Einsatz ist, und der Compliance Officer sollten beworben werden. Es galt weiter Compliance in einer leichten, spielerischen, aber nicht minder ernsten Weise zu kommunizieren. Dafür wurden Filmzitate mit dem Motto „Auf dich kommt's an" verknüpft. Denn nahezu jeder Mitarbeiter kennt diese und kann sich mit den Inhalten identifizieren. Somit wurde ein Weg gefunden, der nicht den Zeigefinger hebt, sondern aussagt, dass es besser ist, beim Compliance Officer nachzufragen oder Themen beim Compliance-Meldesystem anzusprechen. Nur wenn sich jeder seiner Verantwortung bewusst ist, Fehlverhalten zu melden, kann sich eine Speak-up-Kultur entwickeln.

Im Rahmen der Professionalisierung des bestehenden CMS ist es für die Metro Group wichtig, die Compliance-Umfrage regelmäßig durchzuführen, um zu überprüfen, ob ein wirksames und funktionierendes CMS in der Organisation vorgehalten wird. Die Online-Umfrage ist somit fester Bestandteil des Kommunikationsplans. Dabei liegt der Schwerpunkt der Umfrage immer auf den jeweiligen Projekten, die von der Compliance-Organisation durchgeführt werden und der erfolgten Compliance-Kommunikation als Kernelement für ein effektives CMS.

Das übergreifende Ziel der Kommunikationskampagne „Einfach richtig"/„Simply right" sowie auch der fortlaufenden Kommunikation der Metro Group in den letzten Jahren war es, den Mitarbeitern und Führungskräften die Angst vor diesem wichtigen Thema zu nehmen, indem darüber offen gesprochen wurde und Führungskräfte aktiv als Multiplikatoren eingesetzt wurden. Gleichzeitig sollten Mitarbeiter motiviert werden, Compliance-Themen anzusprechen, die nicht „einfach richtig" laufen. Auch galt es, die bekannte klassisch-negative Besetzung von Compliance (z. B. „Compliance ist die Polizei", „Compliance überwacht uns") aufzulösen, indem eine starke Compliance-Organisation aufgebaut wurde, die diese Vorurteile kommunikativ entkräften kann (aktive Kommunikatoren) und Compliance-Lösungen für das operative Geschäft anbietet (vertrauensvolle Berater). Auch andere Wahrnehmungen wie „Compliance ist bürokratisch", „lähmt/verhindert das Geschäft", „bietet keinen Mehrwert" sollte entgegengearbeitet werden. Anders formuliert: Das Compliance-Programm sollte authentisch sein. Dafür wird das Motto „Einfach richtig"/„Simply right" als Dach für alle Kommunikationsmaßnahmen verwendet. Innerhalb dieses Rahmens werden verschiedene Tools, die nach innen (innerhalb der Compliance-Organisation) und außen (innerhalb der Metro-Organisation) wirken, eingesetzt. Die regelmäßig stattfindenden Telefonkonferenzen zu Abstimmungen und zur Information, die jährliche Compliance-Konferenz mit Best-Practice-Austausch-Formaten, Personalentwicklungsmodulen und interaktiven Workshop-Formaten, stärken die Officer und die Organisation. Das Thema Compliance wird systematisch im Dialogformat innerhalb der Metro-Organisation durch die Gespräche mit Führungskräften und Mitarbeitern sowie dem Compliance-Tag für alle Mitarbeiter implementiert. Die kontinuierliche Information wird durch das soziale Intranet in Form von Blogeinträgen gewährleistet. Dabei werden Printformate wie Poster oder auch Postkarten zu verschiedenen aktuellen Themen immer wieder eingesetzt, da sie die breite Masse der Mitarbeiter (in der Verwaltung aber auch in den Märkten) erreichen.

Bottom Line: Compliance-Organisation EIN Team

Im Compliance-Bereich gibt es viele Themen und diese müssen alle „einfach richtig" kommuniziert werden. Oft wird in der Praxis zu schnell „losgelaufen". Dabei wird vergessen die Compliance Officer als Themen-Experten vorab zu involvieren und diese dann entsprechend in der Umsetzung für das Thema als authentische Multiplikatoren einzusetzen, damit die Compliance Akzeptanz in der Organisation findet. Zwei Dinge sind dabei wichtig: Erstens müssen die Officer die Compliance-Themen im Vorfeld mitentwickeln und zweitens muss die Kommunikation bei der Implementierung der Themen innerhalb der Compliance-Organisation richtig gesteuert werden, damit Geschlossenheit in den Konzern, d. h. innerhalb der Metro-Organisation vermittelt werden kann. Der zeitliche Aspekt der Kommunikation ist entscheidend. Folgendes Prinzip sollte dabei gelten: Die Compliance-Organisation ist als „Familie" anzusehen und die Organisation außerhalb der Familie als „extern". Das bedeutet: Der Compliance Officer wird von Corporate Compliance immer als erstes informiert und dann die Geschäftsführung in den jeweiligen lokalen Organisationen. Eine Kommunikation, die direkt von der Zentrale an die Geschäftsführung geht, kann als vermeintlicher „Querschuss" wahrgenommen werden, denn der Compliance Officer hat Prozesse und Zeitrahmen entsprechend für die Durchsetzung der zentralen Vorgaben gesetzt. Diese Art von Vorgehen kann dann lokal kontraproduktiv sein.

Für die Kommunikation in die Organisation macht Corporate Compliance die Vorgaben, aber sie hat zugleich auch eine unterstützende Funktion bei der Umsetzung. Es gilt, den lokalen Compliance Officern die Arbeit zu erleichtern. Für die Durchsetzung der Themen wird grundsätzlich ein Kommunikations-Toolkit zur Verfügung gestellt. Der Anspruch hier ist, die lokalen Gegebenheiten zu berücksichtigen und die Erreichbarkeit der unterschiedlichen Zielgruppen sicherzustellen. Deswegen setzt sich das Toolkit aus Online- und Printformaten zusammen. Dieses besteht aus fertigen Layouts, Texten, und gegebenenfalls anderen Formaten wie Kurzfilmen oder Online-Gewinnspielen. Der Compliance Officer erhält für die Kommunikation des Themas eine Grundausstattung mit Mindeststandards, einheitlichen Kommunikationsbotschaften und Implementierungszeitplan. Dies hat zwei Vorteile:

1. Für den Compliance Officer: Eine vereinfachte, lokale Umsetzung, denn er muss die Inhalte lediglich übersetzen und kann das Toolkit direkt verwenden.

2. Für Corporate Compliance: Mindeststandards und einheitliche Kommunikationsbotschaften werden gesetzt, die eine konsistente Kommunikation sicherstellen.

Compliance-Verantwortliche: Aktive Kommunikatoren

Bei der Einstellung der Compliance Officer wird nicht nur auf die fachliche Qualifikation geachtet, sondern auch auf die Kommunikationsfähigkeit. Dies ist fester Bestandteil des Anforderungsprofils eines Officers, denn wie auch bei einem CMS gilt nicht die Regel „One size fits all". Vielmehr müssen Fragen gestellt werden wie z.B. „Ist der Compliance Officer in der Lage, zielgruppengerecht zu kommunizieren und komplexe Themen zu vereinfachen sowie verständlich aufzubereiten?" Er muss in der Lage sein, Konflikte kommunikativ zu lösen und Spaß daran haben, innovative Ideen für die Kommunikation einzubringen. Die Herausforderung ist, Compliance zum Leben zu erwecken. Deswegen werden die Rollenbilder der Funktion im Sinne des vertrauensvollen Beraters und aktiven Kommunikators im Gespräch mit potentiellen Compliance Officern und die Erwartung, die damit einhergeht, klar kommuniziert.

Benchmark für die interne Compliance-Kommunikation bei der Metro Group bleibt die „Einfach richtig"/„Simply right"-Kampagne, so dass dieses Thema Kernbestandteil der Einführungstage eines neuen Compliance Officers ist. Im Rahmen der Weiterentwicklung der Compliance-Organisation, werden die Officer u. a. auf der Compliance-Konferenz in ihrer kommunikativen Kompetenz geschult. Sie lernen mit Dilemma-Situationen besser umzugehen und sich untereinander zu coachen, um ihre Beraterfunktion besser ausüben zu können. Dafür werden Kommunikationsexperten auf die Konferenz eingeladen, die gemeinsam mit den Officern in Workshop-Formaten Themenbereiche erarbeiten.

Compliance-Kommunikation: Strategisch und emotional

Wesentlicher Faktor für eine gelebte Compliance ist die Akzeptanz für das Thema in der Organisation und dabei ist eine „einfach richtige" Kommunikation unerlässlich. Deswegen ist die strategische Compliance-Kommunikation ein wesentlicher Bestandteil in der Compliance-Organisation der Metro Group. Die Botschaften müssen bei den entsprechenden Personen ankommen, um Wirkung zu erzeugen. Etwas, was nicht verstanden wird, wird auch nicht akzeptiert. Das Compliance-Programm ist kein Projekt, sondern eine dauerhafte Aufgabe und deswegen wird die Compliance-Kommunikation auch eine dauerhafte Aufgabe in dem Konzern bleiben. Hier besteht die Herausforderung in der richtigen Dosierung der Kommunikation, um in der Themenvielfalt des Konzerns bestehen zu können.

Es geht also darum, die Aufmerksamkeit der Mitarbeiter immer wieder aufs Neue zu wecken. Dies erfordert innovative und emotionalisierende Ideen. Deswegen ist es wichtig, dass die Compliance Officer eine gewisse Leidenschaft für das Thema Kommunikation mitbringen. Neben den Soft Skills muss zielgerichtet und klar kommuniziert werden. Compliance-Verantwortliche, die keinen kommunikativen Hintergrund haben, benötigen mal mehr mal weniger eine praxisorientierte und systematische Anleitung für eine wirksame Compliance-Kommunikation. Kernüberlegungen dazu werden mit der nachfolgenden Visualisierung veranschaulicht.

Abbildung 6 enthält Schritte, die in der strategischen Kommunikation während der Planungsphase bedacht werden müssen, damit die Compliance-Kommunikation die richtigen Personen erreicht und die entsprechende Wirkung erzielt werden kann. Dies gilt für alle Compliance-Verantwortlichen.

Die Erfahrungen aus den vergangenen Jahren haben gezeigt, dass Compliance gut aufgenommen werden kann, wenn die Kommunikation für die Compliance-Themen ansprechend, verständlich und zielgruppengerecht aufbereitet wird. Neben den rein fachlichen Compliance-Themen muss es aber auch einen Zugang zur Wertevermittlung geben, damit eine Compliance-Kultur entstehen kann, in der Mitarbeiter Verantwortung übernehmen und eine Integration in das Geschäft möglich ist.

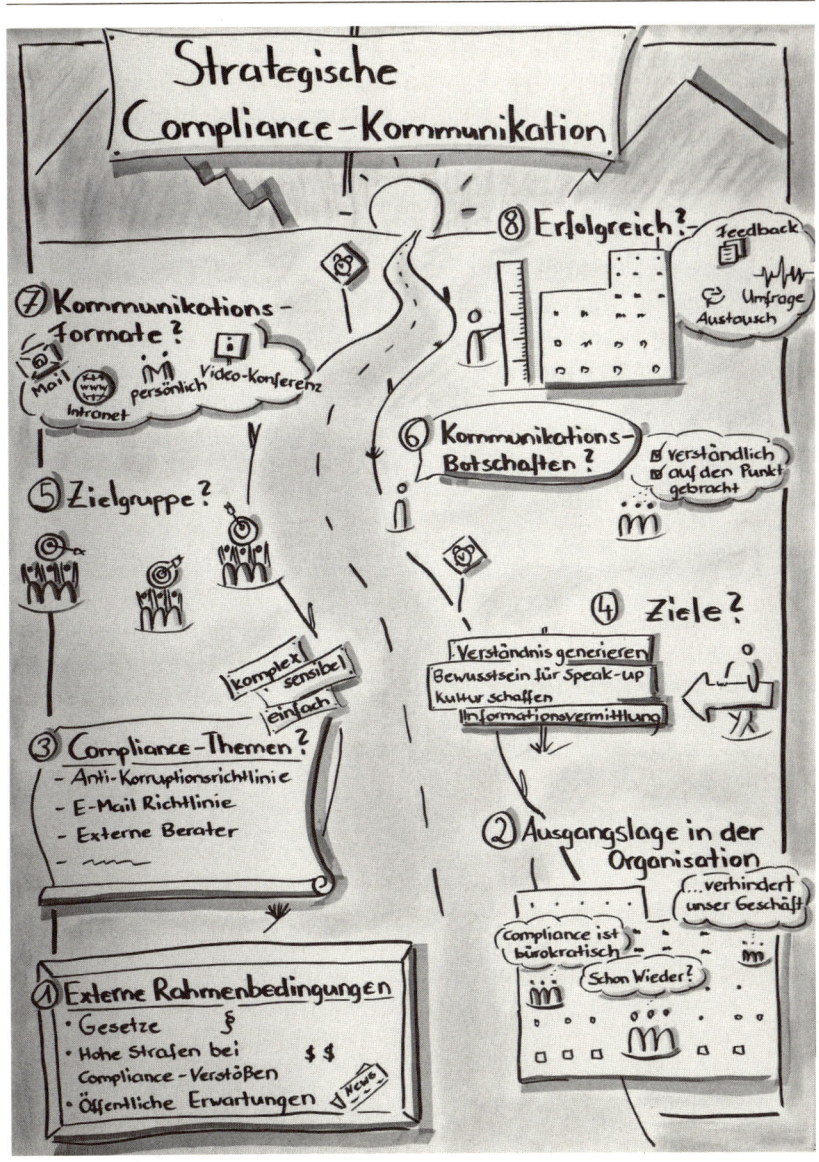

Abbildung 6: Strategische Compliance-Kommunikation
Quelle: Metro AG auf der Grundlage von bikablo® 2.0

Compliance-Themen sind oft komplex, unverständlich und Mitarbeiter empfinden Compliance als ein trockenes Thema. Um es Führungskräften und auch Mitarbeitern so einfach wie möglich zu machen, die wesentlichen Aspekte der Compliance-Themen besser aufzunehmen und schnell zu verstehen, kann die visuelle Darstellung eine gute Unterstützung bieten. Die Visualisierungen können in vielfacher Hinsicht eingesetzt werden, ob bei einer Schulung, in einer PowerPoint-Präsentation, einer Moderation eines Risikomanagement-Workshops oder wenn es darum geht, das Protokoll einer Sitzung zu erstellen. Zunächst einmal ist es ein Format und eine Herangehensweise, die im Compliance-Bereich nicht üblich ist und schon einmal etwas Neues bedeutet. Bunte Bilder werden grundsätzlich nicht mit Compliance verbunden. Aber richtig eingesetzt, mit den entsprechenden inhaltlichen Verknüpfungen, ist die Zielgruppe schnell überrascht, welche Aussagekraft die Kombination von Bildern und Textbausteinen hat. Dazu können auch Prozesse abgebildet werden, die wiederum mit Pfeilelementen dargestellt werden. Abbildung 6 „Strategische Compliance-Kommunikation" ist ein Ergebnis, wie Inhalte visualisiert werden können. Dabei werden mit Farben Themen hervorgehoben und Schattierungen geben den Motiven eine Tiefe/einen dreidimensionalen Effekt. Abschließend können Themenbereiche auch mit Hintergrundfarben untermalt werden, um von anderen Themenbereichen abzugrenzen.

Die Umsetzung einer solchen Visualisierung ist einfach. Kreativ muss man nicht sein, aber man muss offen für Kreatives sein. Benötigt werden nur die entsprechenden Vorlagen für die unterschiedlichen Motive, um diese dann abzumalen. Inzwischen gibt es viele Anbieter die Workshops zur Visualisierung von Themen für Meetings, Moderationen oder Trainings durchführen. Auch gibt es verschiedene Publikationen dazu wie z. B. das visuelle Wörterbuch von bikablo® 2.0 (www.bikablo.com), welches für die Visualisierung im Beitrag „Compliance-Kommunikation@Metro Group" als Grundlage genutzt wurde.

IV Exkurs

Über Tugenden, Haltungen und Anreize

Experteninterview mit Prof. Dr. Dr. Alexander Brink und Dr. Anne Fries

Compliance geht weit über Regelkonformität hinaus. In den vergangenen Jahren wurden weiche Faktoren als entscheidend für die erfolgreiche Implementierung von Compliance in die Unternehmenspraxis erkannt. In diesem Zusammenhang rücken Tugenden und Haltungen als neue Steuerungsmechanismen an die Seite von klassischen Anreizen. Dr. Kathrin Niewiarra spricht mit zwei Compliance- und Ethik-Experten — Prof. Dr. Dr. Alexander Brink, Wirtschaft- und Unternehmensethiker an der Universität Bayreuth, und Dr. Anne Fries, geschäftsführende Partnerin der concern GmbH — über ihre jüngsten Forschungsergebnisse und Erfahrungen.

Niewiarra: Herr Professor Brink, Sie erforschen, lehren und beraten seit vielen Jahren rund um das Thema Verantwortung von Unternehmen. Wann ist Ihnen zum ersten Mal das Thema Compliance begegnet?

Brink: Nun, aus der sozialpsychologischen Forschung kennen wir dieses Phänomen schon lange. Mein Eindruck ist, dass die verstärkte Forderung nach Compliance in der Ökonomie als Reaktion auf die zahlreichen Unternehmensskandale zu sehen ist. Compliance heißt ja nichts anderes als die Einhaltung und Befolgung von Regeln bzw., wenn man es noch kürzer fassen möchte, Regeltreue oder Regelkonformität. Regeln steuern unser menschliches Verhalten über extrinsische Motivation. Versteht man den Begriff allgemeiner, versteht man unter Compliance alle formalen und informalen Governance-Strukturen einer Organisation mit dem Ziel der Prävention und Aufdeckung von Fehlverhalten. Compliance wird gegenwärtig aber in einem noch größeren, gesellschaftlichen Kontext wie Nachhaltigkeit, Corporate Responsibility und Corporate Governance eingebettet. Der Staat verlagert in einer zunehmend globalisierten Welt Regulierungsaufgaben auf private Unternehmen. Durch den im Jahre 2011 vom Institut für Wirtschaftsprüfer herausgegebenen Prüfstandard IDW PS 980 bekam das Thema noch einmal kräftigen Aufwind. Wir erleben gegenwärtig also ein gewisses Momentum.

Der Deutsche Corporate Governance Kodex ist vor allem für große börsennotierte Unternehmen relevant

Wird das Thema dann vor allem durch die großen börsennotierten Unternehmen getrieben?

Brink: Das glaube ich schon. In der deutschsprachigen Diskussion war die Einführung des Deutschen Corporate Governance Kodex (DCGK) im Jahre 2002 ein gewisser Meilenstein. Interessanterweise findet man in der Ursprungsversion noch keinerlei Hinweise auf Compliance. Erst in der DCGK-Änderung von 2007 bzw. 2008 und als Reaktion auf die weltweite Finanzkrise wurden entscheidende Passagen aufgenommen. Hier heißt es jetzt zum Beispiel im Punkt 3.4 „Der Vorstand informiert den Aufsichtsrat regelmäßig, zeitnah und umfassend über alle für das Unternehmen relevanten Fragen der Strategie, der Planung, der Geschäftsentwicklung, der Risikolage, des Risikomanagements und der Compliance." Ferner steht in Punkt 4.1.3: „Der Vorstand hat für die Einhaltung der gesetzlichen Bestimmungen und der unternehmensinternen Richtlinien zu sorgen und wirkt auf deren Beachtung durch die Konzernunternehmen hin (Compliance)." Darüber hinaus an anderer Stelle: „Der Aufsichtsratsvorsitzende soll zwischen den Sitzungen mit dem Vorstand, insbesondere mit dem Vorsitzenden bzw. Sprecher des Vorstands, regelmäßig Kontakt halten und mit ihm Fragen der Strategie, der Planung, der Geschäftsentwicklung, der Risikolage, des Risikomanagements und der Compliance des Unternehmens beraten." Und schließlich: „Der Aufsichtsrat soll einen Prüfungsausschuss einrichten, der sich — soweit kein anderer Ausschuss damit betraut ist — insbesondere mit der Überwachung des Rechnungslegungsprozesses, der Wirksamkeit des internen Kontrollsystems, des Risikomanagementsystems und des internen Revisionssystems, der Abschlussprüfung, hier insbesondere der Unabhängigkeit des Abschlussprüfers, der vom Abschlussprüfer zusätzlich erbrachten Leistungen, der Erteilung des Prüfungsauftrags an den Abschlussprüfer, der Bestimmung von Prüfungsschwerpunkten und der Honorarvereinbarung sowie der Compliance, befasst."

Und dennoch hatte selbst die Ursprungsversion aus dem Jahre 2002 eine erste Bedeutung für das Thema Compliance. Entscheidend war, dass eine Art „soft law" in Form der „Comply or Explain"-Regel und damit ein neuer Governance-Mechanismus für Unternehmen eingeführt wurde. Bei Empfehlungen des Kodex, die durch das Wort „soll" gekennzeichnet sind, können Gesellschaften abweichen, werden aber dann verpflichtet, dies jährlich offenzulegen und die Abweichungen entsprechend zu begründen. Der Kodex richtet sich vor allem an börsennotierte Gesellschaften und Gesellschaften mit Kapitalmarktzugang im Sinne des § 161 Absatz 1 Satz 2 des Aktiengesetzes. Seine Befolgung wird allerdings auch nicht kapitalmarktorientierten Gesellschaften empfohlen.

Das ist sehr interessant. Heißt das im Umkehrschluss dann, wer den Richtlinien des Kodex folgt („comply"), braucht sich inhaltlich nicht zu erklären?

Brink: Ja, in der Tat. Das Einverständnis reicht dann auch aus. Wenn man zum Beispiel der Norm zustimmt, dass eine Altersgrenze für Vorstandsmitglieder festgelegt werden soll (DCGK Punkt 5.1.2) oder dass der Aufsichtsrat sich eine Geschäftsordnung geben soll (DCGK Punkt 5.1.3), dann gibt es da nicht viel zu „erklären". Man macht es oder man macht es eben nicht. Nur wenn man der Norm nicht folgt, muss man begründen, warum man von der Empfehlung abweicht. Bei moralischen Normen sieht das anders aus. Hier sagt die reine Zustimmung zu einer Norm wenig über die Frage ihrer Umsetzung aus. Die Tatsache allein, dass Sie z. B. einen Verhaltenskodex haben, gibt ja keinerlei Hinweis darauf, was in dem Kodex steht, ob er verständlich formuliert wurde, an welche Anspruchsgruppen man ihn adressiert, wie der zustande gekommen ist oder ob seine Missachtung Konsequenzen für den Defektierer hat. Das sind aber die entscheidenden Parameter.

Können Sie uns ein Beispiel geben?

Brink: Nehmen Sie die US Sentencing Guidelines der United States Sentencing Commission aus dem Jahre 1991. Die Guidelines sind „rules that federal judges are required to consider when sentencing someone who has been convicted of a crime." Die unabhängige Behörde innerhalb der US-amerikanischen Judikative schreibt vor, dass Unternehmen, die über bestimmte moralische Normen verfügen, wie beispielsweise über effektive Compliance-Programme, eine Strafminderung im Falle eines moralischen oder rechtlichen Fehlverhaltens erhalten *(reduced penalties for misconduct)*. Deshalb haben viele amerikanische Unternehmen in den 1990er Jahren massiv in den Ausbau ihrer Ethik-Instrumente investiert: Ethik-Kodizes, Verhaltens-Kodizes, Ethik- und Umweltberichte, Ethik-Trainings und eben auch Compliance-Programme — alles wurde quasi über Nacht eingeführt. In üblicher Checklisten-Mentalität wurden diese „Tools" dann von den Regulatoren abgehakt. Enron, Worldcom — die meisten konnten diese Instrumente vorweisen, waren zum Teil sogar in Ethik-Fonds gelistet. Wenige Unternehmen haben sich ernsthaft die Frage gestellt, ob Normenkodifizierung zur Kultur und zu den Werten der Organisation passt. Moralisches Fehlverhalten wird jedoch nicht allein durch die bloße Existenz von Ethik-Instrumenten verhindert. Deshalb haben wir an anderer Stelle für moralische Normen neben der klassischen „Comply or Explain"-Regel einen neuen Governance-Mechanismus des „Comply and Explain" vorgeschlagen.

Das müssen Sie uns bitte erklären.

Brink: Eine „Comply and Explain"-Regel soll Unternehmen lediglich dazu verpflichten, eine bestimmte formale Norm in der Organisation zu implementieren. Dies kann die Errichtung einer Ombudsstelle sein, die jährliche Durchführung eines Stakeholderdialogs oder die Ausarbeitung eines Ethik-Kodex. Die spezifische inhaltliche Ausgestaltung der Norm liegt im Verantwortungsbereich des Unternehmens. Der besondere Charakter dieser Regelung liegt in der systematischen Trennung von formaler und materieler Norm. In jedem Fall muss das Unternehmen öffentlich – am besten sogar gegenüber allen Anspruchsgruppen – erklären, welchen Umsetzungsweg es gewählt hat.

Gibt es bestimmte Situationen, in denen sich die „Comply and Explain"-Regel besonders anbietet?

Brink: Diese neue Regelung eignet sich als Steuerungsmechanismus für Sachverhalte, die zwar der Form nach für alle Unternehmen Gültigkeit haben, die aber letztlich in hohem Maße vom Unternehmenskontext abhängig sind. Letztere variieren nach Branche, Region oder auch Größe des Unternehmens. Ein Unternehmen der Energiebranche hat sicherlich anderen Normen zu folgen als eines der Waffenindustrie oder der Telekommunikationsbranche. Ebenso ist die „Comply and Explain"-Regel für Sachverhalte geeignet, in denen es alternative Implementierungsmodi gibt und die Best-Practices noch nicht klar definiert sind.

Compliance erfolgt über Codes of Conduct – Integrität über Codes of Ethics

Ist Compliance denn die einzige Möglichkeit, Ethik in der Organisation zu implementieren?

Brink: Nein, aber es kommt den Unternehmen in der Regel als erstes in den Sinn, wenn sie sich erstmals mit dem Thema Unternehmensethik befassen. Unternehmen sind mit der Befolgung von finanz-, steuer- oder personalrechtlichen Normen aus anderen Bereichen bestens vertraut. Aus der traditionellen Unternehmenssicht gehört die Firma den Anteilseignern und diese kontrollieren primär über den Aufsichtsrat als Organ, über Rechenschaftsberichte an die Shareholder sowie intern über ein Controlling und die Revision. Compliance heißt hier also Konformität mit den finanz-, steuer- oder personalrechtlichen Normen. Nun kommen in einem erweiterten Unternehmensverständnis andere Stakeholder hinzu, z. B. Kunden, Lieferanten, Mitarbeiter und Umwelt. R. Edward Freeman hat dieses Konzept das „Stakeholderkonzept" getauft und damit seit den 1980er Jahren Erfolg. Die Berichtslogik wird von der traditionellen Shareholder-Orientierung nunmehr auf andere Stakeholder wie zum Beispiel die Gesellschaft übertragen – insbesondere werden ökologische und soziale Aspekte in den Blick genommen: Umweltvorschriften oder ISO-Standards Dritter, wie etwa die SA8000 der Social Accountability International (SAI), einer internationalen Nichtregierungsorganisation, werden z. B. auf die Arbeitssicherheit oder Arbeitsverträge übernommen. Hier kommt der Begriff „social compliance" sogar explizit vor.

Aus wissenschaftlicher Perspektive gibt es aber naturgemäß noch eine zweite Möglichkeit, menschliches Verhalten zu beeinflussen. Neben der Compliance, also der Regelkonformität durch ein umfangreiches Set von Maßnahmen wie beispielsweise Verhaltenskodizes, Compliance-Standards, Whistleblowingsysteme, Hotlines gibt es als weitere Möglichkeit die Integrität. Sie bezieht sich auf die Konformität mit unseren eigenen Werten und Prinzipien, Einstellungen, Haltungen etc.: „Comply with Values" (*ethical* bzw. *moral compliance*) statt Comply with Rules, Laws and Regulations *(legal compliance)*. In einem Ethikkodex versucht man solche Werte zu verschriftlichen. Die Harvard Professorin Lynn Sharp Paine hat sich als Erste in einem bahnbrechenden Aufsatz auf diese Unterscheidung zwischen Compliance und Integrity bezogen.

Könnten Sie die Unterschiede zwischen einem Verhaltenskodex (Compliance) und einem Ethikkodex (Integrität) noch mal stärker konturieren? Viele verwenden in der Praxis die Begriffe doch sicherlich synonym.

Brink: Das ist in der Tat so. Analytisch betrachtet unterscheiden sich Verhaltenskodizes *(Codes of Conduct)* von den Ethikkodizes *(Codes of Ethics)* durch sechs Merkmale: Erstens beziehen sich die Ethikkodizes eher auf die Basisannahmen und auf Normen bzw. Werte, die Verhaltenskodizes auf konkretes Verhalten der Mitarbeiter. Der Organisationspsychologe Edgar H. Schein hat hier die wichtige Forschungsarbeit zugeliefert. Zweitens beeinflussen Ethikkodizes menschliches Verhalten eher indirekt, Verhaltenskodizes direkt. Drittens sind Ethikkodizes eher unkonkret, abstrakt (häufig finden sich Formulierungen wie *ought, should*), Verhaltenskodizes eher konkret (häufig finden sich Formulierungen wie *must*). Viertens folgen die Ethikkodizes eher einem Prinzip, die Verhaltenskodizes eher einer Regel. Fünftens sind die Ethikkodizes eher auf die Stakeholder bezogen, Verhaltenskodizes richten sich nach den Mitarbeitern. Sechstens haben die Ethikkodizes eher eine schwache Verbindlichkeit, Verhaltenskodizes eher eine starke Verbindlichkeit.

Der wesentliche Unterschied ist also, dass Compliance primär auf die Verhinderung von rechtswidrigem Verhalten abzielt, jedoch Integrity auf die Förderung moralischen Handelns fokussiert. Es lassen sich nun – folgt man dieser Logik – vier verschiedene Alternativen der Implementierung vorschlagen, die einer Einteilung meines Kollegen Till Talaulicar folgt. Danach unterteilt der Autor präferenzbezogene Implementierungen (Integrität) und eine restriktionsbezogene Implementierung (Compliance): Ideal ist die Kodifizierung von präferenzkompatiblen Normen (Partizipation). Man versucht also die Werte der Mitarbeiter eines Unternehmens durch einen Dialog zu erheben und in einem Ethikkodex zu verschriftlichen. Nur wenige Unternehmen wählen allerdings diesen aufwändigen und kostenintensiven Weg. Setzt man früher an, könnte man auch die Rekrutierung kodexkompatibler Präferenzen (Personalselektion) vornehmen, also die Personalarbeit dahingehend sensibilisieren, schon beim Bewerberscreening auf die Werte potentieller Mitarbeiter zu achten. Das spart nachträgliche Schulungen und Widerstände auf der einen Seite und erhöht das Commitment der Mitarbeiter auf der anderen Seite. Damit komme ich auch schon zur dritten Möglichkeit, der Einwirkung auf die Präferenzen der Kodexadressaten (Überzeugung). Hier setzen dann Ethiktrainings, Fallstudien etc. an. Schließlich gibt es viertens die Änderung des Aktionsraums der Kodexadressaten (Sanktionen). Das ist die einzige restriktionsbezogene Maßnahme – Compliance.

Die sozialpsychologische Forschung hat dieses Phänomen schon länger im Blick: Während man unter Compliance die Normbefolgung aufgrund von Anreizen versteht, geht es bei der Identifizierung um die Verbindung mit bestimmten Rollenvorstellungen, bei der Internalisierung um die Übereinstimmung mit Werten des Adressaten. Die Internalisierung ist also die höchste Form der Normenadaption. Integrität heißt Identifizierung bis Internalisierung von Normen.

Auch die Psychologie liefert wichtige Erkenntnisse für die erfolgreiche Umsetzung von Compliance

Frau Dr. Fries, Sie wenden doch die sozialpsychologische Forschung auf die Unternehmensethik an. Welchen Mehrwert sehen Sie in der Sozialpsychologie?

Fries: Die Sozialpsychologie ist eine sehr mächtige Disziplin, die uns hilft, das Erleben und Handeln von Individuen im sozialen Kontext besser zu verstehen. Nach Fischer und Wiswede geht es beim Erleben um alle psychischen Inhalte und Prozesse, die im Organismus des Individuums lokalisiert sind, d. h. um Kognitionen (Denken, Wissen, Glauben, Erwartungen, etc.) und Emotionen (negative und positive Gefühle, Affekte, Stimmungen). Das Handeln des Individuums umfasst sowohl die Reaktion auf soziale Stimuli als auch die aktive Einflussnahme auf äußere Umweltbedingungen.

Im Kontext der Unternehmensethik hilft die Sozialpsychologie, das Erleben und Handeln bzw. Verhalten von Individuen, d. h. Mitarbeitern und Stakeholdern von Unternehmen, zu erklären. In der empirischen Sozialforschung beschäftigen wir uns damit, die sozialen Rahmenbedingungen zu erforschen, um zu erreichen, dass sich Individuen an soziale Wertsysteme und gesellschaftliche Zielvorstellungen halten und diese in ihrem Verhalten befolgen. Die Ausgestaltung ist häufig nicht trivial, da es zahlreiche Einflussfaktoren auf Einstellungen und Verhalten gibt, deren Zusammenspiel genau untersucht werden muss.

Welche Fragestellungen untersuchen Sie in Ihren Studien?

Fries: Neben vielen Fragen zu Verbraucherverhalten und den Reaktionen von Verbrauchern hinsichtlich ethischen Verhaltens von Unternehmen beschäftige ich mich aktuell viel mit der Frage, welche Rahmenbedingungen in Unternehmen geschaffen werden müssen, um eine wirkungsvolle Werte- und Unternehmenskultur zu gestalten, in der sich Mitarbeiter und die Stakeholder von Unternehmen regelkonform und moralisch korrekt verhalten. Wie Herr Prof. Brink bereits erläutert hat, ist es mit Regeln und Vorschriften und der Existenz von Compliance-Instrumenten allein nicht getan.

Bei der Umsetzung in die Praxis sollten Unternehmen vor allem eine gute Compliance Kultur anstreben

Worauf müssen Unternehmen aus Ihrer Sicht achten?

Fries: Unternehmen müssen sich überlegen, wie sie eine funktionierende Werte- und Compliance-Kultur etablieren können, die tatsächlich zu ethisch korrektem Verhalten führt. Das Vorleben von Werten durch Führungskräfte, Belohnungs- und Sanktionsmechanismen spielen in dem Kontext eine wichtige Rolle. In einem gemeinsamen Forschungsprojekt mit einer Wirtschaftsprüfungsgesellschaft entwickeln und testen wir aktuell ein „Compliance Culture Tool", das die relevanten Erfolgsfaktoren für eine wirksame Compliance-Kultur analysiert und vor allem die Stärke der Einflussfaktoren ermittelt. Bisherige Analysen geben darüber keine Auskunft.

Wie gewährleisten die Unternehmen denn Ihrer Erfahrung nach die Compliance ihrer Mitarbeiter? Können Sie uns dazu etwas sagen?

Fries: Die Implementierung beginnt meistens in der Rechtsabteilung eines Unternehmens. Dort wird organisatorisch ein Compliance-Beauftragter ernannt bzw. eine Unterabteilung errichtet. Als Basis für die Implementierung von Compliance dient allen Unternehmen die Zusammenstellung der Unternehmenswerte bzw. der Vision des Unternehmens. In einem zweiten Schritt müssen diese Grundsätze in die verschiedenen Bereiche des Unternehmens übersetzt und spezifiziert werden. Eine Spezifikation ist z. B. eine Geschenkerichtlinie, die mehr oder weniger genau besagt, bis zu welchem Wert ein Geschenk angenommen werden darf. Schon in der Ausarbeitung dieser Richtlinie spiegelt sich der Balanceakt zwischen Integrität und Compliance wider. Eine Compliance-affine Organisation tendiert dazu einen genauen Richtwert zu nennen, während eine Organisation mit starkem Integritätsmanagement nur auf die Angemessenheit des Geschenkwertes hinweist. Bei letzterer Ausgestaltung muss durch andere Maßnahmen des Integritätsmanagements sichergestellt sein, dass die Mitarbeiter in der Lage dazu sind, die Angemessenheit einzuschätzen. Damit Mitarbeiter die Regeln einhalten können, müssen Sie regelmäßig in einem dritten Schritt kommuniziert werden. Die Kommunikation erfolgt durch die internen Informationswege und Schulungen.

Die Unternehmen gehen ja sicherlich nicht allesamt nach einem einheitlichen Prozess vor. Was machen Unternehmen falsch, was richtig?

Fries: Zunächst ist es wichtig und richtig, dass Unternehmen die Relevanz von Compliance erkannt haben und passende Erweiterungen in der Organisation z. B. durch die Errichtung einer Compliance-Abteilung, getroffen haben. Auch die Integration von Compliance-Tools in Prozesse ist bei vielen Unternehmen fortgeschritten. So ist es üblich, dass neben dem Arbeitsvertrag auch der Verhaltenskodex bei Neueinstellung unterschrieben werden muss. Für bestehende Mitarbeiter gibt es teilweise regelmäßige Compliance-Checks, in denen das Wissen zu den Inhalten des Verhaltenskodex geprüft wird. Meiner Meinung nach ist Ausarbeitung dieser Tools entscheidend für den Erfolg einer Compliance-Kultur. Denn die Herausforderung ist es, die Inhalte so zu formulieren und zu transportieren, dass jeder einzelne Mitarbeiter die Relevanz für seine alltägliche Arbeit darin sehen und sich danach orientieren kann. Demnach sind Tools, die für einzelne Abteilungen oder Hierarchieebenen zugeschnitten sind, sinnvoller als generische Maßnahmen.

Entscheidend ist aber, dass diese Tools nur dann funktionstüchtig sind, wenn eine Wertekultur im Unternehmen funktioniert und stimmig ist. Sie gewährleistet die Funktionsfähigkeit und Effektivität der Tools. Wichtig ist, dass sie ernst genommen und auch dem Zweck entsprechend genutzt werden. Die Mitarbeiter müssen sich trauen, die Tools zu nutzen und Fehlverhalten anzuzeigen. Wenn Vorgesetzte dies nicht vorleben, so werden sich auch Mitarbeiter dementsprechend verhalten. Damit wären wir wieder bei der Untersuchung einer effektiven Compliance-Kultur, die wir wie gesagt aktuell analysieren.

Auch freiwillige Selbstverpflichtungen können helfen

Herr Professor Brink, Kultur hin oder her – was ist, wenn Integrität sich nicht auszahlt?

Brink: Mit Kant könnte man sagen, dass es sich bei Compliance um eine freiwillige Selbstverpflichtung der Organisation handelt. Die Organisation legt freiwillig oder durch „Soft Laws" Regeln fest, nach denen sie sich selbst organisiert. Wenn die freiwillige Selbstverpflichtung jedoch zu einem individuellen Wettbewerbsnachteil führen sollte (frei nach dem Motto „Der ehrliche ist der Dumme") – und darauf sprechen Sie ja an – dann würde ich für eine Änderung der Spielregeln votieren. Die Wissenschaft nennt das „Collective action", in der Praxis empfiehlt man Branchenverpflichtungen.

Liebe Frau Dr. Fries, können Sie uns ein Beispiel nennen, wo solche Branchenverpflichtungen greifen?

Fries: Ja, im Bereich der Textilindustrie: Das Textilbündnis von Bundesentwicklungsminister Gerd Müller ist ein gutes Beispiel für eine aktuelle Branchenverpflichtung. Beim Textilbündnis handelt es sich um einen Zusammenschluss von Unternehmen und Organisationen mit dem Ziel, die Arbeits- und Lebensbedingungen in der Textilindustrie in Niedriglohnländern zu verbessern. Die Initiative wurde am 16. Oktober 2014 unter Federführung des Bundesministeriums für wirtschaftliche Zusammenarbeit und Entwicklung gegründet. Das Textilbündnis war eine Reaktion auf den Einsturz einer Textilfabrik in Sabhar, Bangladesch, in welcher viele internationale Textilkonzerne ihre Produkte fertigen ließen.

Das von Bundesentwicklungsminister Gerd Müller initiierte Bündnis stieß in seiner Gründungsphase bei den Unternehmen zunächst auf erhebliche Kritik. Vertreter von Modeindustrie und Einzelhandel bezeichneten es als „nicht entscheidungsreif", „unrealistisch" oder in vielen Details „nicht realisierbar". Mehr als die Hälfte der beteiligten Firmen und Verbände, darunter große Branchenverbände, stiegen kurz vor dem Start aus dem Projekt aus. Nach einer Überarbeitung der Anforderungen an Unternehmen und einer Verständigung, dass das Bündnis weniger ein Überprüfungsmechanismus, sondern eher ein Instrument für eine stetige Verbesserung der Unternehmen im Bereich der textilen Lieferkette darstellen soll, sind seit Juni 2015 viele Textilunternehmen und Händler, Verbände und Organisationen dem Bündnis beigetreten. Mittlerweile verzeichnet das Bündnis mehr als 170 Mitglieder.

Glauben Sie, dass das Bündnis erfolgreich sein wird?

Fries: Aus meiner Sicht wird das Textilbündnis bei vielen Unternehmen, insbesondere kleinen und mittleren Unternehmen (KMU), dazu führen, dass sie sich mit ihrer textilen Lieferkette, insbesondere mit den sozialen und ökologischen Rahmenbedingen ihrer Produktion, beschäftigen und sich in der Pflicht sehen, Fortschritte zu erzielen. Des Weiteren wird das Bündnis zu einer Vernetzung von Unternehmen führen, die untereinander Best Practices austauschen und gegebenenfalls auch zusammenarbeiten. Dies wäre eine sehr positive Entwicklung, da die Unternehmen hoffentlich verstehen, dass sie gemeinsam stärker sind und durch einen Zusammenschluss bessere Ergebnisse erzielen können. Auch leidet das einzelne Unternehmen weniger unter Wettbewerbsnachteilen, die durch ein individuelles Vorgehen, das mit höheren Kosten verbunden wäre, entstehen könnten.

Wenn es also nicht im wohlverstandenen Eigeninteresse des einzelnen Unternehmens ist, sich moralisch zu verhalten, dann muss man also die gesamte Branche über Branchenkodizes dazu bringen. Wenn ich das so höre, Herr Professor Brink, habe ich das Gefühl, dass die beiden Optionen, also Compliance und Integrity, mit unterschiedlichen Menschenbildern verbunden sind: einem eher negativen und einem eher positiven. Täuscht der Eindruck?

Brink: Nein, überhaupt nicht. Sie haben völlig recht. Ein rationaler Akteur maximiert seinen Nutzen und das auch zulasten Dritter. Compliance versucht zu verhindern, dass Menschen sich nach Vertragsabschluss unmoralisch verhalten, Informationsasymmetrien zu ihren Gunsten ausnutzen, ihren eigenen Interessen folgen, kurzum: sich egoistisch verhalten. Integrität hat eine eher motivierende handlungs- und impulsgebende Funktion, setzt also — wenn man es etwas verkürzt formulieren möchte — bei altruistischen Präferenzen an. Die Psychologie spricht übrigens neuerdings von prosozialen Präferenzen oder „We Preferences". Mir ist ein positives Menschenbild lieber.

Die Frage, was unsere Entscheidungen und unser Verhalten beeinflusst, beschäftigt uns jedoch schon seit der Antike. Seit Aristoteles bis zu Adam Smith im 18. Jahrhundert haben wir ein komplexes Menschenbild vorausgesetzt, welches sich immer an der gelebten Praxis orientiert hat. Die Fähigkeit zur Ausbalancierung war eine der wichtigsten Kompetenzen, die ein Mensch im Laufe seines Lebens ausbilden musste. Aristoteles formuliert in seiner Nikomachischen Ethik: „Wir philosophieren nämlich nicht, um zu erfahren, was Tugend sei, sondern um tugendhafte Menschen zu werden." Aristoteles spricht vom Mesotes-Prinzip und fordert uns Menschen auf, mit Hilfe der Phronesis (Klugheit) jede einzelne Situation sehr individuell einzuschätzen und das richtige Maß zu wählen. Er schreibt in seinem Hauptwerk: „Die Tugend ist also ein Verhalten (eine Haltung) der Entscheidung, begründet in der Mitte in Bezug auf uns, einer Mitte, die durch Vernunft bestimmt wird und danach, wie sie der Verständige bestimmen würde." Nehmen Sie die Tugend der Tapferkeit. Aristoteles kritisiert sowohl ein Zuwenig von Tapferkeit (= Feigheit) wie auch ein Zuviel (= Leichtsinn). Die richtige Mitte, das Maß, die Balance zu halten, das ist die Kunst. Die Urteilskraft liegt in uns, im einzelnen, vernünftigen und freiheitsliebenden Menschen, nicht allein im Compliance-System:

Dieses kann dabei im besten Fall unterstützen, Defektierer in die Schranken weisen oder – und da folge ich Frau Dr. Fries – zu kooperativem Verhalten anregen.

Auch Adam Smith teilt diese Einschätzung. Er schreibt in seinem philosophischen Hauptwerk, der Theorie der ethischen Gefühle im Jahre 1759: „Für wie egoistisch man den Menschen auch immer halten mag, so ist er doch offenkundig von Natur aus so veranlagt, dass er sich für das Schicksal anderer interessiert." Smith nennt es „Sympathy", also die Fähigkeit, sich in den anderen hinzuversetzen. Leider ist uns diese Empathie in der Wirtschaft in den vergangenen Jahren verloren gegangen. Gefühle, Intuition und Kultur sind verdrängt worden.

Wissenschaft und Praxis gehen von unterschiedlichen Menschenbildern und Modellen aus

Warum ist das eigentlich so, die gelebte Praxis zeigt doch häufig genau das Gegenteil? Hat die Wissenschaft hier eine besondere Rolle?

Brink: Das wissenschaftliche Weltbild wurde Anfang des 20. Jahrhunderts von dem Ökonomen Vilfredo Pareto geprägt. Er führte eine Kunstfigur ein, die bei gegebenen Präferenzen auf sich verändernde Restriktionen reagiert. Das ist insofern clever, da eine Verhaltensveränderung nunmehr eindeutig auf eine Veränderung der Restriktionen zurückführbar ist. Würde man auch die Präferenzen variabel gestalten, so wäre die Verhaltensveränderung nicht so einfach zu erklären, da man sie auf eine Veränderung der Restriktionen oder eben auf eine Veränderung der Präferenzen zurückführen könnte. Modelle vereinfachen Wirklichkeit. In der Ökonomik, vor allem in der Neoklassik und in der Rational-Choice-Theorie, wurde diese Idee aufgenommen und der rationale Entscheider mit zahlreichen Attributen versehen: Verfolgung eigener Interessen, Orientierung an gegebenen Präferenzen, Nutzenmaximierung, Reaktion auf sich ändernde Restriktionen, vollständige Information und letztlich die rationale Entscheidung. Pareto nennt diese Figur „Homo oeconomicus". Seitdem werden die beiden Optionen also auf Präferenzen und Restriktionen reduziert. Die Präferenzen werden konstant gehalten, Restriktionen verändert. Dass dieser Punkt deutlich ist: Eine Verhaltensveränderung lässt sich somit eindeutig auf eine Veränderung von Restriktionen bei Konstanz von Präferenzen erklären. Das war die Grundidee von Pareto und die beeinflusst uns bis in die Gegenwart hinein. Compliance ist die logische Konsequenz aus einem auf Restriktionen basierendem Menschenbild.

Dazu gibt es doch sicherlich auch eine Alternative? Vermutlich kommt diese weniger aus der Wissenschaft als vielmehr aus der Praxis.

Brink: Es gibt in der Tat einen Gegenentwurf: den „ehrbaren Kaufmann". Der Ursprung des Kaufmannsethos liegt in der italienischen Renaissance und im Städtebund der Hanse. Die ökonomischen und gesellschaftlichen Bedingungen waren zur damaligen Zeit sicherlich andere als die heutigen. Es war die Zeit, in der sich die Städtehanse bildete, parallel zu den Zünften in den größeren Städten. Der ehrbare Kaufmann hatte dabei nicht nur ein starkes Interesse am Erfolg seines Unternehmens, sondern auch an der Gesellschaft. Letzteres war doppelt motiviert: Zum einen strebte der Kaufmann eine stabile Infra- und Governancestruktur an; zum anderen wollte er den sozialen Frieden in seinem unmittelbaren Umfeld sichern. Dies geschah selbstverständlich aus einem wohlverstandenen Eigeninteresse: Nur so konnte er erfolgreichen Handel betreiben. Die Motivation seines Handelns kam aus ihm selbst. Der ehrbare Kaufmann galt als tugendhaft und ehrbar. Sein Ruf war ausgezeichnet. Dieser gründete auf dem Kaufmannswort, von dem Luca Pacioli 1494 schreibt: „Es gilt nichts höher als das Wort des guten Kaufmanns und so bekräftigen sie ihre Eide, indem sie sagen: bei der Ehre des wahren Kaufmanns." Dass auch heute noch in Antwerpen etwa der Diamantenhandel mit solch archaischer Simplizität eines bloßen Handschlags funktioniert, wissen nur wenige. Wer sich nicht an sein Versprechen hält, wird steckbrieflich gemeldet und lebenslang von allen Börsen ausgeschlossen. Das System funktioniert also auch ohne Compliance.

Was hat denn die Funktionsfähigkeit garantiert?

Brink: Betrachten wir die Ehrbarkeit des Kaufmanns genauer, so kann man eine innere von einer äußeren Ehrbarkeit unterscheiden. Die innere Ehrbarkeit bezieht sich auf die Achtungswürdigkeit durch das persönliche Gewissen. Er prüft bei jeder Entscheidung, ob er diese gegenüber sich selbst vertreten kann. Treffe ich eine richtige, eine anständige Entscheidung? Ist sie verhältnismäßig, kann ich sie öffentlich verteidigen? Wie bei der goldenen Regel, andere so zu behandeln wie man selbst auch von ihnen behandelt werden möchte. Die äußere Ehrbarkeit bezieht sich auf die Achtungswürdigkeit durch die Gesellschaft. Mit Adam Smith gesprochen: Folgt die Prüfung durch das Prinzip der Sympathie, das dem Menschen ermöglicht, die Motive der Entscheidung eines anderen zu billigen oder auch eben nicht.

In der Praxis dominiert die Vorstellung eines ehrbaren Kaufmanns

Frau Dr. Fries, Sie haben jüngst eine Studie mit der IHK zu München und Oberbayern dazu durchgeführt? Was waren die Ergebnisse?

Fries: Die IHK-Studie, an der 241 Unternehmen aus Bayern unterschiedlicher Größen und Branchen teilgenommen haben, zeigt, dass das Leitbild des ehrbaren Kaufmanns zeitgemäß und von großer Bedeutung ist. Über 90 % der befragten Unternehmen messen dem ehrbaren Kaufmann aktuell eine hohe bzw. sehr hohe Bedeutung bei. Die Haltung des ehrbaren Kaufmanns bezeichnet die inneren Werte und Attribute eines Unternehmers. Nahezu alle Befragten der Studie schätzen die Übernahme von Verantwortung für das eigene Handeln als sehr wichtiges Attribut des ehrbaren Kaufmanns. Gefolgt wird diese Eigenschaft von den Attributen Ehrlichkeit, dem Vorleben von Werten und langfristigem Denken. Zusätzlich zu diesen traditionellen Attributen, wird die „Umsichtigkeit bezüglich der Konsequenzen wirtschaftlichen Handelns auf Umwelt und Gesellschaft" von einer großen Mehrheit der Befragten stark mit der Haltung des ehrbaren Kaufmanns verbunden. Der ehrbare Kaufmann hat mit der Implementierung unternehmerischer Verantwortung seinen Weg zurück in den Alltag von Unternehmen gefunden.

Gibt die Studie Auskunft zum Umsetzungsstand unternehmerischer Verantwortung bei den Unternehmen?

Fries: Die Studie zeigt, dass die Unternehmen die Relevanz des Themas insgesamt erkannt haben. Im Rahmen ihrer Lieferantenbeziehungen nimmt die wahrgenommene Relevanz leider ab. Auch bis zu einer zufriedenstellenden Implementierung müssen viele Unternehmen sich noch sehr anstrengen: Mehr als die Hälfte der befragten Unternehmen stimmt der Aussage zu, dass Sozial- und Umweltstandards in der Herstellung von Produkten und Dienstleistungen eine wichtige Rolle spielen. In Bezug auf Lieferanten, Zulieferer oder Geschäftspartner wird das Einhalten dieser Standards nur noch von knapp über einem Drittel der Befragten als sehr wichtig erachtet. Und nur knapp über zwanzig Prozent der befragten Unternehmen stimmen der Aussage zu, dass sie ihre Lieferanten regelmäßig auditieren. Im Bereich der Überprüfung der gesamten Wertschöpfungskette scheint also bei vielen Unternehmen noch Nachholbedarf zu bestehen.

Muss man also, Herr Professor Brink, nicht dann den „Homo oeconomicus" und den „ehrbaren Kaufmann" in der modernen Welt zusammendenken?

Brink: Die meisten Wissenschaftler verlassen sich auf rein quantitative und empirische Modellrechnungen ohne die Praxis hinreichend in den Blick zu nehmen, sie folgen allein der abstrakten Kunstfigur Homo oeconomicus. Das halte ich für falsch. Frau Dr. Fries hat es gerade auf den Punkt gebracht: Die Wirklichkeit ist komplexer, weil sie den einzelnen Menschen mit seinen Haltungen und Einstellungen als schwer messbare Variable mit ins Spiel bringt. Hier benötigt man Erfahrung, Augenmaß, Wertschätzung und Urteilsfähigkeit: also Praxiskompetenz. Die alleine reicht aber auch nicht aus, weil in einer globalen Welt das gesprochene Wort allein nicht mehr garantiert werden kann. Sie sprechen also einen sehr wichtigen Punkt an: Wir müssen in der Tat beides zusammendenken, zunächst von der Haltung zur Handlung, dann vom System zur Handlung. Der Mensch kommt zuerst. Compliance steuert den Homo oeconomicus, Integrität motiviert den ehrbaren Kaufmann. Compliance und Integrität müssen also in ein kluges Verhältnis gebracht werden. Dazu gibt es aber sowohl in der Wissenschaft als auch in der Praxis bislang wenig gute Instrumente. Es wird höchste Zeit, hier etwas zu tun.

Von der Ist-Kultur zur Soll-Kultur

Wie kann man Compliance und Integrität denn in ein kluges Verhältnis bringen?

Brink: Die erste Option wäre „Compliance als notwendige Voraussetzung für Integrität" zu betrachten. Hier geht man davon aus, dass zunächst mal ein Unternehmensset von Regeln erstellt werden muss, um integres Verhalten überhaupt erst zu ermöglichen. Wie kann ich mich sonst integer verhalten, wenn das Regelset mich und vor allem andere zu unmoralischem Verhalten anreizt? Deshalb erst die Regeln. Eine zweite Option lautet „Integrität als notwendige Voraussetzung für Compliance". Diese Position basiert auf der Annahme, dass zunächst integre Persönlichkeiten im Unternehmen sein müssen, die dann die Compliance-Regeln auch entsprechend umsetzen. Ansonsten findet man immer eine Lücke im System und provoziert weitere Rechtsnormen. Um dieses „Henne-Ei"-Problem zu lösen, plädiere ich eher dafür, neben den Präferenzen und Restriktionen eine kommunikative oder soziologische Einbettung als drittes Element zu denken, nennen wir es einfach mal Unternehmenskultur. Sie ist sozusagen der Governance-mechanismus, der zwischen Präferenzen und Restriktionen vermittelt. Das Zusammenspiel zwischen Präferenzen und Restriktionen ist zwingend notwendig, um moralisches Verhalten zu stärken bzw. unmoralisches Verhalten und moralische Defektionen zu unterbinden. Ich plädiere also für eine dritte Option, die man „Integrity Based Compliance Culture" nennen könnte, dass heißt eine Unternehmenskultur, die sich genau auf diesen Balanceakt einlässt. Sie muss im aristotelischen Sinne Extremtugenden zur richtigen Mitte führen. Um Ihnen ein Beispiel zu geben: Man benötigt die richtige Mitte aus einer Risikokultur und einer Sicherheitskultur oder aber die richtige Mitte aus einer Überwachungskultur und einer Freiheitskultur. Natürlich gibt es weltweit einzuhaltende Standards, aber es wird nicht für jeden Fall ein Allheilmittel geben, das hängt vielfach stark vom Kontext ab. Hier ist der Mensch mit seiner Fähigkeit zur Vernunft und Empathie gefragt. Aus dieser Verantwortung werden wir entlassen, wenn wir eine freiheitliche Wirtschaft anstreben. „Der Preis der Freiheit ist die Verantwortung", um Kant noch einmal zu zitieren.

Sollten Unternehmen dann auf jeden Fall eine starke Unternehmenskultur anstreben?

Brink: Nicht unbedingt, starke Kulturen basieren zwar oftmals auf Vertrauen und Werten. Das ist auch in der Regel sehr positiv zu bewerten, kann aber auch Nährboden für korrupte Strukturen sein. Deshalb sind oftmals flexible und adaptive Kulturen im Vorteil, weil Irritationen zum Beispiel über Personalrotationen oder geringe Ein- und Ausstiegsbarrieren die Entdeckungswahrscheinlichkeit von moralischem Fehlverhalten erhöhen. Außerdem gibt es ja nicht die eine Unternehmenskultur, sondern wir sehen in der Praxis eine Vielfalt von Subkulturen. Das können z.B. verschiedene Subkulturen mit Blick auf Entwicklungsphasen (Markteinführung, Marktsättigung), Funktionen (Marketingkultur, Personalkultur, Innovationskultur) oder Branchen (Technologiekultur, Servicekultur) sein.

Frau Dr. Fries, können Sie das bestätigen? Sind stärkere Kulturen nicht immer schwächeren überlegen? Oder noch grundsätzlicher gefragt: Muss man nicht zunächst mal eine Art Status-quo-Abfrage machen? Wie führt man denn eine Ist-Kultur zu einer Soll-Kultur?

Fries: Starke Kulturen bergen die Gefahr, dass sich Mitarbeiter massiv unterordnen und die Gepflogenheiten im Unternehmen oder einer kleinen Gruppe von Führungskräften blind befolgen. Ein gesundes Maß an Skepsis und Reflexion hinsichtlich des eigenen Verhaltens und des Verhaltens von Vorgesetzten kann leiden. Dementsprechend pflichte ich Herrn Prof. Brink bei, dass ein richtiges Maß an Regeln mit Sanktionen bei Regelbruch sowie an Freiheit essentiell für eine gesunde und funktionierende Unternehmenskultur ist.

Ob eine Unternehmenskultur funktioniert, kann man durchaus mithilfe einer Status-quo-Abfrage überprüfen. Entscheidend ist, dass die Befragung derart konzipiert ist, dass sozial erwünschtes Antwortverhalten unterbunden wird. Methoden der empirischen Sozialforschung, die Probanden zu „Trade Offs" zwingen, können helfen.

Was kann ein solcher Quick Check leisten? Können Sie uns ein Beispiel geben, welche Dimensionen man abfragen würde?

Fries: Es gibt einige Ansätze zur Wirkungsmessung von Compliance-Kultur. Diese sind bisher häufig von Wirtschaftsprüfungsgesellschaften konzipiert worden. Von den Wirtschaftsprüfern wird meist überprüft, ob in einem Unternehmen einschlägige Compliance-Instrumente vorhanden sind. Mit der Zeit hat man gemerkt, dass das reine Vorhandensein dieser Instrumente wenig aussagekräftig ist hinsichtlich der Tatsache, ob die Compliance-Kultur funktionsfähig ist. KMPG hat z.B. ein Tool in den Niederlanden eingeführt, um im Rahmen des IDW PS 980 die Wirksamkeit eines Compliance-Management-Systems zu überprüfen. Damit verbunden ist die Aufdeckung von kulturellen Risiken für Non-Compliance. Dieses Tool prüft noch nicht, welche Gestaltungselemente einer Compliance-Kultur tatsächlich einen signifikanten Einfluss auf die Wirksamkeit einer Compliance-Kultur haben und wie stark diese Einflüsse sind. Dies gilt es mit neuartigen Tools zu überprüfen und bestehende Konzepte in diese Richtung gemeinsam weiterzuentwickeln. Eine intelligente Abfrage ist hier die Kunst. Wir arbeiten gerade an einem Compliance Culture Check, um ein Instrument zu etablieren, das universell, d.h. in Unternehmen verschiedener Größen, verschiedener Branchen und auch international eingesetzt werden kann. Erfolgsfaktoren aus unserer Sicht sind clevere Anreiz- und Sanktionsmechanismen, zusätzlich die gesamte Klaviatur einer gelungenen Führungskultur und wahrnehmungsbezogene Größen der Arbeitsumgebung. Alle diese Erfolgsfaktoren müssen ausbalanciert werden. Die Analysen werden zeigen, welche Faktoren am relevantesten sind.

Die Ausbalancierung von Compliance und Integrität ist der Schlüssel zum Erfolg

Um noch mal auf den Titel des Bandes zu sprechen zu kommen „Balanceakt Compliance": Könnten Sie aus Ihrer Perspektive, Herr Professor Brink, noch mal genauer beschreiben, was hier von wem ausbalanciert werden sollte?

Brink: Wir sprechen über die „Balancierung der Werte" durch Menschen. Das ist ökonomisch, rechtlich und philosophisch sehr anspruchsvoll, sozusagen eine hohe Kunst der Führung. Manchmal reichen unsere Intuitionen, Erfahrungen aus Familie oder Freundeskreis, also Alltagserfahrungen, aber auch aus, um eine erste Abwägung und Einschätzung vorzunehmen. Führung heißt hier übrigens im kantischen Sinne auch Selbstführung (Self Governance).

Zunächst sind gute Normen zu begründen. Aus diesem begründeten Ethikkodex leitet sich dann der Verhaltenskodex ab. Hier ist es wichtig, auf Kohärenz, Konsistenz und Praktikabilität zu achten. Die meisten Unternehmen scheitern daran, dass Sie entweder Normen begründen, die sie letztlich nicht umsetzen können (normativistischer Fehlschluss) oder aber sie schließen von der Implementierungsstärke von Normen auf deren Begründung (naturalistischer Fehlschluss). Vielen Unternehmen gelingt es außerdem nicht, die Abstimmung richtig herzustellen. Oftmals stehen Ethik- und Verhaltenskodex isoliert nebeneinander. Mitarbeiter fühlen sich dann nicht richtig verstanden, wenn ein Verhaltenskodex etwas vorschreibt, das möglicherweise nicht wertekonform ist oder umgekehrt.

Frau Dr. Fries, haben die Manager überhaupt die Muße, solche Abwägungsprozesse durchzuführen? Letztlich zählt doch nur der finanzielle Erfolg eines Unternehmens, oder?

Fries: Manager sollten sich die Zeit nehmen. Eine funktionierende Unternehmens- und Compliance-Kultur ist die Basis für den wirtschaftlichen Erfolg eines Unternehmens. Je besser die Kultur, desto erfolgreicher das Unternehmen.

Herr Professor Brink, Sie forschen zur Compliancekultur. Was sind die nächsten Schritte?

Brink: Ja, in unserem neuesten Artikel „Managing Esteem – How to Nudge Integrity in Corporate Compliance" geht es um die Frage nach der Bedeutung von Wertschätzung. Die zentrale These lautet, dass eine wertschätzende Kultur sowohl positiv auf die Einhaltung von Regeln (Comply with Rules) als auch auf die Einhaltung von Werten (Comply with Values) einzahlt. Das deckt sich mit den Ausführungen von Frau Dr. Fries. Dabei beziehen wir uns auf das Werk „The Economy of Esteem" von Geoffrey Brennan und Philip Pettit aus dem Jahre 2004. Wertschätzung gilt es übrigens nicht nur gegenüber den Mitarbeitenden einer Organisation zu zeigen, sondern auch gegenüber der Familie, Freunden, Nachbarn usw. Wertschätzung beeinflusst unser Verhalten grundsätzlich und erhöht die Wahrscheinlichkeit, dass soziale Normen eingehalten werden. Dabei ist es eigentlich zunächst mal egal, ob wir dies aus egoistisch-instrumentellen oder aus altruistisch-intrinsischer Motivation tun. Wichtig ist, dass eine „Integrity Based Compliance Culture" gepflegt wird. Hierzu fehlen uns allerdings noch Ergebnisse aus der empirischen Forschung.

Und aus der Praxis? Was benötigt man für eine gut funktionierende Compliance-Kultur?

Brink: Für Unternehmen, Unternehmensberatung und Wirtschaftsprüfung ergeben sich durch den massiven Vertrauensverlust in die Wirtschaft Möglichkeiten, effektive Instrumente zu entwickeln, um die Entwicklung einer Compliance- und Integritätskultur zu verbessern. Dieser Einsatz von Instrumenten erfordert eine Wirkungsmessung z. B. auf Basis von Kausalmodellen, um Erfolgsfaktoren zu analysieren. Man benötigt eine Art „Compliance Check zur Messung einer Compliance- und Integritätskultur". Wird dieses Tool für verschiedene Unternehmensbereiche und für verschiedene Unternehmen genutzt, werden Benchmark-Analysen möglich, die Verbesserungsansätze für die Effektivität von Compliance-Management- und Culture-Systemen identifizieren. Zusätzlich zu quantitativen Analysen werden zunehmend Best Practices für die Entwicklung eines guten Compliance- und Integritätsklimas in Unternehmen nachgefragt. Das gilt insbesondere für international ausgerichtete Unternehmen mit Sitz in Deutschland.

Warum gerade der Bezug auf die international ausgerichteten Unternehmen mit Sitz in Deutschland?

Brink: Es gibt gerade aus dem angelsächsischen Raum Regulatoren, die expliziten Bezug zur Compliance Culture herstellen. Michael Wendt hat in einem Aufsatz jüngst die wichtigsten Referenzen zusammengestellt. So werden z. B. in einem Resource Guide zum Foreign Corrupt

Practices Act (FCPA) aus dem Jahre 1977 explizite Compliance-Bezüge hergestellt: „An effective compliance program promotes an organizational culture that encourages ethical conduct and a commitment to compliance to the law." In den schon zuvor erwähnten U.S. Sentencing Guidelines gibt es einen vermuteten Zusammenhang zwischen einer effektiven Compliance und der Unternehmenskultur. Genauer heißt es: „An organization shall (...) promote an organizational culture that encourages ethical conduct and a commitment to compliance with the law." Ähnlich ist die Situation in Großbritannien: In einer Guidance zum UK Bribery Act wird eine „culture within the organization" empfohlen. Analog ist die Situation in Deutschland, hier fordert die deutsche Bankenaufsicht „eine angemessene Compliance-Kultur". Schließlich gibt es Bezüge zum Prüfstandard IDW PS 980 und zur ISO 19600. Daher ergibt sich eine besondere Relevanz für international ausgerichtete Unternehmen mit Sitz in Deutschland

Frau Dr. Fries, Herr Professor Brink, haben Sie ein kurzes Schlusswort?

Fries: In der unternehmerischen Praxis sehen wir, dass Compliance eines der Top-Themen für Unternehmen im Bereich der unternehmerischen Verantwortung ist. Die Ergebnisse des Corporate Responsibility Index (CRI) der Bertelsmann Stiftung zeigen für die Themenpriorisierung der Unternehmen 2015, dass Compliance für die teilnehmenden Unternehmen am wichtigsten ist. In der Befragung 2013 wurde nur der Sicherheit und Gesundheit von Mitarbeitern eine höhere Priorität beigemessen. Vor diesem Hintergrund sollten Unternehmen an einer funktionierenden Compliance-Kultur arbeiten, um tatsächlich einen hohen Compliance-Standard bei den Mitarbeitern etablieren zu können.

Brink: Die Kunst liegt in der Ausbalancierung von Werten. Dabei hilft sowohl Compliance als auch Integrität. Wir alle sind im wohlverstandenen Eigeninteresse für diesen Abwägungsprozess verantwortlich. Ihr Band „Balanceakt Compliance" kommt daher zum richtigen Zeitpunkt.

Vielen Dank für das Gespräch.

V Innovative Lösungsansätze

V. 1. Ganzheitliche Corporate-Compliance durch die Coachingbrille

Dorette Segschneider

State-Control im Unternehmensalltag

„Der Mensch muss im Mittelpunkt stehen" — ist auch nach Überzeugung des Nürnberger Ökonomen Prof. Dr. Ruckriegel die entscheidende Haltung für Unternehmen und ihre strategische Ausrichtung.[1] Die praktische Umsetzung gelingt, indem man Coaching als integralen Bestandteil des ganzheitlichen Corporate-Compliance-Ansatzes verfolgt. Um Letzteren in Unternehmen zu verankern, ist es erforderlich zu verstehen, wie Menschen in komplexen Arbeitsumfeldern, schwierigen Entscheidungssituationen oder Krisen funktionieren und wie sie gezielt daran arbeiten können, diese Herausforderungen trotz Margendruck zu meistern. Ein Schlüssel dazu liegt im persönlichen „State-Control".

Was ist State-Control?

Unter „State" versteht man die Summe aller neurologischen und emotionalen Prozesse, die zu irgendeiner Zeit in einem Menschen entstehen. „State-Control" ist die Fähigkeit unseres Gehirns, Emotionen im Alltag zu managen, und Teil jeder Entscheidung, die wir treffen. Bewusst oder unbewusst. Menschen, die über eine gute Fähigkeit, ihren „State" zu kontrollieren, verfügen, reagieren in Krisensituationen entspannter und treffen bessere Entscheidungen.

Ein emotionaler State ist das Grundgefühl, das Sie in jedem einzelnen Moment haben. Also die Stimmung, die Menschen bewegt. An einem ganz normalen Tag erleben wir unzählige verschiedene Stimmungen. Manche erleben wir als positiv, andere als negativ. Unsere innere Stimmung betrifft nicht nur unsere Gefühle, sie bestimmt ebenso unser Verhalten und unsere Fähigkeit zu handeln. Wer die Fähigkeit besitzt, das eigene Grundgefühl zu verändern, kann machtvoll und unabhängig auch mit Krisensituationen umgehen.

Es gibt zwei Hauptkomponenten, die das Grundgefühl ausmachen. Die erste ist die sogenannte „innere Repräsentation", und die zweite bezieht sich auf physiologische Voraussetzungen. Die innere Repräsentation umfasst, was (Inhalt) und wie (Form/Prozess) man sich etwas in seinem Leben bildlich und wörtlich vorstellt. Was der eigenen Erfahrung nach wichtig für einen ist, entscheidet sich letztendlich dadurch, wie man sich die jeweilige Situation vergegenwärtigt. Man kann sich Ereignisse so vorstellen, dass sie einen selbst in einen positiven Zustand versetzen, oder so, dass sie einem den ganzen Tag über als Ballast auf den Schultern liegen.

Übertragen Sie dieses Wissen jetzt auf eine Situation aus dem Compliance-Bereich:
Stellen Sie sich dazu eine Situation vor, in der Sie – entgegen aller Versuchungen – ehrlich reagieren wollen. Stellen Sie sich dieses mentale Bild – „Ich bin ehrlich, aufrichtig und genieße die daraus resultierende Anerkennung" – groß, strahlend hell und ganz nah vor. Beobachten Sie, was Sie fühlen, welche Emotionen die ehrliche Vorstellung in Ihnen auslöst. Speichern Sie das Bild ganz bewusst ab. Wenn Sie das nächste Mal einen ehrlichen State benötigen, holen Sie sich dieses Bild wieder hervor – groß, strahlend hell, nah.

Bei der zweiten Hauptkomponente von State, den physiologischen Voraussetzungen, geht es um Körperhaltung, Atmung, Muskelspannung, Mimik und biochemische Prozesse, die ebenfalls aktiv beeinflusst werden können. Es gibt viele unterschiedliche States: Begeisterung, Bewunderung, Angst, Trauer, Frustration, Depression, Freude, Leid u.v.m. Jedes dieser Grundgefühle ist eng verbunden mit physischen Prozessen im Körper: Adrenalin in Angstmomenten, Dopamin in Glücksmomenten. Sie lösen Herzrasen oder Zittern, Bauchschmerzen oder Schwindelgefühle, Kopfschmerzen oder Rückenverspannungen etc. aus. Die Bandbreite ist groß. Und unser Einfluss darauf ebenso. Wer seine Atmung kontrollieren kann und durch Training Entspannung in Angstmomenten bewusst einsetzt, minimiert Symptome wie Herzrasen, Zittern oder Bauchschmerzen aktiv und nachhaltig. Wer in depressiven oder schlecht gelaunten Phasen den Kopf hochhält und die Schultern zurücknimmt, anstatt sie mutlos hängen zu lassen, sendet positive Signale an die Psyche. Wer lächelt – sei es nur künstlich – weckt Glücksgefühle, unabhängig davon, ob wir wirklich einen Grund zur Freude haben. Das fand unter anderem der französische Psychologe Robert Soussignan in einer Studie im Jahr 2002 heraus.[2] 96 Probandinnen im Alter von 21 bis 28 sollten einen Stift auf vier verschiedene Arten zwischen ihre Zähne nehmen. Eine Gruppe musste den Stift so halten, dass sie gewissermaßen gezwungen lächelten. Im Anschluss sollten sie verschiedene Videos bewerten. Das Ergebnis war eindeutig: Wer zuvor gewissermaßen grundlos gelächelt hatte, bewertete die Videos weitaus positiver – einfach, weil die Mundhaltung dem Gehirn ein positives Signal gesendet hatte. Es ist wissenschaftlich zudem erwiesen, dass durch häufiges Lachen Heilungsprozesse gefördert werden. Gleichzeitig findet im Körper ein physiologische Reaktion statt: Die Produktion der Stresshormone Kortison und Adrenalin wird gestoppt. Stattdessen wird vermehrt das Glückshormon Serotonin ausgeschüttet. Aus diesem Grund fühlt man sich nach einer kleinen Lacheinheit sofort viel besser. Lachen hat einen weiteren positiven Effekt: Man atmet dabei deutlich tiefer ein, wodurch sich die Muskeln entspannen, der Kreislauf angeregt wird und die Körperzellen vermehrt mit Sauerstoff versorgt werden, was letztendlich zu einer Steigerung der Konzentration führt.

Die eigene Einstellung jederzeit beeinflussen zu können, ist das Ziel von State-Control, einer Technik, die ich sehr erfolgreich in meinen Coachings anwende. Doch wie sieht das in der Praxis aus?

Wie geht man mit der Diskrepanz zwischen den eigenen Motiven, und dazu konträr geforderten Handlungsweisen um?
Stellen Sie sich vor, Sie führen gerade ein wichtiges Gespräch, in dem Ihr Gegenüber, vielleicht der Vorgesetzte oder ein wichtiger Kunde, Sie von einem unternehmerischen Schachzug überzeugen will, der nicht den Regeln entspricht, also nicht compliant ist. Irritiert von der Diskrepanz zwischen den Motiven, die Sie als Mensch bewegen – Ihre Werte auf der einen Seite –, und den geforderten Handlungsweisen – den Erwartungen des Gesprächspartners an Sie auf der anderen Seite –, ist Ihr Innenleben vielleicht widersprüchlich, Ihr State auf jeden Fall hochkomplex.

Eventuell sind Sie in einer ängstlichen Verfassung, einem beunruhigten State, da Sie ohne die geforderte Handlungsweise die vorgegebenen Margen nicht erreichen können. Oder Sie sind in einem ignoranten State, da Sie der Auffassung sind, dass sich doch jeder in der Branche die Regeln zurechtbiegt („Das macht doch jeder!"), oder Sie sind zweifelnd-ehrlich, indem Sie sich fragen: „Was passiert, wenn ich nicht zustimme?". Vielleicht sind Sie auch in einem mutigen State („Ich mache da nicht mit!"). Am Ende ist aber auch eine Zusammenschau aller genannten Zustände möglich, dann sind Sie in einem „Patchwork-State". Hier schreien förmlich unterschiedliche Gedanken nach Abwägung. Je nachdem, wie bewusst Sie Ihren State nun kontrollieren können, haben Sie Einfluss auf das Ergebnis. Oder aber anstatt Ihren eigenen State zu kontrollieren, lassen Sie sich von Ihrem Gegenüber lenken und stimmen dem Deal vielleicht zu, auch gegen Ihre Überzeugung. Sicherlich ist es daher umgekehrt von Vorteil, den anderen mit Ihrem Grundgefühl anzustecken, ihn mit Ihrer Reaktion, wie Sie den Deal aufnehmen, vom Gegenteil zu überzeugen. Die Frage ist: Wer kann seinen State besser kontrollieren und übernimmt damit die Macht im Gespräch?

Die Lösung: Bewusste State-Control trainieren, sodass man es während des Telefonats oder Meetings jederzeit einsetzen kann bzw. je nach Anforderung abrufbar hat. So kann z. B. ein Compliance-State aktiviert werden, der in die Lage versetzt, offen und klar zu kommunizieren, dass man Deals dieser Art ablehnt. Dann wird auch das Gegenüber zumindest nachdenklich-zurückhaltend reagieren. Die innere Einstellung beeinflusst das Verhalten. So einfach ist das.

Dazu ist es wichtig, die Wirkungskette zu kennen, die einem State zugrunde liegt: Zunächst erzeugt ein bestimmtes Ereignis im Unterbewusstsein einen Gedanken. Danach gibt man diesem Gedanken eine Bedeutung. Daraus entwickelt sich eine Emotion, und die wiederum sorgt für ein bestimmtes Verhalten. Daraus resultiert der individuelle persönliche State. Der ist vor allem abhängig davon, welche Bedeutung man den Dingen gibt und welche Emotionen damit verbunden sind. Sie merken schon, es geht um eine aktive Handlung: SIE geben den Dingen ihre Bedeutung und beeinflussen damit die eigene innere Haltung durch Ihre Gedanken.

Fallbeispiel: Compliance an Weihnachten

Nach meiner Erfahrung gibt es genau an dieser Stelle immer wieder große Aha-Erlebnisse. Eine meiner Coachees, eine Führungskraft in einem Versicherungskonzern, wurde seit Jahren immer wieder an Weihnachten mit einer Entscheidung konfrontiert, die nicht compliant war. Immer wieder entschied sie sich gegen ihre Werte und unterschrieb einem Mitarbeiter ihrer Abteilung die Genehmigung für ein teures Geschenk. Der Wert lag in einer Größenordnung, die weit außerhalb der Compliance-Richtlinien lag, dennoch war es im Unternehmen „Usus" — ein Begriff, der in diesem Zusammenhang oft fällt. Immer wieder belastete sie dieser Vorgang. Sie war aber nicht in der Lage, zu dem Mitarbeiter, der seit Jahrzehnten im Unternehmen ein sehr gutes Standing hatte, Nein zu sagen. Zusammen mit anderen Vorfällen wurde der innere Druck irgendwann aber zu groß, so dass die Führungskraft mich kurz vor Weihnachten um Rat bat. Der Zeitpunkt war zwar zu kurzfristig, um mit nachhaltigen Techniken wie der Beobachter-Haltung (siehe Seite 170) zu beginnen. Trotzdem gab es eine Lösung: den kurzfristigen State-Wechsel.

Im ersten Schritt formulierte sie schriftlich die Bedeutung, die sie der Situation gab: „Wenn ich nicht unterschreibe, dann hält der Kollege mich für ein ‚Mädchen' statt für eine toughe Entscheiderin." Diese Bedeutung brachte sie in eine schwache Position. Sie wollte dazugehören, um tough zu wirken. Dahinter steckten die beiden Urängste: die Angst, nicht genug zu sein, und die Angst, nicht geliebt zu werden. Diese Erkenntnis brachte die Lösung. Die Bedeutung, die sie der Situation gab — in ihrem Fall war es die Angst, nicht gemocht zu werden —, war für sie der Schlüssel. Durch das State-Modell erkannte sie, dass sie selbst für diese Angst verantwortlich war, die es ihr nicht möglich machte, die Unterschrift abzulehnen. Ab sofort gab sie der Situation eine neue Bedeutung. Reframing: „Ich bin die toughe Entscheiderin — ich stehe zu meinen Werten." Diesen Satz prägte sie sich ein, las ihn vor dem Treffen mehrfach durch und führte erstmals ein ablehnendes Erfolgsgespräch mit dem Kollegen.

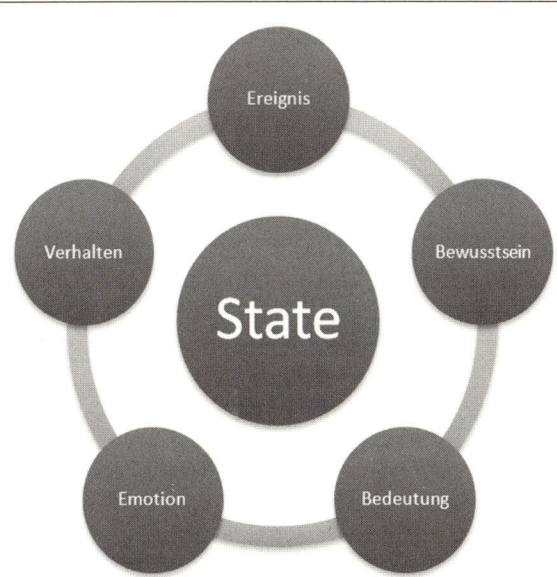

Abbildung 7: State-Modell
Quelle: Dorette Segschneider

In diesem Sinne ist State-Control der gezielte und bewusste Umgang mit dem eigenen Bewusstseinszustand, der eigenen inneren Verfassung. Ziel ist es, dass eine Führungskraft ein bestimmtes, in unserem Fall ehrliches Grundgefühl jederzeit abrufen, verändern und an die Mitarbeiter weitergeben kann. Wer sein Gegenüber zu einem ehrlichen Gefühl führen will, der sollte es vorleben. Soziale Ansteckung funktioniert auch im positiven Sinne. Die eigene Stimmung, die ausgestrahlt wird, entspricht der Wirkung, die man auf seine Mitarbeiter oder Kunden hat. Von einer Führungskraft, die Integrität, Vertrauen und Unbestechlichkeit ausstrahlt, springt automatisch ein entsprechender Funke auf die Mitarbeiter über. Eine aufrichtige Einstellung ist die Basis für Führung, die compliant ist.

State-Control kann jeder lernen. Auch Sie. Dahinter steckt das Zauberwort Tun — schon Goethe sagte: „Erfolg hat drei Buchstaben: Tun."

Wie geht man mit Vertuschungsversuchen um?
Zu Vertuschungsversuchen gehören in der Regel immer zwei. Der eine, der die Vertuschung initiiert, und der andere, der mitmacht. Deshalb gilt auch hier wieder: Entscheidend ist, in welchem State man sich im entscheidenden Augenblick ganz persönlich befindet — im Mitmach-State oder im ablehnenden? Wenn man Vertuschungsversuchen in Zukunft mit einem aufrichtigen State begegnen will, malt man sich am besten vorher schon aus, wie es wäre, erwischt zu werden, und dann, wie es sich anfühlt, wenn man offen und ehrlich kommuniziert hätte. Dazu können Sie vorbereitend folgende Übung machen.

In der Praxis

Denken Sie an eine Situation, in der Sie versucht haben, etwas zu vertuschen. Lassen Sie die Schultern hängen und überlegen Sie sich die Konsequenz, wenn Sie ab sofort jeden Tag einmal einen kleinen Betrug dieser Art machen würden. Wie fühlt sich das an? Was macht der Herzschlag? Wie reagieren die Hände? Spüren Sie in sich hinein. In der nächsten Sekunde denken Sie an ein Ereignis, bei dem Sie der Versuchung, zu vertuschen oder gar zu betrügen, widerstanden haben. Wie haben Sie sich gefühlt? Nehmen Sie die Schulter zurück, stellen Sie sich gerade hin und wachsen Sie über sich hinaus. Wie fühlt sich das an? Wie ist jetzt Ihr Herzschlag? Wie würden Sie das Gefühl beschreiben?

Wie kommt man in einen souveränen Compliance-State?
Um kurzfristig in einen State zu kommen, der dazu führt, eine Entscheidung zu treffen, die regelkonform ist, muss man sich bewusst machen, dass eine gegenteilige Entscheidung für die Psyche zunächst einmal zum Alltagsrepertoire gehört. Schon Nietzsche klagte: „Die Menschen lügen unsäglich oft." Und er hatte recht.

Wenn auch die Zahl im Internet, dass jeder Mensch bis zu 200 Mal pro Tag lügt, nicht wissenschaftlich fundiert ist, so ist es doch so, dass unser Alltag mit Lügen vollgepackt ist. Meist sind es zwar nur sogenannte „Notlügen" oder „weiße Lügen",[3] für die eigene Verfassung macht das aber erst mal keinen Unterschied. Im Gegenteil: Je „normaler" das Lügen für einen ist, desto niedriger auch die Hemmschwelle, unrechtmäßige Entscheidungen zu treffen. Genauso wie Alltagslügen eher harmlos sind, beginnt ja auch Korruption oft im Kleinen. Wie z. B. bei der Höhe der Restaurant-Quittung oder auch beim Klassiker der überhöhten Rechnungen, deren Aufschlag sich dann Lieferant und Einkäufer 50:50 teilen. Die entscheidende Frage ist deshalb, wann sich eine harmlose Lüge in eine schadhafte Lüge verwandelt.

Menschen haben meistens zwei Beweggründe, warum sie in den Lügen-State wechseln: Entweder sie lügen für den eigenen Vorteil oder für ihre „Sache". Der Vorteil, den sie sich von einer Lüge versprechen, liegt meist im schnelleren Erfolg, der häufig verbunden ist mit der Idee, dass man selber besser dasteht. Wir lügen also, weil wir daraus einen Vorteil ziehen, sei es aus egoistischen Gründen oder aus altruistischen Motiven, z. B. um unsere Firma zu unterstützen, ohne selbst daraus einen direkten Nutzen zu ziehen. Das VW-Lügengebäude ist möglicherweise u. a. genau so entstanden. Die Technikverantwortlichen hatten die Situation als klare Vorgabe vom Vorstand verstanden und wollten diese erfüllen (über die Gründe könnte man ein eigenes Buch schreiben). Einen eigenen Vorteil hatten sie — wenn überhaupt — nur indirekt.

In solche Lügenfallen tappen wir auch deshalb, „weil die anderen es genauso machen". Wir fühlen uns dann sozusagen „sozial abgesichert". Ein gutes Beispiel ist das illegale Herunterladen von Musik im Internet. „Das macht fast jeder, also kann ich das doch auch machen, nicht wahr?" Man könnte sogar noch das Moral-Konto (siehe Seite 147) einbeziehen: „Ich unterstütze die Künstler, weil ich die bösen Plattenfirmen bestrafe." Eine perfekte Selbsttäuschung.

Wie aber bringt man sich nun kurzfristig in einen Anti-Lügen-State? Indem man sich diese Prozesse genau klarmacht. Indem man schlicht damit beginnt, Gedankenprozesse vom Unterbewusstsein in das Bewusstsein „zu heben". Dazu ist wenig Training nötig. State-Control bedeutet, dass man kurzfristig Einfluss auf den (Lügen-)State nimmt. Stellen Sie ihn sich als „Shift" vor. Ein ganz einfacher Shift — so wie von der Groß- zur Kleinschreibung auf einer Tastatur.

In der Praxis

Nehmen Sie sich täglich eine Zwei-Minuten-Auszeit und machen Ihren ganz persönlichen Lügen-Check-up. Schreiben Sie täglich mindestens zwei Fälle auf, in denen Sie gelogen haben, und wechseln dann in den Wahrheits-State. Überdenken Sie jeweils kurz die Konsequenzen und machen Sie die Ergebnisse für sich selbst so transparent wie möglich. Entwickeln Sie anhand der folgenden drei Fragen Ihren persönlichen Compliance-State, indem Sie sich Ihre Antworten etwa vor jedem Meeting drei Mal durchlesen:

1. Was bedeutet mir persönlich Ehrlichkeit?
2. Heute gelingt es mir, ehrlich zu sein — auch wenn die anderen mich auffordern, „harmlose" Lügen umzusetzen.
3. Achte bei jeder Entscheidung darauf: Auch kleine Lügen wachsen zu einem riesigen Lügenberg!

Als Führungskraft ist Vertrauen der wichtigste „Lügenverhinderer". Eine Kommunikation, die auf Vertrauen basiert, macht das Lügen für alle im Unternehmen weniger interessant. Wenn Mitarbeiter Fehler zugeben dürfen, ohne dass sie eine Strafe befürchten müssen, sinkt die Lügenrate automatisch. In einer gelebten, offenen und vertrauensvollen Unternehmenskultur — also nicht nur auf dem Papier — muss jeder davon ausgehen, mit durchtriebenen Aktionen aufzufliegen, weil die Kollegen und Manager offen miteinander kommunizieren. Damit fällt die Lüge als sicheres Erfolgsinstrument aus. Eine vertrauensvolle Kultur macht Lügen schwieriger und damit weniger wahrscheinlich.

Um State-Control-Techniken zu erlernen, ist Neuro-Coaching von besonderer Bedeutung, da es eine Vielfalt von Ansätzen und Hintergründen vermittelt. So weiß man dank der Neurowissenschaften — als Basis von Neuro-Coaching — nicht nur, wie unser Gehirn in Krisensituationen funktioniert, sie haben auch ein Verständnis dafür geschaffen, wie unser Verhalten durch gezielte kognitive und non-kognitive Techniken optimiert werden kann. Der Schlüssel dazu liegt in der Neuroplastizität des Gehirns und der regelmäßigen Integration der unterschiedlichen Techniken in den Alltag.

Zusammenfassung

1. Unter „State" versteht man die Summe aller neurologischen und emotionalen Prozesse, die zu irgendeiner Zeit in einem Menschen entstehen.

2. „State-Control" ist die Fähigkeit unseres Gehirns, Emotionen im Alltag zu managen, und Teil jeder Entscheidung, die wir treffen. Bewusst oder unbewusst.

3. Was wichtig ist, entscheidet sich letztendlich dadurch, wie Sie sich die jeweilige Situation vergegenwärtigen. Man kann sich Ereignisse so vorstellen, dass sie einen selbst in einen positiven Zustand versetzen, oder so, dass Sie einem den ganzen Tag über als Ballast auf den Schultern liegen.

4. Sie treffen eher eine Entscheidung, die regelkonform ist, wenn Sie in dem dazugehörigen Compliance-State sind.

5. Ziel ist es, dass eine Führungskraft ein bestimmtes, in unserem Fall ehrliches Grundgefühl jederzeit abrufen, verändern und an die Mitarbeiter weitergeben kann. Soziale Ansteckung funktioniert auch im positiven Sinne.

6. Als Führungskraft ist Vertrauen der wichtigste „Lügenverhinderer". Eine Kommunikation, die auf Vertrauen basiert, macht das Lügen für alle im Unternehmen weniger interessant.

7. Wenn Sie Vertuschungsversuchen mit einem aufrichtigen State begegnen wollen, malen Sie sich am besten vorher schon aus, wie es wäre, erwischt zu werden, und dann, wie es sich anfühlt, wenn Sie offen und ehrlich kommuniziert haben.

8. Menschen, die über eine gute Fähigkeit, ihren „State" zu kontrollieren, verfügen, reagieren in Krisensituationen entspannter und treffen bessere Entscheidungen.

Neuro-Coaching – Neue Trendwelle oder Lösungsansatz für Realisten?

Wieso braucht Coaching die Neurowissenschaft?
Sucht man bei Google nach „Coaching Tools", erhält man ungefähr 15 Millionen Ergebnisse. Coaching-Konzepte gibt es also wie Sand am Meer. Alle Techniken versprechen eine Verbesserung der gewünschten Situation – effektiv und wirkungsvoll. Allein der objektive Beweis fehlt.

Hier setzt Neuro-Coaching an. Dem Coachee werden Informationen über die Funktionsweise des Gehirns vermittelt und zusammen mit ihm Möglichkeiten der Einflussnahme auf Basis objektiv nachweisbarer Erkenntnisse aus der Neurowissenschaft entwickelt. In der praktischen Umsetzung wähle ich dabei ganz bewusst statt eines streng wissenschaftlichen Ansatzes eine aus der Erfahrung und Praxis heraus entstandene Vorgehensweise. Anders als die in den Augen vieler eher diffuse Wirkung von herkömmlichen Coaching-Techniken liefert die Neurowissenschaft Beweise, dass und wie bestimmte Techniken im Gehirn funktionieren. Nach meiner Erfahrung ein Labsal für jeden rational denkenden Menschen. Das beweisen auch zahlreiche Studien, in denen nachgewiesen wurde, dass Unternehmen, die Neuro-Leadership in der Praxis leben, wirtschaftlich erfolgreicher sind als andere Unternehmen.[4] Zu ähnlichen Ergebnissen kam auch die bereits zitierte Stanford-Studie – 87 % der Teilnehmer an einem Seminar der Universität berichteten, Neuro-Methoden hätten ihre Willenskraft gesteigert. Insgesamt ist es ein Fakt, dass die meisten Führungskräfte wissenschaftliche, physiologische Begründungen besser nachvollziehen können als aus der Psychologie abgeleitete Verhaltensvorschläge. Auch in meiner Praxis habe ich immer wieder eine hohe und vor allem nachhaltige Veränderungsmotivation in dem Moment beobachten können, in dem der Coachee die hirnorientierten Zusammenhänge aufgezeigt bekam und für sich selbst nachvollziehen konnte.

Die Euphorie über die Wirkungsfähigkeit des Neuro-Coachings führt unmittelbar zu der Frage: Ist Coaching auf Basis der Neurowissenschaften nur eine „moderne Trendwelle" oder tatsächlich mehr als ein Hoffnungsträger? Lässt sich über die Erkenntnisse der Hirnforschung das Gehirn „designen"? Ist Neuro-Coaching vielleicht sogar der Beginn einer ganz neuen Zukunft? Einer Zukunft, an der heute schon gearbeitet wird, wie z. B. im Human Brain Project? Hierfür stellt die EU knapp 1,2 Milliarden Euro zur Verfügung und lässt an über 80 Instituten aus der ganzen Welt mit dem Ziel arbeiten, eine Art Google Earth für unser

Gehirn zu erstellen. Eines Tages sollen so alle Aktivitäten im Gehirn simuliert und dann über Computer möglicherweise auch beeinflusst werden können.

Undenkbar? Eine Utopie? Oder gar Science-Fiction? Genauso wie George Orwell — der in meiner Generation noch unvorstellbare Visionen einer überwachten Welt formuliert hat und dessen Gedanken ein Schreckensgespenst darstellten — heute längst überholt ist, weiß schließlich niemand, wie die Menschheit in 100 Jahren lebt.

So weit ist es zweifelsohne noch lange nicht. Dennoch: Schon die jetzt bekannten Informationen über Funktionsweisen des menschlichen Gehirns verbessern das Verständnis und die Effektivität des Coaching-Prozesses. Denn auch wenn unser Wissen über das Gehirn noch ganz am Anfang steht — was bei 100 Milliarden Nervenzellen und über 100 Billionen Synapsen, die unseren Körper steuern, mehr als nachvollziehbar ist —, beziehen sich die Erkenntnisse, die wir haben, jedoch genau auf die Bereiche, die für die Neuro-Coaching-Erfolge maßgeblich verantwortlich sind. Insofern: Vielleicht mag es für manch einen eine „Coaching-Welle" sein. Allerdings beruht sie auf gesicherten Parametern, d. h., der Nutzen des Neuro-Ansatzes liegt genau darin, dass mit wissenschaftlich fundierten und rational nachvollziehbaren Techniken gearbeitet wird, die den Coaching-Erfolg optimieren. Der Coachee erkennt neurobiologische Muster, versteht diese und nutzt dieses Wissen, um den eigenen Veränderungsprozess zu starten.

Genau hier liegt auch die Verbindung zum ganzheitlichen Corporate-Compliance-Ansatz. Denn letztendlich sind immer der Mensch und sein Handeln das Maß aller Dinge. Auch wenn es auf den ersten Blick meist so aussieht, als ob Regelwerke und Gesetze der ausschlaggebende Teil sind, bei genauerem Hinsehen wird deutlich, dass eben der Mensch hinter allen Entscheidungen steht. Die Sehnsucht nach Erfolg und Anerkennung ist dabei genauso fest im Gehirn verankert wie die Fähigkeit, Grenzen zu überschreiten, Spielräume zu nutzen und die Bereitschaft, Verbote — nicht nur bei gelegentlichem Falschparken — einzukalkulieren. Insgesamt ist das Gehirn zwar das komplexeste Organ des Menschen, unterm Strich funktioniert es aber auf der Basis einfachster Prinzipien. Und genau darauf können wir selbst Einfluss nehmen.

Skeptikern zum Trotz ist meine individuelle Beobachtung dazu, dass das Wissen um neurowissenschaftliche Zusammenhänge Fortschritte im Coaching befeuern.

Kleine Gebrauchsanleitung für das Gehirn

In einem Kapitel über das Gehirn besteht der Balanceakt vor allem darin, die wesentlichen Fakten zu transportieren, die der Leser als Basis für die Gebrauchsanleitung benötigt, und die unwesentlichen außen vor zu lassen. Im Zentrum unserer Betrachtungen steht daher der präfrontale Cortex (PFC), das oberste Kontrollzentrum.

Zur leichteren Einordnung folgt eine kleine Gehirnkunde:

Das Gehirn ist die Steuerungszentrale des Körpers. Es besteht aus drei Hauptteilen, dem Großhirn, dem Kleinhirn und dem Stammhirn. Das Gehirn braucht für seine Arbeit riesige Mengen an Nahrungsstoffen und Sauerstoff. 2000 Liter Blut müssen täglich durch das Gehirn fließen, damit es mit der nötigen Menge Sauerstoff versorgt wird, denn ohne Sauerstoff kann das Gehirn nicht auskommen. Bereits nach wenigen Sekunden ohne Sauerstoff sterben Nervenzellen ab. Die verschiedenen Bereiche des Gehirns haben unterschiedliche Aufgaben, arbeiten aber auch zusammen:

Das Großhirn, unser evolutionsbedingt jüngster Gehirnteil, steuert das Denken und Handeln und bringt alle Informationen in einen sinnvollen Zusammenhang. Mit den fünf Sinnen stellt das Gehirn fest, was draußen in der Welt geschieht. Die fünf Sinne sind das Sehen, Hören, Riechen, Tasten und Schmecken. Die Sinneseindrücke werden im Gehirn in Gedanken und Gefühle umgewandelt. Das Kleinhirn dagegen ist zuständig für das Gleichgewicht und die Koordination von Bewegungen. Der Hirnstamm, der älteste Teil im Gehirn, steuert u. a. die Atmung, das Herz und die Verdauung sowie andere lebenswichtige Funktionen.

Jede einzelne der 100 Milliarden Nervenzellen kann wiederum mit bis zu 15.000 Synapsen verbunden sein. Die unglaubliche Summe aller Kontaktstellen im Gehirn beträgt deshalb über 100 Billionen. Die Größenordnung an sich liegt außerhalb unseres Vorstellungsvermögens und bestimmt auf der anderen Seite unser Verhalten in jeder Sekunde.

Die Basis für das Neuro-Coaching ist die noch relativ junge Erkenntnis über die Neuroplastizität des Gehirns. Die Ansicht früherer (Wissenschafts-)Generationen, dass im Erwachsenengehirn die Nervenbahnen starr und nicht mehr veränderbar sind, gehört der Vergangenheit an. 1998 gelang dem schwedischen Neurologen Peter Eriksson von der Sahlgrenska-Universitätsklinik in Göteborg erstmals der Nachweis, dass sich auch im Erwachsenengehirn neue Zellen bilden. Die Entdeckung revolutionierte das seit Jahrzehnten vorherrschende Dogma der Neurowissenschaft.

Für die Coaching-Praxis stellt diese Erkenntnis eine bahnbrechende Optimierung dar, denn die Konsequenz gibt der Königsdisziplin im Coaching, der Veränderung, ein wunderbares Fundament. In einfachen Worten: Veränderung ist jederzeit möglich und letztendlich nur eine Frage des Tuns.

Wer ist der Compliance-Manager im Gehirn?

Wo im Gehirn sitzt nun aber der „Compliance-Manager", also der Teil, in dem Entscheidungen über unser regelkonformes Verhalten entstehen?

Noch bis Ende des vorigen Jahrhunderts waren für die Fragen der menschlichen Willensbildung und Entscheidungsfindung Philosophen, Psychologen, Juristen oder Theologen die ersten Ansprechpartner. Für den Urvater der Psychoanalyse, Sigmund Freud, war das „Unbewusste" die eigentliche Triebfeder unseres Handelns, welches das menschliche Verhalten kontrolliert, aber seinerseits keiner Kontrolle durch unsere Gedanken oder unser Wissen unterliegt. Längst hat sich die Hirnforschung mit ihren Erkenntnissen in die Diskussion eingemischt und den PFC, den präfrontalen Cortex, als Kontrollzentrum unseres Entscheidungssystems geortet. Wenn es im Fußball darum geht, über Fairness oder Foul zu entscheiden, ist der Schiedsrichter gefragt. Wenn wir eine Entscheidung über Recht oder Unrecht treffen müssen, macht das unser PFC. Dort werden auch die höheren geistigen Funktionen des Menschen vermutet. Manche bezeichnen ihn gar als den Regisseur im Gehirn, als Träger unserer Kultur und überhäufen ihn mit weiteren Superlativen.

Wie der Compliance-Manager im Gehirn funktioniert

Dieses Dilemma hat jeder schon mal erlebt: Sie stecken in einer brisanten moralischen Zwickmühle und haben die Wahl zwischen zwei schlechten Alternativen. Sie sollen eine Entscheidung treffen, die den Compliance-Vorgaben entspricht und von moralischen Normen geleitet ist, die aber gleichzeitig die Aufgabenstellung berücksichtigt, z. B. bestimmte Gewinnvorgaben einzuhalten. Um diesen scheinbaren Zielkonflikt zu lösen, müssten Sie jetzt allerdings eine Entscheidung treffen, die nicht-compliant ist. Was tun − sprach schon Zeus, als er mit seinem Latein am Ende war! Nicht anders ergeht es so manchem, der in einer verzwickten Lage steckt. Wie bleiben Sie compliant, ohne compliant zu handeln? Was können Sie tun, um einer Versuchung zu widerstehen?

Wenn Sie oder besser Ihr Gehirn eine „richtige" Entscheidung treffen wollen, gibt es viele Aspekte zu beachten: Wie verwerflich wäre die Sache? Wie hoch wäre der angerichtete Schaden? Was ist noch im Bereich des Machbaren? Wo liegen die moralischen Grenzen? Welche Konsequenzen muss ich befürchten? Für das Gehirn ist die Abwägung all dieser Aspekte eine hochkomplexe Angelegenheit.

Der Mensch nutzt in solchen Situationen die Fähigkeit des PFC zur Selbstkontrolle.[5] Sie ist gleichzeitig Dreh- und Angelpunkt dafür, dass man die eigene Aufmerksamkeit und das eigene Verhalten sinnvoll steuern sowie unangemessene Reflexreaktionen unterdrücken kann. Sie versetzt in die Lage, flexibel von einer Strategie zur anderen umzu-schalten. Anders als bei spontanen Reaktionen, also den Impulsen, die „von unten" wirken, den sogenannten „bottom-up"-Reaktionen. Dahinter verbergen sich die unbewussten Reaktionen, die unsere Urahnen zum Überleben dringend gebraucht haben, als das „bottom-up"-System sie noch vor dem viel zitierten Säbelzahntiger warnte.[6] Die Selbstkontrolle, die vom PFC ausgeht, wird dagegen bewusst in einem „top-down"-Prinzip ausgeführt. Mit dieser Technik gerät das Impuls- und Angstsystem unter Kontrolle, indem bewusste Befehle ausgesen-det und das Angstsystem beruhigt werden: „Das ist nicht so schlimm!", „Das wird schon klappen!" etc.

In der Praxis würde dieser Vorgang dann so aussehen: Bei drohen-der Gefahr, einen Auftrag zu verlieren, ohne die schwarze Kasse in Anspruch zu nehmen, sendet das Angstsystem automatisch Stressim-pulse. Ein schlechtes Gefühl macht sich breit. Je nach Dimension steigt Angstschweiß in uns auf, wir können nachts nicht schlafen, wälzen uns hin und her. Das Angstsystem schlägt Alarm. Dass wir dann doch mutig eine Entscheidung treffen, die nicht-compliant ist, hängt mit dem PFC zusammen. Er kontrolliert das Geschehen. Wahlweise wirkt er beschwichtigend auf das Angstsystem ein: „Das macht doch jeder!", „Das fliegt schon nicht auf!" etc., oder mit einem klaren Kommando: „Nein, mach nicht mit! Handle compliant!"

Achtung: Das Angstsystem arbeitet dabei völlig automatisch und ohne große geistige Anstrengung. Es meldet sich einfach. Im Gegensatz zum PFC, der Selbstkontrolle, die viel geistige Ressourcen und Energie benö-tigt. Das Abwägen der Entscheidung kostet also Energie.

Grundsätzlich werden wir alle mit der Fähigkeit zur Selbstkontrolle geboren. Doch wie wir sie nutzen, ist völlig unterschiedlich. Es gibt

Menschen, die ihre Gefühle und Handlungen hervorragend kontrollieren können. Sie leben in der Regel glücklicher und gesünder, haben bessere und längere Beziehungen, können gut mit Stress umgehen und haben sogar eine höhere Lebenserwartung.[7] Diese Menschen scheint nichts aus der Bahn zu werfen. Sie verzweifeln nicht an ihrem Schicksal, sondern wachsen daran. Dann gibt es die Menschen, die mit jedem noch so kleinen Schicksal hadern, die mit einer ganz geringen seelischen Widerstandskraft ausgestattet sind.

Ob wir nun eher Stehaufmännchen, also in der Fachsprache „resilient" sind, oder eher zum Typ „Opferlamm" gehören, also nicht resilient sind, hängt entscheidend mit unserer Fähigkeit zur Selbststeuerung zusammen. Und diese hat, wie bereits erwähnt, ihren Sitz im PFC. Der PFC wacht aber nicht nur über emotionale Entscheidungen, er kontrolliert auch alle Entscheidungen rund um unser Rechtsempfinden — also unsere persönliche Haltung zu Compliance-Themen.

Die Entscheidungen, die wir treffen, sind dabei letztendlich immer ein Zusammenspiel unserer Erfahrungen, unseres Wissens, unserer Überzeugungen, unseres Potentials und unserer Energie. Fehlentscheidungen passieren immer dann, wenn die für die Entscheidung erforderlichen „Bedingungen" nicht ausreichen, also zu wenig Erfahrung vorhanden oder ein bestimmtes Wissen (noch) nicht abrufbar ist. Oder auch, wenn wir schlichtweg zu erschöpft sind, die unterschiedlichen Faktoren abzurufen.

Roy Baumeister, Psychologe an der Florida State University, hat als erster Wissenschaftler diese Fähigkeit zur Selbstkontrolle über viele Jahre hinweg beobachtet und getestet.[8] Dabei hat er herausgefunden, dass die Selbstkontrolle einem Muskel gleicht. Je häufiger dieser Muskel in Anspruch genommen wird, desto schneller ermüdet er. Und wie beim Sport gilt auch für die Selbstkontrolle: Wenn der Muskel keine Ruhepausen erhält, verliert er unter Umständen seine ganze Kraft und gibt erschöpft auf. Selbstkontrolle ist also eine begrenzte Ressource. Es handelt sich hierbei also nicht um eine Ressource, die sich über Monate oder gar Jahre hinweg verbraucht, sondern um ein Tageslimit. Je öfter der PFC im Laufe des Tages genutzt wird, desto weniger ist am Abend davon zur Verfügung.

Aus der Erschöpfung heraus entsteht oftmals ein Teufelskreis, auch oder gerade in Situationen, in denen es darum geht, compliant zu handeln. Wenn z. B. spät am Abend Entscheidungen anstehen, die brisant sind und eine hohe Selbstkontrolle erfordern, ist diese möglicherweise gar nicht mehr abrufbar, weil unser PFC bereits erschöpft ist. Erhöhte Aufmerksamkeit, das Abwägen gegensätzlicher Ziele, Beruhigung in Stresssituationen u. v. m. — zur Bewältigung von Situationen dieser Art benötigen wir den Kraftspeicher der Selbstkontrolle. Wenn der dann am Ende des Tages aufgebraucht ist, führt das unter Umständen zum Verlust der Kontrolle. Das sind dann jene Momente, in denen wir — wenn es harmlos läuft — auf der Heimfahrt aggressiv im Straßenverkehr reagieren, zu Hause unseren Partner anmotzen oder — dann oftmals schon folgenreicher — noch vor der Rückfahrt im Büro Entscheidungen treffen, die wir hinterher vielleicht bereuen.

Zur Verdeutlichung möchte ich ein folgenreicheres Fallbeispiel aus meiner Coaching-Praxis beschreiben:
In einer heißen Projektphase standen für die Führungskraft B. Müller im Laufe des Tages wichtige Entscheidungen an. Am Tag X war das Projekt kurz vor dem Abschluss. Den ganzen Tag über musste er noch nachbessern, Hindernisse aus dem Weg räumen, um den Deal abzuschließen. Hinzu kamen Probleme im privaten Bereich. Seine Schwiegermutter war zum Pflegefall geworden und kurz zuvor ins gemeinsame Haus eingezogen. Sein 16-jähriger Sohn hatte an diesem Tag eine wichtige Klausur nicht bestanden. Kurzum: Sein präfrontaler Cortex war überaus beansprucht. Im finalen Meeting am späten Nachmittag erfuhr er dann vom Einkäufer, dass dessen Kind schwer krank sei und dringend eine kostspielige Operation im Ausland benötige. Als „kleines Dankeschön" für die Auftragsvergabe bat der Kunde nachdrücklich um eine Kostenbeteiligung an der OP. Die Bitte formulierte der Großhändler so, dass klar war, dass der Auftrag kurz vor Abschluss wieder am seidenen Faden hing, und das zu einem Zeitpunkt, an dem die Selbstkontrollfähigkeit meines Klienten ohnehin schon erschöpft war. Die Vorstellung, den prestigeträchtigen Auftrag nicht zu bekommen, die Stress-Mühlen alle umsonst durchlebt zu haben, verbunden mit dem Margendruck und der Erwartungshaltung des Vorstands, dass er den Deal garantiert abschließt, sowie die beruhigende Ausrede „Das macht doch jeder!" (eine schwarze Firmenkasse war seit Jahrzehnten „state of the art"), schlug er ein, ließ sich für den Abschluss feiern — und flog Jahre später damit auf.

Seine Reaktion glich dem fast schon üblichen Muster: Ertappt — geleugnet — gelogen — gestanden. Vor dem Prozess kam er zu mir. Im Coaching ging es zunächst darum, zu erkennen, warum er entgegen seinen persönlichen Wertvorstellungen dennoch nicht-compliant gehandelt hatte und inwieweit sein persönlicher Erschöpfungszustand ihn zu der Entscheidung geführt hatte. Im ersten Schritt habe ich ihm Wissen über die neurowissenschaftlichen Zusammenhänge in seinem Gehirn aufgezeigt und deutlich gemacht, dass er sein Gehirn „selbst in der Hand hat".[9] Also, dass er den PFC, seinen Compliance-Manager, aktiv beeinflussen und trainieren kann (siehe Seite 159). Es gelang ihm, offen über seine Wahrnehmung damals und die Erkenntnisse heute zu reflektieren. Er zeigte Reue und machte deutlich, dass er sich dem Kernproblem — der Überforderung — gestellt hat und mithilfe des Coachings Techniken erworben hat, um in zukünftigen Situationen sein Handeln besser regulieren zu können. Der erste und wichtigste Schritt dorthin waren nach eigenen Angaben die Erkenntnisse über die Arbeitsweise seines Gehirns.

In Gesprächen mit Menschen, die in einen Compliance-Fall verwickelt sind, höre ich oft: „Ich konnte ja nichts anderes machen" oder „Ich musste so handeln, weil ...". Ganz unabhängig davon, wie stichhaltig die Begründungen auch sind, Fakt ist: Sie hatten zu jeder Zeit die Möglichkeit, in ihren ganz persönlichen Entscheidungskreislauf zu intervenieren. Selbstkontrolle ist lernbar — mit kognitiven oder/und non-kognitiven Schachzügen.

Der Compliance-Manager vor Gericht
Wie unmittelbar die Fitness unseres PFC mit der Art und Weise, wie Entscheidungen über Recht und Unrecht getroffen werden, zusammenhängt, lässt sich an der bereits in Teil II zitierten Studie über israelische Richter veranschaulichen. In den Verhandlungen, die am frühen Vormittag geführt wurden, begnadigten die Richter 70 % der Häftlinge. Bei Verfahren, die am späten Nachmittag verhandelt wurden, kamen hingegen nur 10 % frei. Zufall?

Mitnichten. Rechtliche Entscheidungen sind eine große Herausforderung für den PFC und verbrauchen viel Energie. Im Verlauf des Tages waren die Richter gezwungen, eine Entscheidung nach der anderen zu treffen, und waren dementsprechend am Nachmittag „ausgelaugt". Da sie aber dennoch weitere Urteile fällen mussten, wählten sie die vermeintlich einfachste und sicherste Lösung, nämlich den Bewährungsantrag abzulehnen. Indem sie sich so die Entscheidungen selbst vereinfachten, konnten sie Kräfte sparen für die noch ausstehenden Urteile — und alle weiteren Herausforderungen des restlichen Tages.

Doch was schließen wir daraus? Dürfen wir nur eine bestimmte Zahl an Entscheidungen am Tag treffen, und am (späten) Nachmittag bzw.

Abend am besten keine mehr, deren Konsequenzen für uns nicht klar und überschaubar sind? Das wäre wohl etwas zu weit gegriffen und in der Realität kaum umsetzbar. Deshalb sollten wir unseren Kraftspeicher auf eine andere Art und Weise wieder auffüllen, nämlich indem wir unserem Gehirn – und damit auch unserer Entscheidungsfähigkeit – immer wieder Ruhepausen gönnen.

Auch hierfür liefert die Studie mit den israelischen Richtern Erkenntnisse. Denn neben dem offensichtlichen tageszeitlichen Zusammenhang fand man zudem heraus, dass sich das Verhalten der Richter nach einer längeren (Essens-)Pause positiv veränderte. Vor der Frühstückspause entschieden die Richter lediglich in 15 % der Fälle auf Begnadigung, nach der Pause waren es 70 %. Ähnlich erging es den Häftlingen, über deren Situation vor bzw. nach der Mittagszeit verhandelt wurde: 10:60 betrug hier die Quote. Vermutlich trug die mentale Pause sowie die Aufnahme von Nahrung – und damit ein Anstieg des Glukosespiegels – dazu bei, dass die Richter sogleich wieder milder urteilten.

In „heißen" Situationen compliant handeln

Die Komplexität des Gehirns spiegelt sich auch in den komplexen Ursachen wider, die das Entscheidungssystem beeinflussen. So können Sie sich schon denken, dass es nicht damit getan ist, ausreichend Schokolade zu essen und vor elf Uhr vormittags wichtige Entscheidungen zu treffen. Im Compliance-System in unserem Kopf spielen viele Prozesse eine Rolle. Entscheidend ist neben dem Zeitpunkt auch, in welcher emotionalen Verfassung wir im Moment der Entscheidung sind.

Ein Mensch schreibt mitternächtig tief
An die Geliebte einen Brief,
Der schwül und voller Nachtgefühl.
Sie aber kriegt ihn morgenkühl,
Liest gähnend ihn und wirft ihn weg.
Man sieht, der Brief verfehlt den Zweck.

Der Mensch, der nichts mehr von ihr hört,
Ist seinerseits mit Recht empört
Und schreibt am hellen Tag, gekränkt
Und saugrob, was er von ihr denkt. (...)

Eugen Roth[10]

Das Verhalten, das Eugen Roth in seinem Gedicht „Gezeiten der Liebe" beschreibt, bezeichnet der Ökonom George Loewenstein als „Empathie-Lücke" zwischen heiß und kalt, die er in zahlreichen — auch delikaten — Studien, wie Sie gleich sehen werden, genauer untersucht hat. Danach mangelt es uns an der Fähigkeit, in einem kühlen, rationalen Moment abzuschätzen, wie wir uns in einer emotionalen, hitzigen Situation, die geprägt ist von Leidenschaft und Versuchung, verhalten.

„Es ist leicht, bei vollem Bauch einen Diätplan aufzustellen." Dieser Satz stammt von George Loewenstein. Gemeinsam mit Dan Ariely führte er eine Studie durch, die zeigte, dass es z. B. leichter ist, enthaltsam zu sein, solange man nicht sexuell erregt ist. Dazu stellten sie einer Gruppe von jungen Männern intime Fragen zu sexuellen Praktiken, die nicht alltäglich sind.[11] Dazu gehörten Fragen wie: „Eine Freundin, die Sie mögen, schlägt Ihnen einen Dreier mit einem anderen Mann vor, würden Sie sich darauf einlassen?" Oder: „Würden Sie mit einer 40 Jahre älteren Frau ins Bett gehen?" Während der Beantwortung der Fragen saßen die Männer in einem Labor vor dem Computer. Eine „kalte" Atmosphäre also, die auch dazu führte, dass die Teilnehmer kühl und überlegt antworten konnten. Nahezu unisono waren sie der Ansicht, dass die vorgeschlagenen Praktiken nichts für sie wären. Anschließend sollten die Teilnehmer die Fragen im Zustand sexueller Erregung noch einmal beantworten und wurden deshalb gebeten, vorher zu masturbieren. Sie waren jetzt also in einem „heißen", erregten Zustand". Anders als vorher konnten sich jetzt einige Männer ungewöhnliche sexuelle Erlebnisse vorstellen. Weitere Studien brachten immer wieder vergleichbare Ergebnisse.

Insgesamt gilt also, dass, sobald man emotional stark engagiert ist und keinen kühlen Kopf hat, man eher Entscheidungen trifft, die — rein rational betrachtet — undenkbar scheinen. Für Compliance-Entscheidungen ist das ein ganz wichtiger Aspekt — insbesondere bei Regeln, die zwar am grünen Tisch mit kühlem Kopf formuliert werden (dann ist der „Bauch" voll und das Moral-Konto (siehe Seite 147) auch), in „heißen" Situationen aber, wenn der Erfolgshunger die Maßstäbe verrückt, plötzlich neu interpretiert bzw. schlichtweg missachtet werden.

In der Praxis

Schaffen Sie Rahmenbedingungen für Entscheidungen, die Ihnen bzw. Ihren Mitarbeitern die Möglichkeit bieten, einen kühlen Kopf zu bewahren. Je rationaler das Setting, desto weniger sind Menschen bereit, Entscheidungen außerhalb des gesetzlichen Rahmens zu treffen bzw. desto weniger können sie sich mögliche Vergehen vorstellen.

Gefahrenmoment: Entscheidungsmüdigkeit – ein Fallbeispiel
Die erwähnte israelische Studie hat gezeigt: Ein ermüdeter (und gleichzeitig noch unterzuckerter) Richter hat deutlich weniger mentale Ressourcen zur Verfügung, um eine Entscheidung zu treffen, und wählt dann häufig die Standardlösung bzw. fällt die Entscheidung mit dem geringsten Risiko. Dies ist nicht ungewöhnlich und zudem leicht nachvollziehbar, neigt man in einem erschöpften Zustand dazu, sich nicht noch mehr Arbeit bzw. Ärger aufzuhalsen.

Aus der Reaktion der Richter könnte man im ersten Moment ableiten, dass z. B. im Falle einer Sachabwägung im Compliance-Zusammenhang ein Manager am Abend – müde und ausgelaugt – eher eine Entscheidung trifft, die compliant und damit auf den ersten Blick mit weniger Risiko behaftet ist. Doch die Realität sieht anders aus: Die Entscheidung, die den Compliance-Richtlinien entspricht, ist häufig auch genau die, die zunächst Unruhe im System stiftet, weil sie eine Vielzahl von systemimmanenten Prozessen durchkreuzt und das persönliche Risiko (den Job zu verlieren) erhöht. Im Entscheidungsfall wirft ein Manager also nicht nur seine ganz persönliche Compliance-Haltung in die Waagschale. Für ihn steht in der Regel mehr auf dem Spiel. Neben Überlegungen zur eigenen Positionierung muss er auch die Konsequenzen berücksichtigen, die sich aus seiner Sicht für das Unternehmen ergeben. Eine hochkomplexe Situation.

Was macht das müde Gehirn? Es konzentriert sich zunächst auf die kurzfristigen Konsequenzen, auf die Standardlösung. Die oft dramatischen und nachhaltigen Konsequenzen, treten in der Entscheidungsfindung häufig – aufgrund von Übermüdung bzw. Überforderung – in den Hintergrund. Das Gehirn nutzt hier die Fähigkeit, Sachverhalte einfach auszublenden.

Um das Ausblenden von Konsequenzen bzw. bestimmten Zusammenhängen, die eine wichtige Entscheidung unter Umständen mit sich bringen, geht es auch im folgenden, diesmal fiktiven Beispiel.

Fallbeispiel: Augen zu und durch

Der Technikverantwortliche Felix M. eines internationalen Automobilkonzerns beteiligt sich an einem groß angelegten Betrugssystem. Zu Beginn, als die ersten Weichen gestellt werden, geht er, wie jeder Eingeweihte im Unternehmen (und davon gibt es einige), davon aus, dass die Maßnahmen im Sinne der Unternehmensvorgaben notwendig und gleichzeitig so wasserdicht und elegant vertuscht sind, dass sie niemals ans Tageslicht kommen können. Das System ist ausgeklügelt nach dem Prinzip: „Wir bewegen uns am Rande der Legalität." Je länger das System funktioniert, desto mehr wächst auch in Felix M. die Überzeugung, dass alles mit rechten Dingen zugeht. Auch wenn der Blick von außen ein völlig anderes Bild ergibt, nämlich das des Betrugs, empfindet Felix M. das Projekt inzwischen, wenn auch am Rande, so dennoch als legal.

Wie ist das möglich? Felix M. ist als seriöser Ingenieur bekannt, der ehrlichen Werten verhaftet ist.

Felix M. musste gegen die sogenannte „Ich-Erschöpfung" angehen, die der US-Psychologe Roy Baumeister erforscht hat. Sie geht auf die Kapazität unseres PFC zurück. Wir haben gelernt, dass Entscheidungen Energie kosten und unsere Willenskraft sinkt, je erschöpfter wir bzw. unser Ich ist. Aus diesem Grund sinkt auch unsere Bereitschaft, über Wahlmöglichkeiten nachzudenken.

Welche Wahlmöglichkeiten hatte Felix M.? Genau zwei: Mitmachen oder Nicht-Mitmachen.

Mitmachen war auf den ersten Blick die einfachste Lösung und deshalb auch die, für die er sich entschieden hat. Die Mitmach-Entscheidung erfüllte die Erwartungen des Vorstands, sie war konform mit dem Konzernsystem und ermöglichte dem Unternehmen, die gesetzten Ziele zu erreichen. Die Mitmach-Entscheidung würde ihm Zustimmung von allen Seiten einbringen, war leicht umzusetzen und entsprach damit der Vermeidungsstrategie — also nur keinen Sand ins Getriebe bringen —, die unser Gehirn in stressigen Zeiten bevorzugt.

Die zweite Wahlmöglichkeit dagegen, also Nicht-Mitmachen, hätte definitiv für Aufruhr in der Führungsetage gesorgt. Spinnen wir die Geschichte weiter. Welche Konsequenzen hat sich Felix M. möglicherweise ausgemalt? Wenn er compliant handelt, also den Betrug meldet und seine Teilnahme daran verweigert, wie hätte der Vorstand wohl reagiert? Im Zweifelsfall hätte Felix M. seine Position riskiert, seinen über Jahrzehnte aufgebauten beruflichen Erfolg etc. Ganz zu schweigen von den Konsequenzen für das Unternehmen, die gesteckten Ziele nicht so schnell zu erreichen, was eine Enttäuschung der Vorgesetzten zur Folge hätte. Die Lawine der Probleme, die Felix M. mit einer complianten Entscheidung losgetreten hätte, wäre möglicherweise kraftvoll gewesen. Denn mit großer Wahrscheinlichkeit wäre er für eine noble, aufrichtige Entscheidung nicht gefeiert worden, sondern hätte stattdessen eine negative Reaktion befürchten müssen. Die wollte er vermeiden.

Aber hätte es tatsächlich keinen anderen, keinen Mittelweg gegeben? Selbst wenn doch, hätte ihn Felix M. mit hoher Wahrscheinlichkeit nicht beachtet. Denn je erschöpfter unser PFC ist, desto weniger sind wir in der Lage, einen Kompromiss zu suchen, bzw. desto eher sinkt unsere Kompromissfähigkeit und wir mutieren zu einem „kognitiven Geizhals".[12] Der Hintergrund ist einfach: Um Energie zu sparen, vermeidet unser Gehirn die mühsame Suche nach einem Kompromiss und entscheidet sich für die nächstliegende bzw. die Standardoption.

Wenn das Moral-Konto voll ist
Der Blick in die Verhaltenspsychologie verrät noch weitaus mehr Ursachen für nicht-compliantes Verhalten. Dan Ariely ist hier einer der führenden Wissenschaftler weltweit, der zahlreiche Studien zum Thema „Betrug und Unehrlichkeit" durchgeführt hat. Seine zentrale Frage war: Wo hat betrügerisches Verhalten seine Wurzeln? Sein Interesse für das Thema hatte er wenige Monate nach dem Zusammenbruch des Energiekonzerns Enron im Jahr 2001 entdeckt. Die wesentliche Ursache des Niedergangs von Enron lag darin, dass vom Vorstand bis zum Berater inklusive der inzwischen pleitegegangenen Wirtschaftsprüfungsfirma Arthur Andersen alle systematisch vor betrügerischen Machenschaften die Augen verschlossen hatten. Im Gespräch mit einem Berater erfuhr Dan Ariely, dass dieser sicher war, nichts von den Betrügereien bemerkt zu haben. Als die Sache dann aufgedeckt wurde, konnte der Berater kaum fassen, dass er lange Zeit die offensichtlichen Entwicklungen systematisch ausgeblendet hatte.

Wer allerdings nun glaubt, dass wir mit diesem Beispiel des systematischen Ausblendens krimineller Machenschaften im Fall Enron bereits die Spitze des Eisbergs erreicht haben, der irrt. Denn nicht selten nehmen wir, wenn unser Wille aufgrund einer hohen Entscheidungsdichte erschöpft ist, auch gänzlich irrationale Abkürzungen – wie folgendes Beispiel eindrucksvoll demonstriert:

Nordosten der USA. Etwa 22.00 Uhr. Der Gouverneur surft nach einem anstrengenden Arbeitstag im Internet. Per Zufall oder auch nicht landet er auf der Seite eines internationalen Escort-Services für höchste Ansprüche. Der Club verspricht: „Es ist unser Ziel, Ihr Leben friedlicher, ausgeglichener, schöner und sinnvoller zu gestalten." Zur Erfüllung der Wünsche präsentiert der Club Fotos von hübschen, jungen Frauen, die ihm gegen eine Vermittlungsgebühr jederzeit für gemeinsame Freizeitaktivitäten zur Verfügung stehen. Der Gouverneur hat die Wahl: Website und Büro verlassen und nach Hause fahren oder auf eines der Angebote eingehen.

Was glauben Sie, wie er sich entschieden hat?

Nein, hier ist nicht die Rede von einem x-beliebigen oder gar erfundenen Politiker: Es geht um Eliot Spitzer, dem ehemaligen Gouverneur von New York. Als er 2006 für das Amt kandidierte, hatte es der smarte Jurist bereits zum Generalstaatsanwalt gebracht und gewann die Wahl zum Gouverneur schließlich mit dem höchsten Prozentsatz in der Geschichte des Bundesstaates. Ein Hoffnungsträger also, dem seine Wähler und Förderer auch das Präsidentenamt zutrauten – er wäre der erste jüdische Präsident der USA geworden.

Das Paradoxe an dem, was dann passierte: Eliot Spitzer trat selbst stets als ein erklärter Gegner von Internet-Prostitution auf, er zerschlug Zuhälterringe und zog die Verantwortlichen zur Rechenschaft, was ihm insbesondere bei Frauen- und Menschenrechtlern/-innen Sympathiepunkte einbrachte. Und dann das: Während eines Aufenthalts in Washington bestellt er sich als „Client 9" eine junge Frau zu sich ins Hotelzimmer.

Nicht nur seine Anhänger stellten sich daraufhin die Frage: Warum trifft ein als Saubermann gefeierter Politiker – der zudem auch noch Ehemann und Vater ist – eine solch selbstzerstörerische Entscheidung?

Der Grund ist auch bei ihm u. a. in der Entscheidungsmüdigkeit zu suchen. Treffen kann sie jeden, den Politiker genauso wie den Manager, die ganz normale Führungskraft wie auch den Vorstand, unabhängig vom Geschlecht, der sozialen Stellung oder beruflichen Verantwortung. Doch letztendlich steckt hinter jedem Compliance-Vergehen auch eine bewusste Entscheidung, die zwar zweifelsohne durch einen erschöpften Selbstregulationsmuskel begünstigt wird, die aber auch psychologische Hintergründe hat.

„Moral Licensing" ist hier das Schlüsselwort. Dahinter steckt das psychologische Phänomen, dass jeder Mensch eine Art „Moral-Konto" hat. Darauf wird mental eingezahlt, wenn gute Taten vollbracht werden, und abgehoben, wenn es schlechte sind. Auf diese Weise kann man sich nach einer inneren Bilanz von Schuldgefühlen innerlich freikaufen, da sich die Taten gegenseitig aufwiegen. Erst wenn der Kontostand nicht mehr ausgeglichen ist bzw. unter Null fällt, bekommt man Schuldgefühle.

Das Moral Licensing wird vom Unterbewusstsein gemanagt. Top-Manager, die irgendwann die Bodenhaftung verloren haben und dann Compliance-Skandale verursachten, unterlagen häufig diesem Phänomen. Sie zeigen sich deshalb oft auch nicht wirklich schuldbewusst, weil sie in ihrem Innersten gar kein Fehlverhalten verspüren. Ähnlich erging es wohl Eliot Spitzer, der in seiner Eigenschaft als Gouverneur so intensiv gegen Prostitution vorgegangen ist, dass er überzeugt davon war, sich als Privatmann ruhig ein paar Freiheiten herausnehmen zu können. Legt man den Ansatz des Moral-Liscening zugrunde, könnte man sagen: Der Staatsanwalt landete in den Armen einer Prostituierten nicht obwohl, sondern gerade weil er selbst so vehement dazu beigetragen hatte, solch unmoralische Verhaltensweisen einzudämmen. Sein Moral-Konto war in seiner Wahrnehmung aufgefüllt.

Auch wenn, wie im Falle Spitzer, die Paradoxie dahinter klar zu erkennen ist und ein solches Verhalten charakterlos erscheint, so darf man dennoch nicht vergessen, dass Moral-Liscening ein unbewusster Prozess ist und unter Umständen mit einem gewissen Realitätsverlust einhergeht. Begünstigt wird ein solcher Realitätsverlust durch die heutigen Karrierewege. Gerade Topmanager gehen durch einen Auswahlprozess, der sie in dem Glauben bestärkt, dass sie die Größten sind. 80 und mehr Stundenwochen führen dann dazu, dass das Moral-Konto — gefühlt — bis zum Anschlag voll ist. Man „opfert ja sein Leben" für das Unternehmen und den (persönlichen) Erfolg.

Zusammenfassung

1. Der Nutzen des Neuro-Ansatzes liegt darin, dass der Coachee mit wissenschaftlich fundierten und rational nachvollziehbaren Techniken arbeitet, die den Coaching-Erfolg optimieren.

2. Das Neuro-Coaching führt dazu, dass der Coachee die eigenen neurobiologischen Muster erkennt, sie versteht und mit diesem Wissen den Veränderungsprozess starten kann.

3. Veränderung ist jederzeit möglich. Sie ist letztendlich nur eine Frage des Tuns.

4. Die Basis fürs Neuro-Coaching ist die noch relativ junge Erkenntnis über die Neuroplastizität des Gehirns.

5. Die Hirnforschung hat den präfrontalen Cortex (PFC) als Kontrollzentrum unseres Entscheidungssystems geortet.

6. Unsere Selbstkontrolle gleicht einem Muskel, der bei zu starker Beanspruchung ermüdet.

7. Erhöhte Aufmerksamkeit, das Abwägen gegensätzlicher Ziele, Beruhigung von Stresssituationen u.v.m. – zur Bewältigung von Situationen dieser Art benötigen wir den Kraftspeicher der Selbstkontrolle. Wenn der dann am Ende des Tages aufgebraucht ist, führt das unter Umständen zum Verlust der Kontrolle.

8. Ruhepausen sowie ein Anstieg des Glukosespiegels (durch Nahrungsaufnahme) laden den Speicher der Selbstkontrolle wieder auf.

9. Sobald wir emotional stark engagiert sind und keinen kühlen Kopf haben, treffen wir eher Entscheidungen, die – rein rational betrachtet – undenkbar scheinen („Empathie-Lücke").

10. Ein müdes Gehirn konzentriert sich zunächst auf die kurzfristigen Konsequenzen und trifft eine Standardentscheidung.

11. Unsere Kompromissfähigkeit und Bereitschaft, über Wahlmöglichkeiten nachzudenken, sinkt, je erschöpfter man ist („Ich-Erschöpfung").

12. Wenn unser Wille aufgrund einer hohen Entscheidungsdichte erschöpft ist, nehmen wir nicht selten auch gänzlich irrationale Abkürzungen.

13. Jeder Mensch hat eine Art „Moral-Konto". Darauf zahlt er ein, wenn er eine gute Tat vollbringt. Wenn er dann zu einem späteren Zeitpunkt etwas Schlechtes macht, zieht er mental einen bestimmten Betrag davon ab. Erst wenn der Kontostand nicht mehr ausgeglichen ist bzw. unter Null fällt, bekommt er Schuldgefühle.

Kognitive Coaching-Techniken

Kognitive Coaching-Techniken – was ist das?

Erklärungsmodelle für Verhaltensweisen, die nicht-compliant sind, gibt es genug. Das Verständnis, dass viele Mechanismen von der neurowissenschaftlichen und psychologischen Seite aus erklärbar sind, ist also gegeben. Die entscheidende Frage ist: Wie löst man das Problem? Oder besser: Wie gelingt es, (m)ein Gehirn auf Compliance zu trainieren?

Hier kommt erneut das Neuro-Coaching ins Spiel. Unterschieden werden dabei zwei fundamentale Richtungen: die kognitiven Techniken und die non-kognitiven Techniken.

Kognitive Techniken beinhalten Verfahrensweisen, die – analog zu kognitiven Lerntechniken – mit dem Verstand erfasst werden können und die dem Coachee sowohl über Faktenwissen als auch mithilfe der aktiven Anwendung dieses Wissens Lösungen eröffnen. Die kognitiven Techniken arbeiten konkret mit dem bewussten Verstand.

Non-kognitive Strategien fassen die Techniken der Achtsamkeit und Meditation zusammen, die sich an das Unterbewusstsein des Coachees richten. Vor dem Hintergrund, dass das menschliche Verhalten zu 5 % vom Bewusstsein und zu 95 % vom Unterbewusstsein gesteuert wird, ist die Erfolgsquote der non-kognitiven Techniken aus meiner Erfahrung weitaus größer. Zumal auch der Erfolg an sich mit non-kognitiven Lösungen unvergleichlich schneller eintritt. Letztendlich entscheidet aber jeder selbst, welcher Weg der für ihn geeignete ist.

Die Auswahl an Lösungstechniken ist riesig. Ich habe für dieses Buch diejenigen ausgewählt, mit denen ich in meiner Coaching-Praxis die größten Erfolge erziele.

Der Spiegel-Effekt

Unternehmen, die das Compliance-Verhalten ihrer Mitarbeiter nachhaltig verbessern möchten, können mit dem einfachen „Spiegel-Effekt" starten. Schon in den siebziger Jahren haben die Sozialpsychologen Robert Wickl und Shelley Duval erste Erkenntnisse über die Entwicklung unseres Ich-Bewusstseins gewonnen.[13] In ihren Studien stellten sie Personen vor einen Spiegel oder sagten ihnen, dass ihr Verhalten gefilmt wird. Gleichzeitig erhielten sie Aufgaben, die eng mit den Themen Werteüberzeugung und Ehrlichkeit verbunden waren. Die Menschen, die entweder gefilmt wurden oder vor dem Spiegel standen, füllten die Fragebögen ehrlicher aus, und ihre Handlungen stimmten viel eher mit ihren Werten überein. Die sich daraus ergebende Schlussfolgerung ist: Sobald wir unsere Aufmerksamkeit auf uns selbst richten, startet unser Vergleichssystem im Gehirn. Es gleicht das Bild im Spiegel mit unserem Wunschbild ab, d. h., wenn wir uns etwa vorstellen, dass wir uns hinterher in einem Film sehen, fragen wir uns automatisch: „Sehe ich auch gut aus?", „Sitzt mein Anzug/die Frisur?", „Wie sieht meine Mimik aus?", „Wie wirke ich?" etc. Unser sogenanntes Ich-Bewusstsein ist ständig mit dem Abgleich zwischen uns und unserem Ideal beschäftigt.

Sie haben festgestellt, dass Menschen, die vor einem Spiegel an einem Schreibtisch saßen und sich sehen konnten, sich viel eher an ihre persönlichen Werte hielten als an die Anweisung anderer. In dem Versuch hatten Testpersonen gebeten, anderen vermeintliche Elektroschocks zu geben. Die Testgruppe, die vor einem Spiegel saß, war deutlich zurückhaltender mit der Vergabe der Elektroschocks als die Gruppe, die ohne Spiegel der Anweisung Folge leistete. Der Spiegel führte also dazu, die eigenen Werte über die Anweisung von außen zu stellen.[14]

Diese Erkenntnis im Hinterkopf können Unternehmen nutzen. Dazu müssen sie nicht gleich ihr ganzes Unternehmen verspiegeln oder jeden Arbeitsvorgang der Mitarbeiter filmen — was ohnehin schon an sich nicht-compliant wäre. Vielmehr geht es um die Bewusstmachung. So kann man beispielsweise im Coaching oder auch im Training die Mitarbeiter für diese Vorgänge im Gehirn sensibilisieren und dazu aufrufen, in Zweifelsfällen zunächst mal den Spiegel-Effekt für sich selbst umzusetzen, um so die persönlichen Handlungen bzw. Entscheidungen abzugleichen.

In der Praxis

Stellen Sie sich jetzt vor den Spiegel oder nehmen Sie Ihr Smartphone und stellen es auf die Selfie-Funktion. Rufen Sie sich die letzte Entscheidung in Erinnerung, bei der Sie sich nicht ganz sicher sind (oder auch ganz sicher sind), ob (dass) Sie compliant gehandelt haben, und beantworten Sie folgende Fragen:

1. *Wie compliant war meine Entscheidung?*
2. *Wie sehr entspricht die Entscheidung meinen Werten?*
3. *Welche Wahlmöglichkeiten hatte ich?*

Meistens gelangt man zu der Erkenntnis, dass man zumindest eine theoretische Wahl hatte zwischen einer Entscheidung, die (mehr) compliant ist, und einer, die möglicherweise systemimmanent, also nicht-compliant ist. Der Spiegel, den Sie sich vorhalten, erleichtert das Erkennen der Wahlmöglichkeit und ist somit der erste Schritt in die richtige Richtung.

Im nächsten Schritt geht es um das aktive Bewusstmachen, welche Wahl Sie getroffen haben.

Dazu stellen Sie sich wieder zu Hause oder im Büro vor den Spiegel — oder halten sich das Smartphone vor —, schauen sich an und verkünden vor sich selbst, also vor dem eigenen Ich, welche Wahl Sie getroffen haben. Wenn Sie auf Nummer sicher gehen wollen und Ihre persönlichen Werte noch genauer überprüfen möchten, dann zeichnen Sie sich mit der Kamera selbst auf, während Sie die getroffene Entscheidung verkünden. Anschließend schauen Sie sich das Video in Ruhe an, verbunden mit der Frage:
Entspricht meine Entscheidung meinen Wertvorstellungen und denen des Unternehmens?

Wenn Sie noch eine weitere Chance nutzen wollen, Ihre Compliance abzusichern, spielen Sie dieses Video noch einer Person Ihres Vertrauens vor oder stellen sich vor, dass Sie das Video dritten Personen zugänglich machen. Anschließend überprüfen Sie für sich selbst, ob Sie
a) das Video noch einer weiteren Person zeigen würden und
b) wie wohl Sie sich mit dem Inhalt fühlen.

Quantified Self – Die Compliance-App

Die Quantified-Self-Bewegung hebt den Spiegel-Effekt auf ein techno-logisches Level. Dahinter steckt nichts anderes als die präzise Selbst-beobachtung der eigenen Verhaltensweisen – nur statt vor dem Spiegel mithilfe der Technik. „Welche Gewohnheiten habe ich? Wie interagiere ich? Was mache ich wann wie lange?" – Das alles zeich-nen Apps auf und „spiegeln" so das Verhalten. Im Silicon Valley hat sich daraus längst eine ganze Industrie entwickelt und beglückt z. B. Smartphone-User mit Apps zu Themen wie Laufpensum, Essensplan, Finanzausgaben etc.

Lange bevor die Quantified-Self-Bewegung 2007 entstand, gehörte Selbstbeobachtung zu den diagnostischen Methoden, die in der Thera-pie erfolgreich eingesetzt wurden. Darunter versteht man eine Selbst-kontrolltechnik, die das Beobachten und Registrieren von eigenen, offen sichtbaren und verdeckten Verhaltensweisen beinhaltet und in der Therapie gute Ergebnisse liefert.[15] Quantified-Self fügt der thera-peutischen eine eher spielerische Komponente hinzu. Der User kann durch gezielte Selbstbeobachtung weitreichende Erkenntnisse über seine eigene Person erlangen. So ist es nicht nur möglich, das eigene Jogging-Pensum auf dem Smartphone wiederzufinden, sondern es gibt genauso Tools, die z. B. das eigene Internetverhalten transparent machen. Wer über ein solches Quantified-Self-Programm das eigene Verhalten beobachtet, kann es mit anderen teilen und somit sein eige-nes User-Verhalten kontrollieren. Hier wirken zwei wesentliche, psy-chologische Momente: Wer offen kundtut, dass er ab sofort beispiels-weise im Business nicht mehr privat surft, fühlt sich dem Ergebnis viel mehr verpflichtet, wenn er es aus freien Stücken von außen kon-trollieren lässt. Im Coaching nutzt man dieses Phänomen als sehr wir-kungsvolles Instrument, das Menschen dabei unterstützt, die eigene Selbstkontrolle zu trainieren. Gerade in Zeiten, in denen wir mit einer nicht enden wollenden Flut von Sinneseindrücken und Erwartungen konfrontiert sind, ist Selbstbeobachtung ein wahres Wundermittel. Sie schärft zunächst die eigene Wahrnehmung und man lernt die Dinge auf eine neue Weise zu sehen. Sie hat aber auch den Spiegel-Effekt, nur ohne Spiegel.

In der ganzheitlichen Corporate-Compliance können Unternehmen über eine maßgeschneiderte „Quantified-Self-Compliance-App" Mit-arbeitern ermöglichen, bestimmte Verhaltensweisen transparent zu machen und somit Compliance-Vergehen von vornherein minimie-ren. Ein gutes Beispiel wäre z. B. der Check des persönlichen Moral-

Kontos (siehe Seite 147). Wer ein technologisches Tagebuch über das persönliche Moralverhalten führt, kann zudem selbst analysieren und beobachten, wie sich Soll und Haben auf dem Moral-Konto entwickeln — die Selbstkontrolle führt automatisch zu einer besseren Selbsteinschätzung.

Konto-Check: Moral

Der Beispielfall des US-Politikers Eliot Spitzer ist ein sehr prominentes Beispiel für das Phänomen des Moral Licensing oder „Moral-Konto-Prinzips". Das Beispiel verdeutlicht sehr anschaulich, was passiert, wenn das Moral-Konto aus Sicht des Handelnden eine prallvolle Haben-Seite hat. Eine Situation, die man bei Compliance-Skandalen sehr häufig findet.

Hinzu kommt, dass gerade in Spitzenpositionen Menschen oft aufhören, ihre eigenen Impulse und Handlungen zu hinterfragen, weil die meisten permanent von ihrer Umgebung hinsichtlich ihrer Tugendhaftigkeit und Aufrichtigkeit gelobt werden. So wächst in der Führungskraft die Überzeugung, „viel für das Unternehmen zu tun", und damit das Moral-Konto einseitig. Gerade wenn man sich als Heiliger vorkommt, empfinden wir ein „kleines Vergehen" oder ein „Extra", das man sich gönnt, gar nicht so schlimm. Schließlich hat man es ja verdient. Wer in solchen Momenten über keine oder zu wenig Selbstregulation verfügt, gibt unterbewusst schnell nach, sobald er mit sich zufrieden ist — und das passiert, solange das Moral-Konto gefühlt ausgeglichen ist.

Wie erkenne ich, dass mein Moral-Konto voll ist bzw. dass ich „Moral-Punkte" verbrauche? Die Antwort ist so einfach wie schwierig in der Umsetzung: Bewusstmachung der Handlung, da Moral Licensing ein unbewusster Prozess ist.

In der Praxis

1. Führen Sie eine Woche lang Protokoll über Ihr Moral-Konto
Schreiben Sie auf die linke Seite die Dinge, für die Sie sich selbst loben oder für die andere Sie loben. Auf der rechten Seite stehen die Dinge, die das Moral-Konto in Ihrer Wahrnehmung schmälern.

Als Hilfestellung können Ihnen die folgenden Fragen dienen, anhand derer Sie Ihr Verhalten analysieren und kontrollieren können:

- Loben Sie sich selbst, wenn Sie etwas geschafft haben?
- Schimpfen Sie mit sich selbst, wenn Sie etwas nicht erledigt haben?
- Was sagen Sie, wenn Sie einer Versuchung nachgegeben haben?
- Womit haben Sie Ihr Moral-Konto aufgefüllt? Welche Beispiele fallen Ihnen ein?
- Welches schlechte Verhalten haben Sie toleriert, weil Sie ja etwas Gutes geschafft haben?
- Wann sind Sie schwach geworden? Z.B. bei der Steuererklärung eine Restaurantquittung als Geschäftsessen angegeben, die Kilometeraufstellung für die Fahrten ‚großzügig' berechnet etc.
- Wie viel wurden Sie gelobt?
- Welche guten Taten fallen Ihnen ein, die Sie vollbracht haben?
- Wie gehen Sie mit einer schlechten Tat um? Vertrösten Sie sich selbst auf den nächsten Tag, an dem Sie alles wieder gutmachen?

Führen Sie das Protokoll präzise. Nur für sich selbst. Sie können es am Ende der Woche wieder zerreißen. Machen Sie diese Übung in regelmäßigen Abständen. So finden Sie heraus, wie Ihr Moral-Konto funktioniert. Das Herausholen des Moral-Licensing-Prozesses auf die bewusste Ebene gibt Ihnen die Chance, aktiv in den Prozess einzugreifen.

2. Reflektieren Sie
Wenn Sie ein Projekt erfolgreich abgeschlossen haben und von allen Seiten Lob erhalten, dann genießen Sie das Lob. Loben Sie sich danach auch selbst – das tun Sie ohnehin. Anschließend bauen Sie aber einen dritten Schritt ein: Rufen Sie sich in Erinnerung, warum Sie das tun, was Sie tun. Nehmen Sie sich Zeit zur Reflexion. Betrachten Sie Ihr Moral-Konto mit Distanz.

Und: Werden Sie Ihr eigener „Why Guy". Fragen Sie sich immer nach dem Warum? In einer Studie der Hong Kong University of Science und der University of Chicago fanden Wissenschaftler heraus, dass die Frage nach dem Warum den Moral-Licensing-Effekt fast verschwinden ließ.[16] Dazu baten sie Studenten, an eine Situation zu denken, in der es ihnen gelungen war, einer Verlockung zu widerstehen. Anschließend konnten 70% der Studenten der Versuchung, sich etwas Gutes zu tun, nicht widerstehen. Schließlich hatten sie ja soeben ihr Moral-Konto aufgefüllt – wenn auch nur gedanklich. Eine andere Gruppe wurde ebenfalls gebeten, über eine Situation des erfolgreichen Widerstehens nachzudenken, zusätzlich aber sollten sie sagen, *warum* sie widerstanden hatten. In dieser Gruppe gelang es 69% im Anschluss an die Übung, einer Versuchung zu widerstehen. Der Moral-Licensing-Effekt war fast verschwunden. Die Beschäftigung mit dem Warum führt zu einer Stärkung der Selbstregulation, weil wir unser Moral-Konto aus der Metaposition beobachten und einschätzen. Das Goodie, das wir uns gönnen, erkennen wir dann plötzlich eher als die Bedrohung, die es ist, anstatt als etwas, das wir uns verdient haben.

Versuchungen meiden – Widerstehen trainieren
Eine weitere Chance, unserem Automatikgetriebe im Gehirn, das uns zu scheinbar bequemen, aber leider manchmal auch fahrlässigen Entscheidungen verführt, ein Schnippchen zu schlagen, haben wir, indem wir das Widerstehen schlichtweg trainieren und damit unsere Ich-Erschöpfung minimieren.

Noch mal zur Erinnerung: Das Phänomen der Ich-Erschöpfung meint, dass derjenige, der sich zu viel auf einmal vornimmt, Gefahr läuft, zu scheitern. Zu viele Vorsätze auf einmal, die Selbstkontrolle oder Willenskraft erfordern, führen schneller zum Ermüden des PFC. Wenn dann unser „Regulierungs-Tank" leer und Gefahr in Verzug ist, heißt es, die Notbremse zu ziehen (= Versuchungen zu meiden).

Im Laufe des Lebens lernen wir uns selbst ja bestens kennen. Wir wissen um unsere Stärken und Schwächen, nur das Zugeben fällt uns manchmal schwer. Wer ein Meister im Widerstehen werden möchte, kombiniert am besten das „Widerstehen-Training" mit dem „Spiegel-Effekt". So trainieren Sie nicht nur, Versuchungen zu widerstehen, sondern unterstützen diesen Effekt noch durch das klare Commitment vor dem Spiegel, Smartphone etc. und bauen somit einen Verstärker ein.

Der Priming-Effekt

Haben Sie vor dem Lesen dieses Buches gedacht, dass es so viele unterschiedliche Einflussfaktoren gibt, die dazu beitragen, das eigene Handeln auf Compliance auszurichten? Haben Sie inzwischen vielleicht erstaunt begonnen, einen Plan aufzustellen, welche Techniken zu Ihnen passen? Wenn Sie erst einmal den Entschluss gefasst haben, Ihren Fokus auf Compliance auszurichten, werden Sie feststellen, wie viele alltägliche Handlungs- und Gedankenmuster mit dem Thema verbunden sind. Und auch Ihre Gedanken- und Bewegungsmuster können Sie zusätzlich auf Compliance ausrichten – nutzen Sie dazu den sogenannten „Priming-Effekt".

Zwar zielt der Priming-Effekt auf unser unbewusstes Handeln – wir fädeln ihn aber ganz bewusst ein. Schon aus unserem Alltagsleben wissen wir, dass Reize, ganz unabhängig davon, ob sie nun sprachlich, visuell oder körperlich sind, unsere Tendenz, durch welche Brille hindurch wir unsere Welt wahrnehmen, nachhaltig prägen. Nehmen Sie nur das Wetter draußen. Permanenter Regen macht uns schnell übellaunig. Schlecht gelaunte Menschen in unserem Umfeld ziehen uns runter und umgekehrt wirkt gute Laune oft ansteckend. Häufig „primen" diese Reize unser Verhalten und sind mitverantwortlich dafür, wie wir uns im Folgenden entscheiden und verhalten werden.

Entdeckt hat den Priming-Effekt der Psychologe John Bargh.[17] Die Entdeckung, die ihn so berühmt gemacht hat, basiert im Grunde auf einer ganz simplen Feststellung. Dazu legte er zwei Gruppen Wortlisten vor und bat sie, sich damit vertraut zu machen. Die Wortliste der einen Gruppe beschäftigte sich mit dem Thema „Alter": vergesslich, Glatze, Falte, Stock, humpeln, krank, schwach etc. Die zweite Gruppe bekam Wörter, die sich mit dem Thema „Jugend" auseinandersetzten: spontan, locker, schnell, gelenkig, Party, Sport, Spaß etc. Anschließend verabschiedete er beide Gruppen aus dem Labor und maß, wie viel Zeit die einzelnen Gruppen benötigten, um vom Versuchsraum einen langen Gang entlang bis zum Ausgang zu gehen. Das Ergebnis war eindeutig: Die Gruppe, die sich mit dem Thema „Altern" beschäftigt hatte, brauchte signifikant länger zum Ausgang als die „Jugend"-Gruppe.

Es folgten zahlreiche Studien, die immer zu vergleichbaren Ergebnissen führten. Längst gibt es einen eigenen Forschungsbereich: die Priming-Forschung als Teilgebiet der allgemeinen Psychologie. Wissenschaftlich ausgedrückt bedeutet das: Je nachdem, was ein vorangehender Reiz an Gedächtnisinhalten aktivieren kann, wird ein darauf folgender von diesem beeinflusst und erzeugt eine bestimmte Tendenz und Qualität im inneren Erleben. Demzufolge werden Entscheidungen und Verhalten vom Priming-Effekt beeinflusst.

In der Praxis

Die Priming-Erkenntnisse lassen sich sehr gut auf die Praxis übertragen. Die Tatsache, dass Worte und Bilder beim Menschen zu einer inneren Voraktivierung führen, die sein späteres Verhalten in einer bestimmten Weise beeinflussen, kann sich die Compliance-Abteilung zunutze machen. Indem die Kommunikationspolitik im Unternehmen gezielt Inhalte implementiert, die zu einem Verhalten aufrufen, das compliant ist, beeinflusst sie automatisch die Einstellung der Mitarbeiter Compliance-Themen gegenüber. Wer gebetsmühlenartig die Notwendigkeit von Compliance wiederholt, erzielt den entsprechenden Effekt.

In einem großen internationalen Versicherungskonzern, den ich berate, ist es z. B. üblich, dass der CEO immer — egal, wann er eine Rede hält und worüber — mit den „five golden rules" beginnt. Darin enthalten sind die ethischen Richtlinien des Konzerns. Darüber hinaus müssen die Mitarbeiter mindestens einmal pro Woche an einem extra dazu ausgelegten Kurz-Workshop „Compliance" im Internet teilnehmen. Zusätzlich gibt es viele flankierende Veranstaltungen, Flyer, E-Mails etc. — allesamt mit Priming-Wirkung.

Die Saboteure des PFC oder Ladestationen für den PFC im Alltag (Erste-Hilfe-Paket)

Wem die bisher vorgestellten Techniken alle zu langsam wirken oder wer Sehnsucht nach einem Erste-Hilfe-Paket hat, der wird jetzt fündig. Denn der Alltag ist voll mit Gelegenheiten, den PFC — ähnlich wie den Smartphone-Akku — aufzuladen. Ein müder PFC ist maßgeblich mit verantwortlich dafür, dass in schwierigen Situationen Entscheidungen getroffen werden, die nicht-compliant sind. Das Ziel sollte deshalb immer sein, den PFC möglichst optimal aufzuladen und jede — sei es noch so einfache — praktische Möglichkeit dazu zu nutzen. Viele Menschen wissen aber gar nicht, welche Momente im Alltag besonders an ihrem PFC-Akku zerren, welche Alltagsmuster längst die Aufgabe der Saboteure übernommen haben und unseren Emotionsmanager fordern.

PFC-Check

In der folgenden Tabelle sind einige PFC-Saboteure aufgelistet. Bitte kreuzen Sie die Häufigkeit des Auftretens an und bewerten dann den Saboteur: 1 = stört mich gar nicht, 10 = empfinde ich als extrem belastend. Sie können in der Tabelle unten auch noch weitere Saboteure individuell hinzufügen.

Saboteur	Nie	Manchmal	Häufig	Sehr häufig	Bewertung 1–10
Schlafmangel					
Termindruck					
Unsicherheit					
Streit					
Alkohol					
Rauchen					
Zu viel Essen					
Bewegungsmangel					
Wenig soziale Kontakte					
Konflikte in der Familie					
Sorgen					
Lärm					
Multitasking					
Ängste					

Jetzt haben Sie einen guten Überblick über Ihre ganz persönlichen PFC-Saboteure und wie belastend sie sind.

In der nächsten Tabelle geht es um die Lösungen, um ab sofort die Saboteure aus dem Alltag zu verbannen. Dazu übertragen Sie alle Saboteure, die Sie mit mehr als 3 bewertet haben, in die untenstehende Tabelle und daneben zwei mögliche Lösungen. Die Beispiele sollen anregen und müssen nicht übernommen werden.

Saboteur	Lösung 1	Lösung 2
Schlafmangel	2 x pro Woche 30 Minuten früher zu Bett	Ab sofort ein Einschlafritual festlegen – Dauer: 5 Minuten
Alkohol	Ab heute: max. 2 Gläser Wein pro Tag	Am Abend vor Veranstaltungen und/oder wichtigen Meetings KEINEN Alkohol
Bewegungs-mangel	Mind. 8 km Zimmerfahrrad täglich (geht auch in Hotels)	Seilspringen: täglich mind. 50 x

Die Liste könnte man endlos fortführen. Die Lösungen sind banal – bei den meisten Menschen scheitert es an der Umsetzung. „Ich habe keine Zeit" ist die häufigste Ausrede, die uns allen bekannt ist. Dabei gibt es unzählige Möglichkeiten, kleine „Lademomente" in den Alltag zu integrieren – man muss sie nur suchen und finden.

Ein Beispiel aus meiner Praxis: Ein Coachee versicherte mir glaubhaft, dass er so ungünstig wohne, dass Joggen oder ähnliche Outdoor-Aktivitäten für ihn nicht infrage kämen. Überhaupt sei sein Tagesplan so eng getaktet, dass er keine Möglichkeit sähe, täglich Sport zu treiben. Ganz abgesehen davon, dass er selbst die Entscheidung über sein Zeitmanagement traf und entsprechende Prioritäten gesetzt hatte, fand er – nach kreativem Nachdenken – dann doch eine für ihn probate Lösung: Er kaufte sich ein Rudergerät, das in seinem Schlafzimmer Platz fand und bei schönem Wetter sogar auf dem Balkon. Er verpflichtete sich, ab sofort täglich 10 Minuten auf dem Rudergerät zu verbringen. Der Vorteil: Die meisten Hotels, in denen er übernachtete, hatten Fitnessgeräte, oft sogar ein Rudergerät. Er konnte also auch dort sein Ritual beibehalten. Entscheidend für den Erfolg war, dass er täglich trainierte und nicht nach kurzer Zeit wieder aufhörte. Das Ritual nutzt er inzwischen seit über fünf Jahren und trainiert – wann immer es möglich ist – 30 Minuten am Tag. Wichtig ist die Nachhaltigkeit. So lernt die Psyche: Du kannst Dir selbst vertrauen und die Physis profitiert durch die steigende Fitness.

Wer die kognitiven Tipps nachhaltig lebt, sie so selbstverständlich wie das tägliche Zahnputzritual umsetzt, für denjenigen ist der Erfolg garantiert. Unser Gehirn lernt, bildet neue Synapsen und ist in der Lage, den Compliance-Manager (der PFC) neu aufzuladen. Vorausgesetzt – wir tun! Genau hier setzen auch meine Coaching-Gespräche an: Wer Selbstverantwortung übernimmt, ist am Ende immer der Gewinner.

Zusammenfassung

1. Kognitive Techniken beinhalten Verfahrensweisen, die wir mit unserem Verstand erfassen können und die sowohl über Faktenwissen als auch mithilfe der aktiven Anwendung dieses Wissens Lösungen eröffnen.

2. Sobald wir unsere Aufmerksamkeit auf uns selbst richten, startet unser Vergleichssystem im Gehirn (= Spiegel-Effekt). Es gleicht das Bild im Spiegel mit unserem Wunschbild ab und unsere Handlungen stimmen mit unseren Werten überein.

3. Durch gezielte Selbstbeobachtung mittels Quantified-Self-Programmen kann der User weitreichende Erkenntnisse über seine Person erlangen und – verstärkend – sein Verhalten auch von anderen kontrollieren lassen.

4. Gerade in Spitzenpositionen hören Menschen oft auf, ihre eigenen Impulse und Handlungen zu hinterfragen, weil die meisten perma-

nent von ihrer Umgebung hinsichtlich ihrer Tugendhaftigkeit und Aufrichtigkeit gelobt werden. So wächst in der Führungskraft die Überzeugung, „viel für das Unternehmen zu tun" — und damit das Moral-Konto einseitig.

5. Die Frage nach dem Warum lässt den Moral-Licensing-Effekt jedoch fast verschwinden, weil wir unser Moral-Konto dann aus der Meta-position beobachten und einschätzen.

6. Je nachdem, was ein vorangehender Reiz an Gedächtnisinhalten aktivieren kann, wird ein darauffolgender von diesem beeinflusst und erzeugt eine bestimmte Tendenz und Qualität im inneren Erle-ben (= Priming-Effekt).

7. Tägliche PFC-Saboteure, wie z.B. Schlafmangel oder Termindruck, ermüden den PFC. Dabei gibt es unzählige Möglichkeiten, kleine „Lademomente" in den Alltag zu integrieren — man muss sie nur suchen und finden.

Non-kognitive Techniken

Der erste Teil der Lösungsansätze war ganz den kognitiven Strategien gewidmet. Sie haben gelernt, wie es Ihnen gelingen kann, Ihren Com-pliance-Manager, den PFC im Gehirn, bewusst — also kognitiv — in die „richtige" Richtung zu beeinflussen bzw. zu trainieren. Sie haben sich Ziele gesetzt oder Übungen wie den Spiegel-Effekt oder das Priming kennengelernt. Im zweiten Teil der Lösungsansätze bereichern wir nun den „Werkzeugkasten" mit den non-kognitiven Techniken. Dar-unter verstehe ich im Neuro-Coaching den großen Bereich der Acht-samkeit als ein wichtiges Prinzip.

Definition von Achtsamkeit

Das Wort „Achtsamkeit" ist eigentlich ein deutsches Konstrukt. Und ich bin immer wieder erstaunt, wie viele Menschen nicht genau wis-sen, wie viel Strategie und Inhalt hinter der Achtsamkeit steckt. Im Grunde kann man Achtsamkeit mit Meditation gleichsetzen. Gemeint ist das bewusste Wahrnehmen des Moments. Der Satz „Tue, was du tust" bringt die Achtsamkeit wohl am besten auf den Punkt. Der acht-same Moment ist der „nicht-wertende". Man nimmt die Dinge so wahr, wie sie sind.

Nehmen Sie eine ganz normale Alltagshandlung wie die des Händewaschens. Natürlich können Sie während des Händewaschens darüber nachdenken, was Sie im nächsten Meeting sagen wollen. Das ist — wenn Sie auf die optimale Vorbereitung des Meetings abzielen — durchaus effizient. Mit Blick aber auf Ihren PFC, dessen Kraftspeicher Sie mit Ihren Meeting-Gedanken auf jeden Fall anzapfen, ist es keine gute Idee. Besser wäre es, wenn Sie das Händewaschen nutzen und achtsam den Moment erleben. Sie spüren, wie die Seife auf Ihren Händen zerläuft, wie Sie Ihre Hände unter dem Wasser aneinanderreiben usw. Sie schauen einfach zu. Sie riechen die Seife, hören, wie das Wasser läuft, fühlen, wie die Temperatur auf Ihre Hände wirkt. Das ist Achtsamkeit. Ganz einfach und doch so schwer in der alltäglichen Umsetzung.

Ihre Wurzeln hat die Achtsamkeit oder die Meditation in der 2.500 Jahre alten buddhistischen Lehre. Was für den Asiaten selbstverständlich ist, gehört für den westlichen Manager eben noch viel zu oft in den Bereich des Vodoo. Bei der nun inzwischen vielfach nachgewiesenen und hier zitierten Effektivität fragt man sich allerdings, warum für viele westliche Manager dieser Ansatz immer noch fremd ist. Die Antwort liegt im kulturellen Ursprung: Unser westliches Denken ist seit dem 18. Jahrhundert geprägt von dem französischen Philosophen René Descartes („Cogito, ergo sum": „Ich denke, also bin ich"), der uns mit seiner Philosophie zu reinen Kopfmenschen erzogen hat. Für Descartes waren Geist und Körper zwei völlig unabhängig voneinander funktionierende Systeme.

Die Wirksamkeit von Achtsamkeit im Gehirn
Lassen Sie uns zunächst einen Blick auf die Ergebnisse der Wissenschaft werfen. In zahlreichen Tests zur Selbstregulation schnitten die Teilnehmer, die mit Achtsamkeitspraktiken vertraut waren, vielleicht sogar regelmäßig meditierten, um ein Vielfaches besser ab als jene ohne entsprechende Erfahrungen. Sie waren konzentrierter, ließen sich weniger leicht ablenken und hatten zudem einen aktiveren PFC als ihre Mitprobanden. Der PFC ist aber nicht nur für die Selbstregulation zuständig, sondern fördert auch unsere Fähigkeit, aus Erfahrungen zu lernen und diese bei einer Entscheidung als Grundlage heranzuziehen. Entsprechend ist ein aktiver PFC auch besser darin, mit unsicheren und raschen Veränderungen unterworfenen Situationen umzugehen.[18]

Vor diesem Hintergrund ist Achtsamkeit eine Chance und zugleich eine Technik, die nicht nur wünschenswert, sondern dringend notwendig

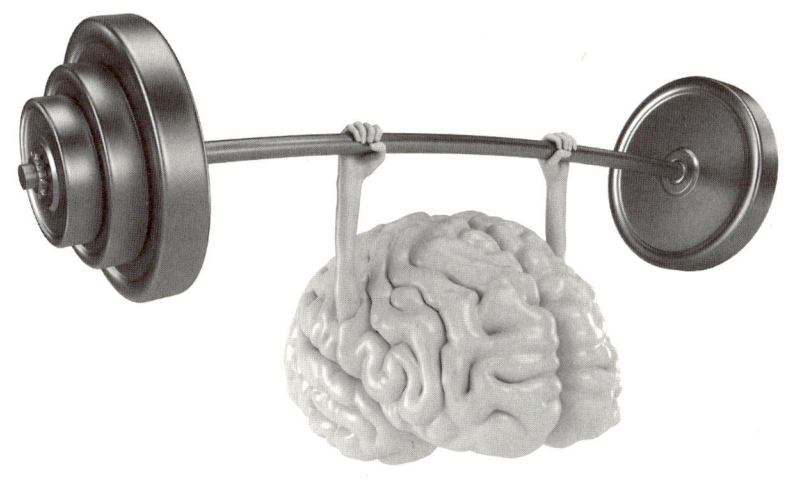

Abbildung 8: Gehirn mit Hanteln
Quelle: Dreamstime

ist — gerade im Zusammenhang mit dem Anspruch, in komplexen Systemen Entscheidungen zu treffen, die compliant sind.

Für viele umgibt den Begriff „Achtsamkeit" in der deutschen Sprache jedoch immer noch der Nimbus des Esoterischen. Damit möchte ich hier und heute gerne aufräumen. Lassen Sie es mich einmal so formulieren: Wer seinen Bizeps trainieren will, kann Hanteln stemmen. Wer seinen Compliance-Manager nachhaltig stärken will, trainiert Achtsamkeit.

Immer mehr wissenschaftliche Erkenntnisse geben dem Thema längst die notwendige Seriosität. Und langsam beginnt auch die Wirtschaft neugierig zu werden. Nicht zuletzt seit der deutsche Trendforscher Matthias Horx Achtsamkeit als Megatrend der kommenden Jahre bezeichnet hat, wird der Begriff auch hierzulande salonfähig. Horx beschreibt die Achtsamkeit „als mentales Muster eines neuen Denkens: Sie transformiert Probleme in lösbare Phänomene."[19] Genau das ist auch der Ansatz, warum die Achtsamkeit im Compliance-Coaching ein so wichtiges Momentum darstellt.

Achtsamkeit oder „Mindfulness", wie es viel treffender im Amerikanischen ausgedrückt wird, ist in den USA längst ein eigener Wissenschaftsbereich: „Neuroscience of Mindfulness". Hier wird mit neurowissenschaftlichen Methoden untersucht, was im Gehirn von meditierenden Menschen geschieht und wie man diese Erkenntnisse im Alltag anwenden kann. Die Botschaft ist klar: Das Gehirn von Menschen, die regelmäßig meditieren, verbessert die Selbstregulation und damit die Fähigkeit zur Aufmerksamkeit, Stressbewältigung, Impulskontrolle und reduziert die Gefahr der Ich-Erschöpfung, d. h., wer regelmäßig meditiert, entwickelt — sozusagen beim Nichtstun — einen top-trainierten Compliance-Manager.

Keine Sorge: Sie brauchen keinen buddhistischen Mönch zu engagieren, um optimale Selbstregulationsbedingungen einzukaufen. Ganz abgesehen davon, dass Sie so das Thema nur auslagern und nicht selbst lösen würden. Valide Ergebnisse erzielen Sie schon allein dadurch, wenn Sie Achtsamkeit in Ihren Alltag integrieren.

Ein positiver Achtsamkeitseffekt tritt dagegen nicht ein, wenn Sie einmal ein Seminar zum Thema Achtsamkeit/Meditation besuchen oder in Ihrem Unternehmen ausrichten lassen. Führende Neurowissenschaftler warnen sogar vor der Überschätzung der Wirkung bzw. vor der Fehleinschätzung der Nachhaltigkeit. Auch Horx macht darauf aufmerksam: „Anders als Wellness und Nachhaltigkeit ist Achtsamkeit nicht so einfach korrumpierbar. Achtsamkeit ist Handlung — ein innerer Prozess mit vielen Konsequenzen und Bedingungen. Und mit harten Ausgangslagen."[20]

Entscheidend für ein sichtbares Ergebnis aus neurowissenschaftlicher Sicht ist, dass es gelingt, routinemäßig achtsam zu handeln. Zugegeben, das ist für viele Menschen eine echte Herausforderung im Zeitalter der permanenten Überforderung und digitalen Ablenkung.

Die zentrale Frage ist: How to focus in the age of distraction? Die Antwort lautet: Achtsamkeit trainieren (siehe Abbildung 9).

Die Entdeckungen der Neurowissenschaft zeigen, dass mit regelmäßigen Achtsamkeits-/Mindfulness-/Meditations-Übungen die rein physische Beschaffenheit des Gehirns verändert werden kann. Dadurch, dass die Fähigkeit trainiert wird, die Aufmerksamkeit auf den eigenen, inneren Gedankenprozesse zu richten, verfügt man über ein Werkzeug, mit dem sich die Neuronen neu vernetzen, und das das Wachstum der Hirnbereiche fördert, die für die Stärkung der Selbstregulation wesentlich sind. Dank der Neuroplastizität hat jeder in jeder Situation die Möglichkeit dazu.

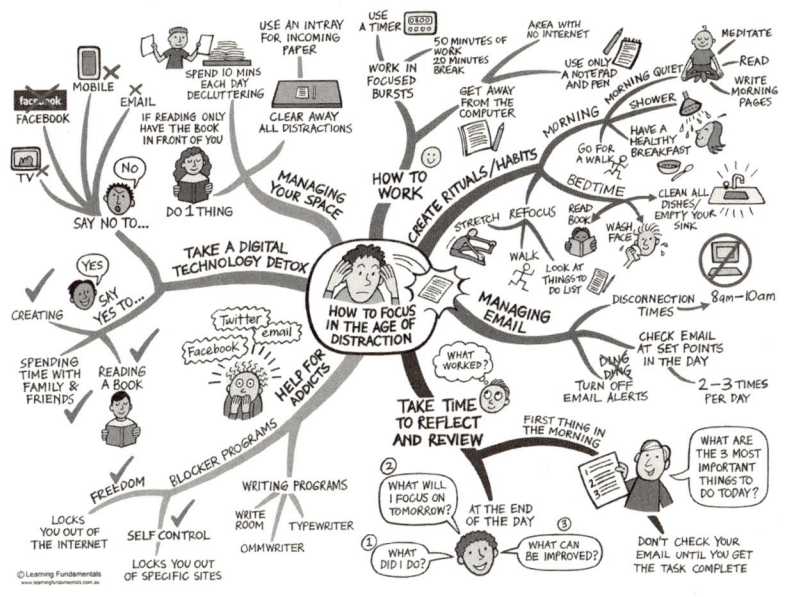

Abbildung 9: How to focus in the age of distraction?
Quelle: Jane Genovese, Learningfundamentals

Die Veränderungen kommen nicht von selbst. Die Fähigkeit, zu laufen, macht allein noch keinen Marathonläufer. Die Fähigkeit, compliant zu sein, reicht allein nicht aus, Compliance auch im Alltag immer zu leben. Das Training bringt den Effekt.

Brillenwechsel
Wer seinen Compliance-Manager im Gehirn für den Ernstfall fit machen möchte, kann mit dem Einsteiger-Programm beginnen: dem Brillenwechsel. Er fördert den Lernprozess, zwei Sichtweisen voneinander zu unterscheiden.

1. *Die „Strategie-Brille"*: Das ist Ihre Alltagsbrille, mit der Sie analysieren, hinterfragen, kritisieren, rationalisieren, perfektionieren, organisieren, optimieren, problematisieren etc. Sie wollen Probleme lösen, Strategien umsetzen, das Optimale erreichen.

2. *Die „Achtsamkeits-Brille"*: Das ist die Wahrnehmungsbrille für den aktuellen Moment. Ohne Wertung, ohne Blick in die Zukunft oder Vergangenheit, nur der nicht-wertende Blick in die Gegenwart. Die Dinge so wahrnehmen, wie sie in dem Moment sind.

Im Neuro-Coaching lernen Sie, dass Ihr Geist im automatisierten Alltag — mit dem Blick durch die Strategie-Brille — weit häufiger gegen
Sie arbeitet als für Sie. Wenn allerdings die Achtsamkeits-Brille auf der
Nase sitzt, ist es umgekehrt. Sie erkennen, wie gut Sie Ihre Gedanken
im Griff haben und ob diese tatsächlich zu Ihrem Besten arbeiten —
z. B. auf Compliance ausgerichtet sind.

Durch Achtsamkeitsstrategien wird der nicht-wertende Blick geschult.
Statt die Sachlage schnell abzuscannen und Schlüsse daraus zu ziehen,
anstatt die Situation in eine Schublade zu stecken und aufgrund unserer Vorerfahrungen zu filtern, anstatt also die Dinge so zu sehen, wie
man sie sehen möchte, lernt man mit dem Brillenwechsel, das eigene
Verhalten einfach nur zu beobachten. Die Wahrnehmung wird sensibler
und präziser, man bekommt viel mehr mit, handelt bewusster und setzt
damit die ganze Energie frei, die man sonst braucht, um Situationen einzuschätzen und zu bewerten. Statt nach eingefahrenen, automatischen
Mustern zu handeln, schauen wir in gewisser Weise wie ein kleines Kind,
offen, vertrauensvoll und ohne Vorerfahrung nur auf den Moment.

Insbesondere in Compliance-Situationen, die etwa mit der Angst des
Scheiterns verbunden sind, lernt das Gehirn über Achtsamkeitsstrategien, nicht gleich in den Angstmodus zu verfallen, sondern durch
das Beobachten und Nicht-Bewerten die Wahrnehmungsvielfalt zu vergrößern und so überhaupt die Chance zu haben, Wahlmöglichkeiten
zu erkennen. Dabei erkennen wir unsere inneren Saboteure, also die
automatisierten Verhaltensweisen, die uns einreden, dass sie für uns
arbeiten, in Wirklichkeit aber gegen uns agieren. Wir haben sie im Alltag längst akzeptiert und zählen sie zu unseren engsten Verbündeten,
anstatt sie als Eindringlinge zu entlarven, die uns z. B. dazu bringen,
Entscheidungen zu treffen, die nicht-compliant sind.

Im Neuro-Coaching entwickle ich mit meinen Coachees Strategien, die
sich problemlos auch in einen straffen Arbeitsalltag und ein erfülltes
Privatleben integrieren lassen. Wie bei Martin M., ein Kontrollfreak
und „Achtsamkeits-Gegner", wie er sich selbst nannte.

Fallbeispiel: Angst vor Fehlern
Martin M. ist mit 47 Jahren CEO eines Technologie-Unternehmens, das
innerhalb von 25 Jahren aus einem Start-up zu einer mittelständischen
Firma mit 1.200 Mitarbeitern angewachsen ist. Martin M. gehört zu den
Unternehmenslenkern, die mit ihrer Vision die Mitarbeiter begeistern,
die gleichzeitig aber auch am liebsten jede einzelne Aktion überwa-

chen und kontrollieren möchten. Sein Spitzname „Jonny Controlletti" überraschte mich nicht. Seine Firma war gerade in schwierige Fahrwasser geraten — statt Dynamik gab es Stillstand und seine Fähigkeit, die Visionen auch an seine Mitarbeiter weiterzugeben, hatte jede Wirkung verloren. Und es kam noch schlimmer: Ende des Jahres wurde sein Unternehmen in einen Compliance-Skandal verwickelt, den der oberste Führungszirkel maßgeblich zu verantworten hatte. Die Frage, die sich stellte, war: Wie war es möglich, dass er — der Vorbild-Unternehmer — diese Entwicklungen zugelassen hatte?

Zunächst konzentrierten wir uns auf die Wahrnehmung von Martin M. Er berichtete, dass ihm die Ereignisse schon seit Monaten den Schlaf raubten, dass er keine private Zeit mehr fände, weder für Sport, noch gelang es ihm, soziale Kontakte zu pflegen. Sein Alltag war geprägt von Analysen, Problemen, Grübeln, Sorgen, Organisation, Perfektionieren, Hinterfragen etc. Alle diese Gedanken nahm er mit in die Nacht und trug sozusagen rund um die Uhr die „Strategie"-Brille. Diese Energie hatte er auch auf seine Mitarbeiter übertragen. Die Gefangenschaft in dem Kontroll- und Analysesystem wurde zum Nährboden für den Compliance-Skandal. Für Martin M. hieß es also im ersten Schritt zu lernen, das zwanghafte, strategische Denken abzulegen und die „Achtsamkeits"-Brille aufzusetzen.

Wir erarbeiteten ein klares Konzept, das er vom ersten Tag in seinen Alltag integrierte: Wann immer er spürte, dass er wieder die „Strategie"-Brille aufsetzte, nahm Martin M. das zum Anlass, die Brille zu wechseln und Achtsamkeit zu üben. Die Übung dauerte jeweils nur 10 Sekunden und er konnte sie in jedem Meeting, beim Essen, beim Sport, beim Zubettgehen oder beim Aufstehen etc. überall leicht umsetzen. Sobald er bemerkte, dass der Strategie-Fokus ungesund überhand nahm, musste er nur 10 Sekunden anhalten, um etwa drei tiefere Atemzüge zu nehmen, oder sein Körpergewicht auf dem Fußboden zu erspüren oder schlicht zu denken: „Okay, ich nehme die „Strategie"-Brille jetzt ab. Jetzt!" Martin M. war mehr als skeptisch, dass so einfache Übungen tatsächlich effektiv sein konnten. Darüber hinaus liebte er seine strategische Ausrichtung — war sie seiner Überzeugung nach ja verantwortlich für seinen Erfolg bzw. hatte diesen überhaupt erst möglich gemacht. Er musste aber auch erkennen, dass sie gleichzeitig dazu geführt hatte, dass sich unter seinem Kontrollwahn ein Angstsystem unter den Mitarbeitern entwickelt hatte. Sie hatten zudem kaum Möglichkeit, ihre Kreativität und Entscheidungsfreude auszuleben.

Martin M. nutzte seinen Kontrollwahn auch im Coaching und setzte ihn positiv in die Achtsamkeitsübungen um, indem er sie pedantisch regelmäßig in den Alltag integrierte. Es bereitet ihm inzwischen richtiges Vergnügen, während eines Meetings oder eines Telefonats oder in vielen anderen Situationen den Brillenwechsel vorzunehmen. Überzeugt hat ihn dann letztendlich die Reaktion seiner Mitarbeiter. Nach rund sechs Monaten erkannte er, wie seine neuen Sichtweisen sich auch auf das Team übertrugen. Es kamen erste Nachfragen, was er gemacht habe, dass er auf einmal so viel offener und unvoreingenommener reagiere.

Beobachter-Haltung

Die Techniken im Compliance-Coaching können Sie sich wie eine Treppe vorstellen, die Sie Schritt für Schritt in Richtung Ihres Unterbewusstseins führt. Im ersten Schritt — dem State-Control — arbeiten Sie an der Oberfläche und nutzen die Möglichkeit, Ihre unbewusste Verfassung kurzfristig zu verändern (siehe Seite 125). Der zweite Schritt — die kognitiven Techniken — führt Sie schon ein Stück weiter. Sie beginnen mit kognitiven Mitteln, Abläufe in Ihrem Unterbewusstsein zu beeinflussen. Die Achtsamkeitstechnik bringt Sie noch näher heran an unbewusste Muster, die Sie dann mit der Beobachter-Haltung im nächsten Schritt analysieren und ins Bewusstsein holen.

Abbildung 10: Die Erfolgstreppe
Quelle: Dreamstime

Anders als der Brillenwechsel nimmt sich die Beobachterhaltung ganz gezielt die Gedankenmuster vor und zielt auf einen inhaltlichen Perspektivenwechsel ab. Sie führt dazu, dass wir nachhaltig lernen, unbewusste Denkprozesse bewusst zu machen, um so auch in schwierigen Situationen Wahlmöglichkeiten besser erkennen und nutzen zu können. Wir alle entwickeln im Laufe unseres Lebens Gedankenmuster, die in bestimmten Situationen aktiviert werden. Dahinter verbergen sich unsere ganz persönlichen Ansichten, Glaubenssätze, (Vor)Urteile, Meinungen, Assoziationen zu bestimmten Personen und Ereignissen in unserem Leben, die sich im Laufe unseres Lebens wiederholen und dann zu einem Netzwerk wachsen und aktiv sind. Auslösende Situationen automatisierter Denkprozesse und deren negative Auswirkungen auf unser Verhalten und die Emotionen sind jedem von uns aus dem Alltag bekannt. So ist es kontraproduktiv Versagensängsten und Perfektionismusstreben damit zu begegnen, in komplexen Entscheidungsprozessen detailorientiert vorzugehen und möglichst viele Parameter verbessern zu wollen, anstatt eine souveräne und selbstbewusste Haltung zu automatisieren, um mit Überblick Entscheidungen zu treffen. Es ist auch wenig hilfreich, während einer Rede permanent an ein mögliches Versagen zu denken, anstatt gedanklich den Erfolg zu planen. Oder in einer kritischen Situation sich von Glaubenssätzen wie „Das merkt schon keiner" oder „Das machen doch alle" leiten zu lassen, anstatt über das Vorgehen und mögliche Konsequenzen zu reflektieren. Unsere Denkmuster sind oft über Jahrzehnte erlernt, und die daraus resultierenden Verhaltensweisen laufen automatisch ab. Die Gedanken werden als nicht kontrollierbar empfunden, wenn man sie nicht auf Kommando abstellen kann. Die Folge: Man folgt den Automatismen. Beispiel: Gedankenmuster, die nicht-compliante Entscheidungen prägen („Das macht doch jeder", „Das merkt schon keiner"). Sie werden zudem gerne als ‚Entschuldigung' genutzt – die Interpretation ‚gesellschaftlich akzeptiert' wird so schnell zum Feigenblatt. Um Denkmuster zu verändern, sind neben dem Willen zur Veränderung vor allem geeignete Techniken und nachhaltiges Training notwendig. Ein wichtiger Schritt ist die Bewusstmachung. Je besser wir unsere Gedankenmuster erkennen, desto leichter gelingt es uns auch, sich von ihnen zu lösen.

Das in heiklen Situationen auftretende Chaos und die Widersprüche in unserem Innern lassen sich sortieren, wenn wir uns sortieren. Das wirkungsvollste Vorgehen besteht darin, die automatisierten, intuitiven Prozesse lediglich zu beobachten und einzuordnen. Durch die bewusste Beobachtung stellen wir die Gedankenmuster im übertragenen Sinn ins Scheinwerferlicht. Dadurch können sie sich nicht mehr im Unterbewusstsein verstecken und unbemerkt Schaden anrichten. In dem Moment, wo wir sie regelmäßig beobachten, fliegt die Tarnung auf und wir holen die Prozesse ans Tageslicht. Wenn wir so lernen, unsere Wahrnehmung zu schärfen und Entscheidungen bewusster zu treffen, wechseln wir von der Opferrolle („Ich musste ihn schmieren, weil die Umstände so waren ...") zum Mitgestalter. Die gute Nachricht: Das ist jederzeit für jeden möglich. Insgesamt zweifelsohne eine Herausforderung.

Zur Veränderung oder Verbesserung der aktuellen Situation gehört, mal etwas Neues auszuprobieren. Haben Sie sich schon mal gefragt: „Kann man das auch anders machen?" Oder: „Gibt es auch eine andere Perspektive?" Wer die Beobachter-Haltung trainiert, wird Meister im Erkennen von Wahlmöglichkeiten — auch in schwierigen Situationen. Das Gefühl der Kontrolle erhöht automatisch unsere Zufriedenheit, weil wir die Dinge plötzlich in der Hand haben. Ein Gefühl, das insbesondere für die Rationalisten unter den Lesern erstrebenswert sein wird.

EXKURS
Schon Fahrradfahren ist ein Balanceakt

Fahrradfahren ist sozusagen der „goldene Standard" für Handlungen, die wir intuitiv ausüben. Die gute Nachricht: Wenn wir aktiv eingreifen, können wir Routinetätigkeiten in unserem Gehirn verändern. Wir können — aber es braucht Zeit, eine klare Entscheidung und den Willen dazu („Ich verändere").

Destin Sandlin, ein amerikanischer Ingenieur, wollte das genauer wissen und hat folgendes Experiment unternommen: Er hat den Lenker vom Fahrrad so umgebaut, dass die Lenkung genau falschherum funktioniert. Wenn er nach rechts lenkt, fährt das Fahrrad also nach links und umgekehrt. Genau entgegengesetzt zum angelegten Muster im Gehirn. Nicht nur sein erster Versuch, das Muster zu durchbrechen und mit dem neu konstruierten Fahrrad loszufahren, scheiterte. Insgesamt brauchte Destin Sandlin acht Monate täglicher Übung, bis er das speziell für diesen Test gebaute Fahrrad geradeaus lenken konnte.[21] So fest waren die Muster in seinem Gehirn verankert.

Wenn wir den Beobachter in uns trainieren, verleiht das dem Leben eine neue Dimension. Denn plötzlich leben wir nicht in einem Film, für den andere das Drehbuch schreiben, sondern wir sind Zuschauer und beobachten, was geschieht. Aus der so (neu) gewonnenen Metaposition gelingt es uns, in unsere von Mustern gesteuerte Handlung einzugreifen. Indem wir uns die Gedankenmuster bewusst machen, haben wir den ersten entscheidenden Schritt gemacht, um dann im Anschluss aktiv in unseren Entscheidungsprozess einzugreifen.

In der Praxis

Wie gelingt es aber nun, den Beobachter in den Alltag zu integrieren?

Eine Info vorab: Ich möchte Sie vorwarnen. Das Erlernen der Beobachter-Technik ist nicht immer nur mit angenehmen Erfahrungen verbunden. Wenn Sie lernen, achtsam Ihre Gedankenmuster zu beobachten, entdecken Sie auch Bereiche, die Sie nicht so gerne sehen wollen und vor denen Sie möglicherweise bislang die Augen verschließen.

Wenn Sie diese Übungen nachhaltig in Ihren Alltag einbauen, jederzeit individuell auf Ihre ganz persönliche Situation angepasst, wird das Einnehmen des Beobachterpostens zu einem Routinevorgang in Ihrem Gehirn. Das ist der erste Schritt, um die Fähigkeit zu entwickeln, auch in kritischen Situationen, beispielsweise vor einer wichtigen Entscheidung, den unbewussten, automatischen Prozess durch einen Perspektivenabgleich zu unterbrechen.

Nehmen Sie sich jetzt ein Blatt Papier und notieren 5 Minuten lang Ihre aktuellen Gedanken. Wiederholen Sie diese Übung 1 x täglich.

A. Gedanken, die sich ständig wiederholen/wiederkehren

Tag 1: _____

Tag 2: _____

Tag 3: _____

Tag x: _____

B. Nach drei Tagen: Welche Muster erkennen Sie in diesen Gedankengängen?

_____

_____

_____

_____

C. Welche Gedanken sind vorherrschend: Angstgedanken, Druckgedanken, Visionen etc.? Schaffen Sie mindestens drei sinnvolle Kategorien.

1. _____

2. _____

3. _____

D. Fragen Sie sich: Wie viel „Offenheit" lasse ich zu? Welche Rolle spielt die Ansicht meines Umfelds? Wie eng sind meine Muster an meine persönliche Vorstellung geknüpft? Wie rational entscheide ich? Wie viele Emotionen, Eitelkeit, Einbildung lasse ich zu? Versuchen Sie, einmal ganz ehrlich zu antworten. Am besten nutzen Sie den „Spiegel-Effekt" (siehe Seite 152).

_____

_____

_____

_____

Wenn Sie diese Übung über drei Wochen hinweg täglich in Ihren Alltag einbauen, werden Sie erstaunt sein, welche Muster Sie entdecken. Sie bekommen einen tiefen Einblick in Ihre „Unterwelt" — vorausgesetzt, Sie notieren alles ehrlich.

Gerade weil Führungskräfte im Laufe ihres Berufslebens gelernt haben, sich logisch und rational in ihren täglichen professionellen Entscheidungen innerhalb der Organisation zu verhalten, ist es wichtig, sich anhand solcher Übungen bewusst zu machen, wie stark für jeden von uns das menschlich irrationale Momentum auch in professionellen Entscheidungen das Steuer übernimmt. Wir haben so die Chance zu erkennen, dass unser Kontrollzentrum über eine Art Aktions-Software verfügt, die wir im Laufe unseres Lebens geprägt/geschrieben haben. Diese Aktions-Software ist es auch, die wir unbewusst in Entscheidungsfragen abrufen. Kodiert wird sie durch unsere Wahrnehmungsfilter. Die wiederum haben ihre Basis in unseren Werten und Überzeugungen. Denn die letztendliche Entscheidung — compliant oder eben nicht-compliant — ist eine menschliche Entscheidung, zumindest noch. Wenn Sie den kognitiven „Break" oder Trick benutzen und Ihre Muster einfach mal notieren — wie in der Übung —, können Sie im Anschluss die Daten der Aktions-Software locker auslesen. Oder anders ausgedrückt: Erkennen Sie anhand Ihrer Aufzeichnungen, wie Sie „ticken".

Das Training des Beobachters führt dazu, dass es Ihnen mit der Zeit gelingt, die unterschiedlichen Wahrnehmungsfilter, die Sie einsetzen, zu entdecken und aktiv zu beeinflussen. Dabei ist es wichtig, zunächst zu realisieren, dass Ihr Denken und Handeln von intuitiven Reaktionen auf einen äußeren Reiz bestimmt wird. Im positiven Fall erleichtern Ihnen die Reaktionen auf die Reize den Alltag: Wir sitzen im Auto, hören hinter uns ein Blaulicht und weichen schnellstmöglich aus. In einem solchen Fall wäre es schlecht, wenn wir erst in die Wahrnehmung gingen, um zu überlegen, ob unser Handeln Sinn macht. Es könnte Menschenleben kosten. Anders ist es bei automatisierten Reaktionen auf unsere Gedankenmuster im Alltag. Also z.B. wenn ein bestimmtes Verhalten Ihres Partners Sie auf die Palme bringt. Hier hilft die Bewusstmachung, Wahlmöglichkeiten zu erkennen. Oft sind wir durch unsere automatisierten Reaktionen so sehr in einem Muster gefangen, dass wir die Wahlmöglichkeiten — z.B. nicht im Dreieck zu springen — gar nicht mehr wahrnehmen. Wenn wir durchs Leben gehen und nie gelernt haben, unsere Muster zu reflektieren, leben wir — gerade in kniffligen Situationen — immer wieder genau diese aus.

Noch mal: Der Schlüssel liegt im Erkennen, Reflektieren und aktiven Beeinflussen dieser Automatismen. Durch das tägliche Training des Beobachtens kann jederzeit, auch in schwierigen Situationen, wie selbstverständlich erst einmal innegehalten werden, um Haltung zu bewahren und dann nach den selbst gewählten Direktiven zu handeln. Und mit jedem Mal, wenn dieser Prozess vollzogen wird, wird es mehr und mehr zur Routine, einer Situation mit Achtsamkeit zu begegnen. So kann sie langsam wachsen und sich entwickeln.

Fallbeispiel: Ausbruch aus automatisierten Denk- und Verhaltensmustern
Ich erinnere mich noch gut, als der Vorstandsvorsitzende und zugleich Eigentümer eines klassischen deutschen, mittelständischen Unternehmens aus dem produzierenden Gewerbe mich anrief und um ein Gespräch bat. Ein schwieriges Jahr lag hinter ihm. Sein Jahresziel, mit seiner Firma deutlich zu expandieren, hatte ihn an seine Grenzen gebracht. Zum einen rein physisch, zum anderen vor allem auch psychisch.

Gefühlt hatte er endlos viele Reisen von Frankfurt nach London unternommen, wo er einen Deal, genauer gesagt einen Zukauf einfädeln wollte. Einen Zukauf, der für sein Unternehmen und damit für ihn sehr viel bedeutete. Alles hatte so gut begonnen. Das Interesse der Londoner, übernommen zu werden, war groß — die Euphorie auf beiden Seiten auch. Als dann die abschließenden Gespräche begannen, zog sich der Entscheidungsprozess plötzlich in die Länge. Tausend gefühlte Stolpersteine kamen auf. Der CEO aus London ließ sich kräftig umwerben — jetzt, da mein Coachee sich gerade am Ziel wähnte. Immer neue Forderungen lagen auf dem Tisch, er zierte sich und schien auf einmal nicht wirklich bereit, den Deal abzuschließen. Und immer stand zwischen den Zeilen eine Frage im Raum: Was springt für mich ganz persönlich dabei raus, wenn ich unterschreibe? Schlussendlich sah der CEO aus Deutschland nur einen Ausweg — entgegen seiner innersten Überzeugung und Werte: Er „überzeugte" den Londoner Chef mit einem luxuriösen Geschenk. Die Unterschrift unter den Deal kam daraufhin postwendend. Das „Geschenk" wurde professionell übergeben, und eigentlich war sich mein Coachee auch sicher, dass der Schachzug, wie er ihn nannte, nie auffliegen würde. Die Geschichte lag auch tatsächlich schon drei Jahre zurück. Dennoch nagte sie stetig an seinem Gewissen und als immer mehr Compliance-Vergehen die Schlagzeilen bestimmten, spürte er verstärkt Druck und Angst, irgendwann auch einmal am Pranger zu stehen. Er führte quasi ein Doppelleben — nach außen hin stets der ehrliche Kaufmann mit großem Selbstvertrauen, nach innen hin voller Selbstzweifel ob seiner unehrenhaften Handlung. Das führte zu schlaflosen Nächten und immer häufiger auch zu gesundheitlichen Problemen, wie Herzrasen und Panikattacken aus heiterem Himmel. Zutiefst verunsichert und ausgelaugt kam er zu mir.

Schon Aristoteles wusste: „Wir können den Wind nicht ändern, aber die Segel anders setzen." Das, was geschehen ist, konnte der Vorstandsvorsitzende nicht ungeschehen machen. Entscheidenden Einfluss konnte er dagegen darauf nehmen, wie er mit dieser Situation umgehen und wie er zukünftig solche Situationen vermeiden würde. Denn das Wirtschaftsleben ist voll von Verlockungen dieser und ähnlicher Art. Tagtäglich lauert hinter jeder Ecke eine Versuchung, Compliance ist ein ständiger Kampf.

Mein Coachee konnte mit einem Brillenwechsel zunächst wenig anfangen. Das bewusste Wahrnehmen war für ihn eine „Eso-Nummer" – anders aber das Beobachter-Training. Das passte gut in sein Weltbild. Genau zu analysieren, welche Gedankenprozesse in seinem Gehirn vorgingen, das gefiel ihm. So gelang es ihm Schritt für Schritt, dem übervollen Tagesgeschehen zum Trotz, seine Entscheidungsmuster zu erkennen. Durch die genaue – zunächst schriftliche – Analyse erkannte er, dass er längst begonnen hatte, auch jeden ruhigen Moment mit Beschäftigung oder Gesprächen zu überdecken, sei es durch Ablenkung, zusätzlichen Medienkonsum oder Aktivitäten. Er hatte dem „Crazy monkey" in seinem Kopf ständig Zucker gegeben. Er lernte, unbewusste Reaktionsmuster ans Tageslicht zu holen und seine Entscheidungen bewusster zu treffen. Im nächsten Schritt begann er, diese Analysemethode gedanklich umzusetzen, also nicht aufzuschreiben, sondern während des Tages immer wieder Gelegenheiten zu suchen, einfach in die Beobachterrolle zu wechseln.

Innehalten und wahrnehmen, wann er in das falsche Verhaltensmuster verfällt, war dabei die Grundlage für seine innere Neuausrichtung bzw. Implementierung neuer Muster. Es ist nie zu spät, neu zu starten, die eigene Situation bewusst zu beleuchten und zu akzeptieren, was man dabei aufdeckt, anstatt es zu leugnen, zurückzuweisen oder der Situation zu trotzen.

Am Ende des Tages gibt es keine Compliance-Regeln, keine Moralvorschriften, die Bestand haben, wenn das persönliche Mindset, also die Denkweise, die in jedem wirkt, das gewünschte Handeln nicht unterstützt. Man kann eine Unternehmenskultur nur in die richtige Richtung lenken, wenn man einen scharfen Blick auf die Glaubenssätze derer legt, die die Entscheidungen treffen und kollektive Aktionen verantworten. Erst wenn die Glaubenssätze (Gedankenmuster) bekannt sind, kann man problematische Haltungen transformieren und neue einbetten. Das ist die Aufgabe von Compliance-Coaching.

ZEN-Leadership oder die „Level-up"-Strategie des Compliance-Managers
In seinem Zukunftsreport 2016 schreibt Matthias Horx: „Meditation ist, in welcher Form auch immer, eine Grundtechnik der Achtsamkeit. Aber es geht nicht um jene ‚magische Spiritualität', wie sie heute in jedem esoterischen Billigladen feilgeboten wird (‚Nutzen Sie Kristalle zur Erleuchtung!'). Achtsamkeit entwickelt sich in den Schnittmengen von Kognitionspsychologie, Systemwissen und Spiritualitiät."[22]

Dem ist nichts hinzuzufügen. In diesem Sinne ist die Meditation eine „Level-up"-Strategie, die auf den Brillenwechsel oder der Beobachter-Strategie folgt bzw. mit diesen Strategien verbunden werden kann.

Entscheidend für einen auf Nachhaltigkeit ausgerichteten Umgang mit dem Balanceakt „Compliance" ist, dass vor Wahlmöglichkeiten nicht die Augen verschlossen, sondern diese aktiv genutzt werden. Genau deshalb schließt man in der Meditation die Augen — auch wenn es auf den ersten Blick paradox erscheint. Eine treffende Metapher für den Sinn der Meditation im Compliance-Kontext sind die drei weisen Affen — „Nichts hören. Nichts sehen. Nichts sagen." — die ihren Ursprung in einem japanischen Sprichwort haben. Dort stehen sie für den vorbildlichen Umgang mit dem „Schlechten". Und genau das ist im Compliance-Kontext der Zweck der Meditation, nämlich den Umgang mit dem „Schlechten" in uns zu lernen. Aber der Reihe nach.

Jetzt höre ich viele Leser tief seufzen und abwinken. Stop! Bevor Sie jetzt dieses Kapitel überspringen, noch eine ganz persönliche Bemerkung: Ich kann die kritische Haltung gegenüber der Meditation sehr gut nachvollziehen. Über Jahre hinweg, auch noch während meiner Coach- und Trainerausbildung, war ich ein entschiedener Gegner der Meditation. „Das hilft bei mir nicht", „Das macht mich aggressiv", „Das sollen andere machen", etc. waren noch die harmlosesten Formulierungen, die ich damals — im Brustton der Überzeugung — verbreitete. Heute weiß ich, wie ignorant diese Annahmen waren. Die lebensverändernde Wirkung der täglichen Meditation, wie ich sie inzwischen praktiziere, ist geradezu unfassbar positiv.

Wer Compliance in seinem Unterbewusstsein gegen alle Stürme des Alltags verankern möchte, für den ist es wichtig, zunächst eine innere

Orientierung zu bekommen — eine Vision. Erst wer in sich selbst Klarheit über die eigenen Werte und Ziele schafft, lernt auch bei kurzfristigen Versuchungen nachhaltig zu widerstehen. Meditation ist ein Weg dorthin.

Ich selbst habe mich innerhalb der vielen Meditationsformen für Zen entschieden, vor allem auch, weil es keine „softe Philosophie", sondern die klar strukturierte Umsetzung der Realität in der Meditation ist. In diesem Sinne erfahre ich Zen als Leadership-Praxis, die ich eng in mein Coaching mit einbinde.

Immer wieder bin ich erstaunt, wie erfolgreich gerade rationale Manager ihr Leben neu sortieren und z.B. Compliance als Chance und nicht mehr als Gefahr sehen, sobald sie sich dem Zen zuwenden. Der CEO, der den Deal in London auf „Umwegen" eingefädelt hat (siehe Seite 176), praktiziert es inzwischen täglich. Das schlechte Gewissen und seine nicht-compliante Handlung waren nicht rückgängig zu machen. Sein Umgang mit der Situation und die werteorientierte Ausrichtung auf sein Handeln in der Zukunft dagegen sehr wohl.

In Deutschland gibt es meines Erachtens keinen Profunderen, der Zen als Leadership-Praxis lehrt, als den deutschen Zenmeister Hinnerk Polenski. Er hat die „Europäisierung" dieser Meditationsform vorangetrieben und die Leadership-Praktiken auch für westliche Manager umsetzbar gemacht:

„Die Fähigkeit zur sogenannten Selbstführerschaft, oder englisch Leadership, steckt in jedem Menschen und ist — und das ist die große Revolution — lehrbar und erlernbar. Bisher werden Führungsqualitäten häufig als gegeben angesehen. Es gibt Menschen, die sind begabt, andere zu führen und ihnen Wege zu weisen, und andere sind es nicht. Eine Kombination aus besonderer Begabung, besonderer Förderung und vielleicht auch günstigen Umständen führt nach unserer Vorstellung dazu, dass bestimmte Menschen besondere Fähigkeiten entwickeln.

Durch Zen, und die Praxis des Zen, Zazen, eröffnet sich ein Weg, der das Potential in jedem von uns öffnet. Zen-Leadership ist der Weg, der speziell die Selbst-Führungs-Qualitäten hervorbringt, fördert und unterstützt. Seit mehr als 20 Jahren gehen viele hundert deutsche Führungskräfte den Zen-Leadership-Weg des Daishin Zen. Leadership im Sinne von Führerschaft seiner selbst ist die Ausgewogenheit von Konzentration und Anstrengung auf der einen Seite und Leichtigkeit und Loslassen auf der anderen Seite. Gemeint ist, nicht allein nur nach vorne zu stürmen, sondern auch die Kraft zu haben, wieder loszulassen. Die Kunst ist, zu wissen, wann. Es geht um das Erspüren des rechten Augenblicks, in Einheit mit dem Potential der Gegenwart.“[23]

Wem es gelingt, die eigene Führerschaft auf diese Weise umzusetzen, der hat ein wesentliches Trainingsmodul in seinen Alltag integriert, das dazu beiträgt, den Balanceakt „Compliance“ zu bestehen, und ist damit auf der Erfolgstreppe der Bewusstmachung am Ziel angekommen.

Der Blick auf ganzheitliche Corporate-Compliance aus der Coaching-Brille ermöglicht den Unternehmen die Entwicklung einer ganzheitlichen Compliance-Strategie, die die rein juristischen Zusammenhänge mit dem menschlichen Aspekt eng verknüpft: Sie gibt Mitarbeitern auf allen Hierarchieebenen Werkzeuge an die Hand, die — wenn in die Praxis übertragen — garantierte Wirkung zeigen.

Zusammenfassung

1. Der Satz „Tue, was du tust“ bringt die Achtsamkeit auf den Punkt. Gemeint ist das bewusste, nicht-wertende Wahrnehmen des Moments.

2. Der Grund für unsere oft ablehnende Haltung gegenüber Achtsamkeit/Meditation liegt in unserem westlichen Denken, das vom französischen Philosophen René Descartes (1596—1650) geprägt ist: „Cogito, ergo sum.“ (Ich denke, also bin ich).

3. Wer den Compliance-Manager im Gehirn, den präfrontalen Cortex, nachhaltig stärken will, trainiert Achtsamkeit.

4. Über Achtsamkeitsstrategien (z. B. den Brillenwechsel) lernt unser Gehirn, nicht gleich in den Angstmodus zu verfallen, sondern durch das Beobachten und Nicht-Bewerten von heiklen Compliance-Situationen die Wahrnehmung zu vergrößern und so überhaupt die Chance zu haben, Wahlmöglichkeiten zu erkennen.

5. Unser Verhalten ist von bestimmten Mustern geprägt, die wir uns größtenteils selbst antrainiert haben. Je besser wir unsere Muster

erkennen (z. B. mithilfe der Beobachter-Haltung), desto leichter gelingt es uns auch, sich von ihnen zu lösen.

6. Das Chaos und die Widersprüche in unserem Innern lassen sich sortieren, wenn wir uns sortieren.

7. Der Schlüssel liegt im Erkennen, Reflektieren und aktiven Beeinflussen von Denkmustern und Verhaltensautomatismen. Durch das tägliche Training des Beobachtens lernen wir, zu jeder Zeit, auch in schwierigen Situationen, wie selbstverständlich erst einmal innezuhalten, Haltung zu bewahren und dann nach den von uns selbst gewählten Direktiven zu handeln.

8. Das Gefühl der Kontrolle erhöht automatisch unsere Zufriedenheit, weil wir die Dinge plötzlich in der Hand haben. Ein Gefühl, das insbesondere für Rationalisten erstrebenswert ist.

9. Die Aufgabe von Compliance-Coaching ist es, einen scharfen Blick auf die Glaubenssätze derer zu legen, die die Entscheidungen treffen. Wenn die Glaubenssätze (Gedankenmuster) bekannt sind, kann man beginnen, problematische Haltungen zu transformieren und neue einzubetten.

10. Erst wer in sich selbst Klarheit über die eigenen Werte und Ziele schafft, lernt auch bei kurzfristigen Versuchungen nachhaltig zu widerstehen. Meditation ist ein Weg dorthin.

V. 2. Ganzheitliche Corporate Compliance –
Die kluge Strategie

Dr. Kathrin Niewiarra

Corporate Compliance ist ein Wettbewerbsvorteil und trägt zum nachhaltigen Unternehmenserfolg und zur Sicherung der Existenz des Unternehmens bei. Allein schon aus diesem Grund, ist es eine kluge Entscheidung, Compliance mit ihren Zielen der Rechtskonformität, Vermeidung von Haftung, Schutz vor Imageverlust und Werteorientierung als strategisches Instrument zu begreifen und zu nutzen. Aber wie kann der einzelne Mitarbeiter das umsetzen und Corporate Compliance tatsächlich „leben"?

Um Corporate Compliance wirksam, effektiv und effizient zu verwirklichen, bedarf es eines ganzheitlichen Ansatzes. Die unterschiedlichen Compliance-Disziplinen im Unternehmen, wie Legal Compliance oder IT-Compliance sollten in einer auf das Unternehmen zugeschnitten Weise miteinander verbunden werden – und dies sowohl strategisch als auch im operativen Geschäft.[1] Es empfiehlt sich, sie bei der Unternehmensplanung zu berücksichtigen – als Teil der Führungsaufgaben im Unternehmen. Treiber und Umsetzer von Corporate Compliance ist der Mensch mit seinen Werten. Denn der Mensch steht im Fokus, gestaltet den Rahmen und füllt Corporate Compliance mit Leben.[2]

Compliance als integraler Bestandteil eines jeden Geschäftskreislaufes

Compliance ist integraler Teil eines jeden Geschäftskreislaufes und steht per se nicht isoliert außerhalb des operativen Geschäfts und des Unternehmensalltags, sondern beeinflusst den Ablauf und ist untrennbar damit verwoben. Am Beispiel eines typischen und vereinfacht dargestellten Projektablaufes (z. B. der Verkauf einer Alarmanlage für ein Firmengelände durch ein mittelständisches Unternehmen) lässt sich dies gut dokumentieren.

Das Unternehmen positioniert sich mit seinen Produkten im Wettbewerb (teilweise auch über Lobbying), der Vertrieb bemüht sich, einen Auftrag zu akquirieren. Im Rahmen der Ausschreibungs- bzw. Angebotsphase wird eine Offerte anhand der Angebotskriterien des Auftraggebers formuliert. Hier sind nicht nur die technischen Spezifikationen und Qualitätsmaßstäbe zu erfüllen, sondern es muss auch rechtlichen Anforderungen und vermehrt Compliance-Anforderungen (z. B. Bestätigung, dass ein Compliance-Management-System existiert) entsprochen werden. Abhängig vom Einzelfall sollen die Produkte noch angepasst, weiter- oder erst ganz neu entwickelt werden, um den Wünschen des Auftragsgebers zu entsprechen und diesem auch angeboten werden zu können. Wenn das Unternehmen den Zuschlag erhalten hat, fängt die Detailarbeit erst an. In der Verhandlungsphase werden die Einzelheiten des Projektes vereinbart und in Verträge gegossen, so dass in einem nächsten Schritt mit der Ausführung des Auftrages begonnen werden kann. Dies erfordert meist die Zusammenarbeit mit Unterauftragnehmern, Lieferanten und weiteren Geschäftspartnern. Das Produkt oder die Dienstleistung wird nun erstellt und ausgeliefert. Wie immer im Leben ist nichts perfekt, kommt es im Zweifel noch zu Nachverhandlungen, Produktanpassungen und Änderungswünschen. Der Auslieferung folgt oftmals eine Maintenance- und After-Sales-Phase. Und, da man den Kunden selbstverständlich gerne behalten möchte, steht die Pflege der Geschäftsbeziehung ganz oben auf der Liste der Prioritäten, damit es zu Folgeaufträgen kommt. Dies ist ein typischer Ablauf, wie ihn viele kennen.

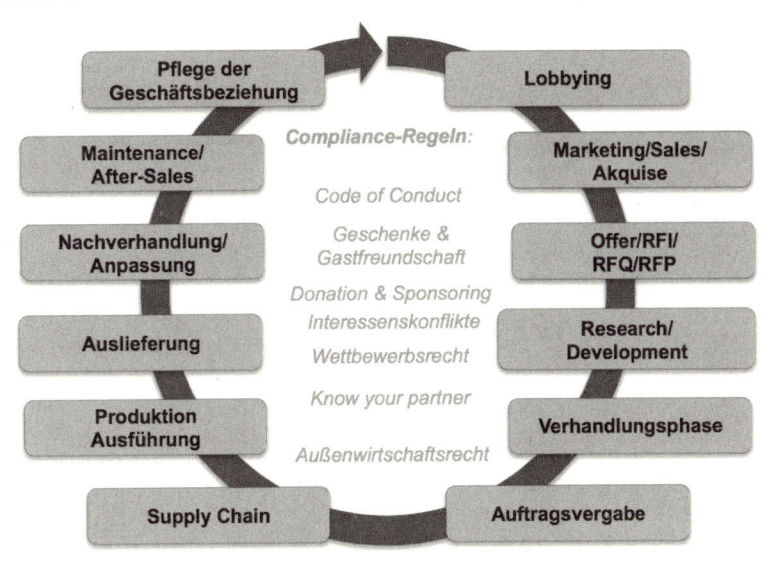

Abbildung 11: Compliance im Geschäftskreislauf
Quelle: Dr. Kathrin Niewiarra

Compliance und Compliance-Regeln sind mit diesem operativen Ablauf eng verknüpft und beeinflussen den Ablauf in jeder Phase. Folgend einige Konstellationen und ihre Auswirkungen.

Wie bereits dargestellt, besteht eine grundsätzliche Pflicht der Unternehmensleitung als Resultat des Legalitätsprinzips, ein Compliance-Management-System vorzuhalten.[3] Die Umsetzung steht im Einzelfall im Ermessen des Unternehmens bzw. seiner Geschäftsleitung und wird meist als Teil eines sogenannten Compliance-Programms realisiert. Dieses umfasst Verhaltensgrundsätze und einen Maßnahmenkatalog, um Regelverstößen entgegenzuwirken. Instrumente sind dabei Richtlinien, Prozesse und natürlich ein Code of Conduct oder Verhaltenskodex, um Compliance-Risiken zu managen.

Fallbeispiel Compliance entlang der Supply Chain – oder „Know your Partner"
Am Beispiel der Vertriebsaktivitäten sowie im Zusammenhang mit der Lieferkette (Stichwort: Supply Chain Management), lässt sich gut veranschaulichen, welchen Stellenwert Compliance-Richtlinien für den Geschäftsablauf und Projekte wie z. B. das oben beschriebene haben können — und wie ihre Einhaltung das Unternehmen, seine Mitarbeiter und ihren Ruf schützen können. Nehmen wir einmal an, unser mittelständisches Unternehmen verkauft seine Alarmanlagen nicht nur zur Sicherung von Firmengeländen in Deutschland, sondern weltweit und bedient sich dabei internationaler Zulieferer. Nicht in jedem Markt und jedem Land kann das Unternehmen alleine agieren. Häufig ist es auf die Zusammenarbeit mit Vertriebs- und Handelspartnern, Beratern, und Joint-Venture-Partnern angewiesen. Diese kennen die regionalen Gepflogenheiten besser, haben wichtige Kontakte in der betreffenden Region. Hier lauern aber auch Risiken, angefangen bei der Qualität der Leistungen bis zur Integrität des Partners. Besonders bei Geschäftskontakten in Schwellenländer ist das Korruptionsrisiko im Vergleich zu inländischen Geschäftspartnern oftmals höher. Und wie eine Studie vor Kurzem belegte, scheint Korruption ansteckend zu sein.[4] Wie bereits angesprochen, ist es Aufgabe der Geschäftsleitung, geeignete Maßnahmen zur Vermeidung von Korruption zu treffen.[5] Um dieses Risiko zu managen, bieten sich interne Richtlinien und Vorgaben an, die den Umgang mit diesen Sachverhalten regeln. „Know your partner" ist hier die Maxime. Ein Prozess für die Beauftragung und Zusammenarbeit mit Geschäftspartnern, der sich im Kern mit ihrer Überprüfung (sogenannte Geschäftspartner-Due-Diligence) beschäftigt, empfiehlt sich hier. Die Due Diligence ist Teil eines funktionierenden Risikomanagements und dient der Identifikation und Auswahl integ-

rer Geschäftspartner. So können Haftungsrisiken, Reputationsschäden und daraus folgende wirtschaftliche Einbußen vermieden werden. Verstöße von Partnern können im Haftungsfall dem Unternehmen und dem verantwortlichen Personenkreis zugerechnet werden. Auch viele Unternehmen entlang der Wertschöpfungskette verlangen mittlerweile die Überprüfung von Geschäftspartnern bzw. eine vertragliche Erklärung, dass keine Compliance-Risiken bestehen oder bekannt sind.

Die Prüfung beginnt in der Regel mit einer individuellen Risikoanalyse und Klassifizierung des Geschäftspartners anhand eindeutiger Warnsignale (den sogenannten Red Flags[6]). Analyseaufwand und Risikopotential sollten dabei im richtigen Verhältnis stehen: je höher das geschätzte Risiko desto gründlicher die Prüfung. Wichtig ist ferner, dass das Unternehmen mit Standardverträgen arbeitet, die unter anderem eine Antikorruptionsklausel und Sanktionen bei Verstößen enthalten. Indem das Unternehmen sich ein genaueres Bild über den Geschäftspartner und seine Reputation macht, kann es etwaigen Risiken, die die Geschäftsbeziehung in sich birgt, begegnen. Und dies oft, ohne den geschäftlichen Erfolg zu gefährden, außer in den doch selteneren Fällen, in denen Korruption im Spiel ist. Hier gibt es nur eine Entscheidung: das Geschäft nicht zu machen!

Fallbeispiel: Compliance bei Geschenken und Gastfreundschaft

Ein weiteres anschauliches Beispiel für das Potential von Compliance kommt aus den Bereichen „Geschenke und Gastfreundschaft". Viel diskutiert, aber immer wieder Einfallstor für Fehlverhalten, das vielleicht auf den ersten Blick unbedeutend erscheinen mag, aber enorme Konsequenzen nach sich ziehen kann. Klassische Situationen sind Essenseinladungen während Vergabeverhandlungen oder die bekannten und berüchtigten VIP-Karten zu Fußballspielen.[7] Wann handelt es sich um legitime Beziehungspflege, wann ist es strafrechtlich relevante Korruption? Diese Situationen können schnell als unlauter eingestuft werden – ein Geschmäckle haben – selbst wenn sie nicht strafbar sein sollten. Und eine Berichterstattung in den Medien über angeblich unredliche Geschäftspraktiken kann schnell zu einem Reputations-Super-GAU für das Unternehmen und die Beteiligten führen. Eine Policy, die zu „Geschenken und Gastfreundschaft" Richtlinien vorgibt, schützt Mitarbeiter, Führungskräfte und das Unternehmen. Sie hilft, das Bewusstsein als solches zu schaffen und zu schärfen (vertieft in Schulungen), gibt aber auch Hilfestellung, wie mit Geschenken und Gastfreundschaft zu verfahren ist (sowohl passiv als auch aktiv) und muss deutlich machen, dass ein Verstoß gegen diese Richtlinien sanktioniert wird.

Die hier herangezogenen Beispiele haben einige Gemeinsamkeiten:

- Durch Einbeziehung dieser Themenfelder in den Geschäftskreislauf als Teil des Compliance-Programms und Risikomanagements des Unternehmens, hat das Unternehmen die Möglichkeit, die Risikofelder im üblichen Projektzyklus zu verzahnen (z. B. Einkaufsprozesse) und präventiv und steuernd zu behandeln.

- Der „Bumerang-Effekt": Eine auf den ersten Blick vielleicht auch für sich gesehene „kleine" Entgleisung, wie die VIP-Karte zum Event, kann ein ganzes Projekt gefährden oder sogar das Unternehmen in Misskredit bis zur Existenzbedrohung bringen. Oder Zahlungen an Vertriebsmittler und Geschäftspartner, die Fragen aufwerfen zwecks Integrität der Partner oder aufgrund des Vergütungsmodells. Früher oder später wird Fehlverhalten aufgedeckt − selbst wenn es erst Jahre später so weit ist. Der Bumerang des Regelverstoßes trifft das Unternehmen und seine Menschen mit Sicherheit, wenn auch oft zeitverzögert, und er führt zu der bereits oben thematisierten rechtlichen und ökonomischen Haftung.[8]

- Aus Fehlern lernt man. All diese Fälle führen dazu, das Compliance-Programm, anhand und aufgrund des kontinuierlichen Wandels der rechtlichen und auch operativen Anforderungen, stetig zu aktualisieren und zu verbessern.

Compliance ist aus dem Geschäftsalltag demnach nicht wegzudenken und kann sowohl positive als auch negative geschäftliche Auswirkungen haben. Deshalb ist es umso wichtiger, die kluge Entscheidung zu treffen, Compliance als integralen Bestandteil in den Geschäftsalltag vollumfänglich aufzunehmen und nicht als „Silo" außen vor zu lassen.

Dies ist aber nur die eine, eher naheliegende, Möglichkeit, Compliance als Wettbewerbsfaktor zu nutzen. Nachhaltiger ist es aber, noch einen Schritt weiter zu gehen und Compliance als Steuerungsinstrument sowie als Teil der Unternehmensplanung zu sehen und einzusetzen.

Compliance in der Unternehmensplanung und als Steuerungsinstrument

Compliance ist Teil des geschäftlichen Alltags, der geschäftlichen und menschlichen Beziehung. Compliance ist bereits da und präsent, genau wie die Unternehmenskultur. Beide Faktoren müssen nicht erst geschaffen werden, sondern sind der Ausgangspunkt und die Zutaten für eine Unternehmensplanung.

Die oben beschriebenen Fälle machen schon deutlich, welches Potential Compliance — sowohl negativ als auch positiv — in sich birgt. Positive wie negative Auswirkungen und Chancen müssen überdacht und erkennbar gemacht werden.[9] Um die Chancen und auch Risiken nachhaltig zu managen und nicht nur zu reagieren, sondern den Themenbereich Compliance aktiv zu gestalten, bietet es sich an, das Potential in die Unternehmensplanung zu integrieren.[10] Teil der Unternehmensplanung ist die strategische Planung. Sie gehört zu den vornehmsten und verantwortungsvollsten Führungsaufgaben im Unternehmen. Sie „bezieht sich auf den Aufbau, die Pflege, die Kombination und den Rückzug von Erfolgspotentialen, die das langfristige Überleben bzw. den Fortschritt der Unternehmung sichern sollen. Ziel ist die Realisierung nachhaltiger Wettbewerbsvorteile im Einklang mit Umwelt und Gesellschaft auf Ebene der Geschäfte und des Gesamtunternehmens".[11] Schöner kann eigentlich das Potential und der Kern von Corporate Compliance nicht beschrieben werden! Gelebte Corporate Compliance ist ein Erfolgsfaktor und Wettbewerbsvorteil (s. Teil III 1.) und auch aus rein unternehmensplanerischer Sicht ein unverzichtbarer Bestandteil des strategischen Managements des Unternehmens, das Teil der Führungsverantwortung ist.

Der Planungsansatz kann allerdings noch weiter heruntergebrochen werden. Bei der strategischen Planung handelt es sich um einen langfristigeren Ansatz, der Ziele für einen Zeitraum von meist bis zu fünf Jahren definiert. Aber die Geschäftszyklen und Budgetplanungen benötigen einen kürzeren Planungszeitraum. Dies ist die operative Planung. Sie „basiert auf den Vorgaben aus der strategischen Planung, bricht diese (Vorgaben) nun aber in zeitliche Perioden (z. B. Jahresplanung) und ausführende Einheiten auf. Auf ihr basiert eine Budgetierung und Finanzplanung".[12] Operative Ziele werden entwickelt und Maßnahmen zu ihrer Umsetzung erarbeitet.

Aber wie nutzt man das strategische Potential von Compliance? Nehmen wir einmal die übliche, sich meist im Jahrestakt regelmäßig wiederholende, strategische Planung. Grundsätzlich gibt das Management eine Grundausrichtung vor, die Mission, die Vision oder auch die Werte. Diese Grundausrichtung bildet die Basis für die Vorgehensweisen der jeweiligen Geschäftseinheiten und Stabsfunktionen.[13] Hier ist schon der erste Ansatzpunkt für eine Integration von Compliance, den damit verbundenen Zielen und damit auch der Werteorientierung für das Unternehmen gegeben. Viele Unternehmen haben die Vorgaben zum ethischen Geschäftsgebaren oder eine Nulltoleranzstrategie in ihren Unternehmenszielen verankert, die die Ausgangspunkte für die strategische Planung sind. Das Top-Management hat hier die Möglichkeit, Werte mit unternehmerischen Zielvorstellungen zu verbinden, in das Unternehmen zu transportieren und damit die Unternehmenskultur zu bestimmen. Diese Werte sind nicht generell festzulegen, sondern sind für jedes Unternehmen anders. Das „Werteviereck" von Josef Wieland und Stephan Grüninger unterscheidet dabei zwischen Leistungswerten (z. B. Qualität, Kompetenz, Kreativität), Kommunikationswerten (z. B. Achtung, Offenheit, Transparenz), Kooperationswerten (z. B. Loyalität, Konfliktfähigkeit, Teamgeist) und moralischen Werten (z. B. Integrität, Ehrlichkeit, Vertragstreue).[14] Die Formulierung und Umsetzung des Firmen-Wertesets ist Teil des „Tone from the Top". Und dies ist auch der Dreh- und Angelpunkt für die Beantwortung der Frage: „Wo wollen wir in fünf bis zehn Jahren stehen, und welche zentralen Werte helfen uns dabei, diese Position zu erreichen?"[15] Hier werden nachhaltige Zielvorstellungen formuliert und Geschäftsprinzipien definiert, die das Unternehmen, seine Aktivitäten und Kultur über Jahre prägen.

Der Entwicklung von Strategien vorgeschaltet ist grundsätzlich eine Analyse zur Ermittlung der Chancen und Risiken. Im Hinblick auf Compliance-Felder und Compliance-Risiken können es Kriterien sein, die in eine Umfeldanalyse einfließen (u. a. die Märkte und Länder), in denen das Unternehmen geschäftlich präsent ist oder Kontakte pflegt. Bereits die Gegenüberstellung und der Abgleich der Markt- und Absatzstrategie des Unternehmens mit Indizes wie dem Corruption Perception Index (CPI) von Transparency International[16] bietet sich für einen Kurzcheck an. Wenn sich das Unternehmen etwa in Ländern und Absatzmärkten mit einem hohen Korruptionsindex wie z. B. Syrien (Rang 154 von 167) oder Venezuela (Rang 158 von 167) bewegt oder beabsichtigt, diese Märkte zu erschließen, ist Vorsicht geboten. Dies umso mehr vor dem Hintergrund neuerer Erkenntnisse aus einem Experiment von Wissenschaftlern der University Nottingham.[17]

Die beiden Wissenschaftler entwickelten einen Index für die „Verbreitung von Regelverletzungen" („Prevalence of Rule Violations, PRV") auf der Grundlage von Länderkennzahlen und Daten aus dem Jahr 2003 zu Ausmaß der Korruption, der Steuerhinterziehung, politischem

Betrug etc. Je höher der Indexwert ausfiel, desto höher war das Maß an Unredlichkeit in dem jeweiligen Land. Länder mit einem hohen PRV waren etwa Guatemala (zum Vergleich CPI 123) und Tansania (zum Vergleich CPI 117) sowie China (zum Vergleich CPI 83). Großbritannien (zum Vergleich CPI 11), Schweden (zum Vergleich CPI 3) und Deutschland (zum Vergleich CPI 10) hatten dagegen einen niedrigen PRV.[18] Es wurde untersucht, inwieweit der PVR-Indexwert eines Landes mit dem Verhalten einzelner Bürger korreliert. Interessant ist, dass es einen Zusammenhang zu geben scheint: Je verbreiteter Regelverletzungen, Schattenwirtschaft und Korruption in dem betreffenden Land waren, desto eher spiegelte sich dies im Verhalten der einzelnen Menschen wider.[19] Die Bevölkerung neige dort eher zum Schummeln als die aus Ländern, die eine eher wohlorganisierte Gesellschaft aufwiesen.[20]

Aus beiden Indizes lassen sich also schon auf einen ersten Blick Erkenntnisse ziehen, die bei der externen Analyse des Gefährdungs- und Risikopotentials des Unternehmens im Rahmen der Planung hinzugezogen werden können — und auch sollten. Falls ein Unternehmen in einem Korruptionsrisikoland aktiv ist, sollten entsprechende Vorkehrungen zum Schutz getroffen werden. Falls noch nicht vorhanden, der Einsatz entsprechender Regelwerke und gezielte Schulungen mit einem Augenmerk auf besonders exponierte Funktionen wie z. B. Vertrieb oder Einkauf. Mitarbeiter dieser Abteilungen kommen naturgemäß eher mit Korruption in Berührung als Mitarbeiter anderer Bereiche.

Eine weitere Quelle für die Umfeldanalyse bietet der World Economic Global Risk Report 2016.[21] Die globalen Risiken sind in fünf Kategorien eingeteilt: Wirtschaft, Technologie, Geopolitik, Umwelt und Gesellschaft. Zu den Top-3-Geschäftsrisiken (aus 29) zählen geopolitische Risiken, der Klimawechsel sowie Cyber-Angriffe. Insbesondere die Interkonnektivität zwischen den Risiken ist ein interessanter Ansatzpunkt.[22] Hieraus lassen sich etwa Faktoren ableiten, die für das Supply Chain Management unabdingbare Planungskriterien offerieren. Aufgrund der vielfältigen Risiken, die mit der Lieferkette verbunden sind, empfiehlt sich unbedingt eine aktive Position einzunehmen — und nicht wie häufig ein reaktives Verhalten. Probleme in der Lieferkette haben enorme finanzielle Auswirkungen. Und umso mehr, wenn es sich um Compliance- und Reputationsrisiken handelt, die sich realisieren. So kann der Ausfall eines Hauptlieferanten zum Business-Continuity-Problem führen — hier bietet es sich also an, wie oben beschrieben, diesen Geschäftspartner zu kennen und als Teil der Geschäftspartner-Due-Diligence regelhaft zu überprüfen.

Weiterer wichtiger Bestandteil der Umfeldanalyse ist die Beobachtung und Einbeziehung der sich ständig ändernden rechtlichen Gegebenheiten. Im Zeitalter der Globalisierung gilt dies nicht nur für die Beobachtung von nationalen Gesetzen, sondern auch von Regelwerken außerhalb des eigenen Landes. Als ein Beispiel der neueren Gesetzgebung soll auf den „UK Modern Slavery Act",[23] der im Oktober 2015 in Kraft trat, aufmerksam gemacht werden. Hiernach sind international tätige Firmen verpflichtet, die Menschenrechte ihrer Mitarbeiter zu beachten – unabhängig davon, wo sie tätig sind. Dies beinhaltet auch eine weitgehende Offenlegungspflicht für Unternehmen, die geschäftlich im Vereinigten Königreich tätig sind und einen weltweiten Umsatz von mehr als 36 Mio. GPB erzielen. Zwar ist eine direkte Sanktionierung bei Nichtbeachtung dieser Offenlegungspflicht nicht vorgesehen. Das wesentliche Risiko liegt im Imageverlust für das jeweilige Unternehmen, das nicht nach außen darlegt, dass keiner der Straftatbestände der „Sklaverei, Leibeigenschaft und Zwangs- oder Pflichtarbeit" sowie „Menschenhandel" in seiner Lieferkette verübt wurde.[24] Solche gesetzlichen Entwicklungen sind aufzunehmen und deren Einhaltung ist pro-aktiv durch geeignete Prozesse und auch geschäftliche Abläufe sicherzustellen. Das Gleiche gilt für Datenschutz-Themen, die auch ein hohes Risikopotential in sich bergen. Die Liste lässt sich beliebig fortsetzen. Ein regelmäßiges Screening der Gesetzeslandschaft ist unabdingbar.

Unter dem Strich zeigt es aber klar, dass das Unternehmen, Compliance-Risiken und Entwicklungen in der Strategie berücksichtigen sollte.[25] Eine risikoorientierte Planung und Führung des Unternehmens, die auch Compliance-Risiken mit einbezieht, ermöglicht eine aktive Gestaltung. Und dies bereits in der strategischen und langfristigen Planung. Andere Faktoren, die bei der Analyse Berücksichtigung finden, sind die wesentlichen Unternehmenscharakteristika mit den Stärken und Schwächen des jeweiligen Unternehmens als solches. Nachfolgeplanung, Altersstruktur oder Kostenexplosionen in einigen Bereichen aufgrund von Fehlmanagement können hierzu zählen.

Die strategische Planung kann und sollte also auch Compliance-Themen umfassen. Um diese Themen effizient integrieren zu können, bietet es sich an, Stabsfunktionen wie die Compliance-Abteilung an der strategischen Planung zu beteiligen und quasi eine eigene, auf Compliance angepasste strategische Planung entwerfen zu lassen, die in die Gesamtplanung aufgenommen wird. Der Expertenblick der Compliance-Abteilung auf die Unternehmensentwicklung, die Ideen und Eindrücke und Ansätze, die aus einer Stabsfunktion kommen, bieten einen Mehrwert, der im Interesse des Unternehmens nicht ungenutzt bleiben sollte. Dies dient nicht nur der Vermeidung von Haftungssituationen, sondern verzahnt Compliance-Themen und Compliance-Risiken auch von dieser Warte mit den anderen unternehmerischen Themenbereichen. Compliance kann insofern helfen, anhand des Compliance-Risk-Indexes (siehe oben CPI etc.) Strategien zu entwickeln, die hier vorbeugen: entsprechende, intensivierte und spezielle Trainingsmodule, HR-Thematiken und Kostenentwicklungen.

Neben der strategischen Planung kann Compliance auch Potentiale für die darauf aufsetzenden, operativen Planungen bieten. In der operativen Planung, die unter anderem ja auch die Budgetierung und Organisation im Unternehmen zum Gegenstand hat, können kurzfristig Ideen verankert werden. Hier kann der Grundstein gelegt werden, dass in besonders risikoreichen Ländern die Schulungen für Unternehmensangehörige, die dort tätig sind, ausgeweitet und spezifiziert werden und in einer größeren Regelmäßigkeit erfolgen, indem ein entsprechender Schulungsetat geplant wird. Mitarbeiter in diesen Regionen sind oftmals auch einem großen externen Druck aufgrund unterschiedlicher regionaler Verständnisse von z. B. Geschenken und Gastfreundschaft ausgesetzt. Ähnlich wie beim Stockholm-Syndrom, zeigen sich hier schnell Züge im Verhalten, die ein europäisches Mutterhaus nicht tolerieren würde und die bei Umsetzung Probleme für alle Beteiligten verursachen können. Hier ist es auch wichtig, den Mitarbeiter zu schützen, ihm ein Rüstzeug an die Hand zu geben und ihn nicht alleine zu lassen. Nur Sanktionen bei Fehlverhalten helfen in dieser Situation lediglich kurzfristig. Ein nachhaltiges, auf die Besonderheiten des Einzelfalles und der Region zugeschnittenes Unterstützungsprogramm, evtl. auch mit Coachings, empfiehlt und rechnet sich in derartigen Situationen — nicht nur im Hinblick auf die Ressource Mensch.

Compliance kann und sollte nicht isoliert betrachtet werden. Ihr Mehrwert und ihr strategisches Potential, das zum Unternehmenserfolg (aber bei Nichtachtung auch zur Zerstörung von Existenzen) beitragen kann, sind enorm. Die kluge Strategie ist, das Potential — die Risiken und Chancen — zu erkennen und sich daran zu orientieren,[26] es in die lang- und kurzfristige Planung nachhaltig zu integrieren sowie es nicht beim Planerischen auf dem Reißbrett zu belassen, sondern umzusetzen und zu leben — und dies eingebettet in das Unternehmen im Einklang mit seinem Umfeld. Treffend von Herrn Prof. Wieland formuliert: „Es ist (…) letztlich die Gesellschaft, die den Unternehmen ihre Geschäfts- und Wachstumslizenz zubilligt oder auch nicht".[27]

Balance der Systeme: Die ausgleichende Aufgabe und Verantwortung des Managers

Was ist nun die Aufgabe des Entscheiders, des Managers zwischen Rationalität und Bauchgefühl, im Zielkonflikt zwischen der Verantwortung für den wirtschaftlichen Erfolg seines Unternehmens, der (persönlichen) Haftungsvermeidung, des Risiko- und Wertemanagements? Wie kann er die Balance der Systeme herstellen?

Die Wertestrategie als Wegweiser
Eine Wertestrategie kann die Systeme in eine Balance bringen, einen Ausweg aus Dilemma-Situationen aufzeigen, Zielkonflikte auflösen. Sie eröffnet damit auch die Basis und den Rahmen für die Umsetzung von Compliance als Wettbewerbsvorteil. Eine erfolgreich gelebte Wertestrategie erhöht die Wahrscheinlichkeit von gewünschtem Verhalten und senkt die Gefahr von verbotenem.[28] Sie kann dazu beitragen, das Verhalten zu steuern und damit die Risiken individuellen Fehlverhaltens zu minimieren.[29] Grundlage sind die zentralen Werte wie etwa Fairness, Teamgeist oder Loyalität, die sich das Unternehmen gibt. Diese sind Teil der Vision, der Mission oder der Leitlinien des Unternehmens und müssen in den Geschäftsalltag integriert und nicht isoliert davon betrachtet werden. Maßnahmen wie z. B. Prinzipien für die Führungskräfte sowie ein Verhaltenskodex dokumentieren die Werteorientierung und sind ein Mittel der Kommunikation ins Unternehmen hinein aber auch extern.

Der „Tone from the Top" ist der Ausgangspunkt und Multiplikator für den Wertekanon, wobei die Vorbildfunktion nicht nur vom Top-Management geleistet werden, sondern auch das mittlere Management einbeziehen sollte. Wichtig ist, dass das Top-Management intern klar kommuniziert und vorlebt, dass ethischen Entscheidungen, die sich etwa an Werte wie Integrität und Vertrauen halten, der Vorrang gebührt. Die Unternehmenswerte gehen im Zweifel anderen Beweggründen vor und helfen damit auch in Dilemma-Situationen. Deshalb ist es von immenser Wichtigkeit, dass diese „Spitzenwerte" zur Organisation und ihrem Umfeld passen sowie emotional mit dem Unternehmen und seinen Menschen verbunden sind. So empfiehlt es sich, die Kultur etwa an der Unternehmensgeschichte, dem Produktspektrum oder auch dem Geschäftsmodell festzumachen („Zukunft braucht Herkunft").[30] Nur eine glaubwürdige Vision und Mission, die auf die Werteträger abstellt,[31] führt zu Vertrauen und holt die Menschen im sowie außerhalb des Unternehmens ab. Eine auf das Unternehmen zugeschnittene Wertestrategie, die mit Sinn, Verstand und Herz umgesetzt wird, ist der „Königsweg der strategischen Unternehmensführung".[32] Und sie ist ein Baustein für und Investition in den Aufbau der Vertrauensposition und Reputation des Unternehmens.

Handreichung zur Umsetzung
Jetzt, wo das Unternehmen eine Wertestrategie entwickelt hat, geht es an die Umsetzung. Was sind die Schlüsselfaktoren, die beachtet werden sollten?

Kommunikation und Vertrauenskultur
Ganzheitliche Corporate Compliance, Werte und Unternehmenskultur drehen sich um den Menschen — unabhängig von der Hierarchieebene. Er steht im Mittelpunkt. Ihm müssen diese Themen nahegebracht, kommuniziert werden, damit er sie aus Überzeugung nachhaltig umsetzen kann. Der Dialog von Mensch zu Mensch ist hier ausschlaggebend. Wichtigstes Instrument ist die Vorbildfunktion des Top-Managements. Compliance ist Führungsaufgabe. Das Top-Management kann dies aber nicht alleine schaffen, sondern sollte auch die Möglichkeit eröffnen, die Kultur gemeinsam mit dem mittleren Management und den Mitarbeitern umzusetzen, um deren Ideen und Impulse einzupflegen und nicht außen vor zu lassen. Wie oben schon angemerkt, die Werte müssen auf die Werteträger abstellen, also auch auf die Mitarbeiter.

Ein spannendes Bespiel aus der Praxis zeigt die Kommunikationsstrategie der Metro Group, siehe III. 3. Grundsätzlich muss sich die Kommunikation an der Zielgruppe orientieren und regelmäßig erfolgen. Einmal ein Kick-off mit einer Videobotschaft des Geschäftsführers und danach keine weiteren Maßnahmen, werden nicht zum gewünschten Erfolg führen. Vielmehr ist es geboten, mit klaren Botschaften („KISS — Keep it simple and stupid") und vielleicht sogar mit einem Compliance-Branding, einer Marke oder einem Slogan zu arbeiten.[33] Mithilfe eines solchen Brandings und Marketings kann das Unternehmen seine Grundüberzeugung und Einstellung zum Thema veranschaulichen, sowohl intern als auch extern.[34] Je lebendiger die Kommunikation als solches gestaltet ist (ein Arbeiten mit Beispielen aus der Unternehmenspraxis bietet sich insofern an), desto nachdrücklicher werden die Botschaften wahrgenommen.

Gerade im Bereich von Ethik und Compliance, der zutiefst menschliche Themen behandelt, bietet sich die Chance, Kommunikation besonders lebendig zu gestalten. Das gewählte Medium ist daher von zentraler Bedeutung. Nicht ohne Grund ist das Thema Kommunikation in anerkannten Prüfungsstandards wie IDW PS 980[35] und ISO 19600[36] eine der Säulen im Zusammenhang mit der Einrichtung, Umsetzung, Überprüfung und Verbesserung von Compliance-Management-Systemen. Denn was nutzen die besten Regeln, Richtlinien und Vorgaben für gewünschtes (Compliance-)Verhalten, wenn sie nicht kommuniziert werden? Und dies in einer Form, so dass die Inhalte von den Adressaten verstanden, verinnerlicht und gelebt werden können. Besonders bei dem Thema Compliance steht der Mensch im Fokus — er ist derjenige, der für etwaige Compliance-Verstöße verantwortlich ist, diese verursacht, verschleiert aber auch derjenige und einzige, der Compliance-Problematiken entschärfen, die Wurzel erkennen, Fehler beheben kann — und schließlich aus ihnen lernt. Ihn multimedial und emotional zu erreichen, ist somit ein wichtiger Ansatz in der Kommunikation, die sich zudem nach dem Medienverhalten der Adressaten richten sollte.

Hier zeigt sich aber schon eine der Herausforderungen: Compliance-Regelwerke und Richtlinien sollen und müssen (auch) juristische Inhalte transportieren. Diese sind nicht immer in einer gut und schnell verständlichen Sprache verfügbar und abrufbar. Es gilt also, eine Möglichkeit zu finden, die Inhalte in einer ansprechenden und motivierenden Form an die Empfänger zu bringen, Interesse zu wecken und zu halten. Erst dann kann der Spagat gelingen, teilweise schwer verständliche und wortgewaltige Regeln sowie Vorschriften in den Arbeitsalltag der Mitarbeiter und Führungskräfte zu integrieren.[37] Neben dieser schwierigen Aufgabe tritt noch eine weitere: Compliance wird oft stigmatisiert — entweder als lästiges und langweiliges Übel empfunden, das lediglich Juristen, Compliance Officer oder Wirtschaftsprüfer angehen sollte, oder sogar als geschäftsverhindernd und kostenintensiv abgestempelt. Es muss der richtige Ton und die richtige Sprache getroffen werden, damit zunächst die Wahrnehmung und das Bewusstsein (Awareness) geschaffen werden kann, um in einem nächsten Schritt Compliance als Wettbewerbsvorteil und Gewinn für das Unternehmen und seine Mitarbeiter und Geschäftspartner zu verstehen.

Ohne Kommunikation ist Compliance ein zahnloser Tiger – Compliance ist Kommunikation. Und Kommunikation sind Menschen. Was liegt in unserer multimedialen Welt somit näher, Compliance-Information und -Wissen in einer Form von Menschen für Menschen, also z. B. mit Unterstützung des Mediums Video, zu transportieren? Experten, die jeden Tag mit diesem Themenbereich arbeiten, aber auch Praktiker, Forschende und am Thema Interessierte tragen dazu bei, dem Fachgebiet Compliance Leben einzuhauchen, den Zuschauer emotional anzusprechen und damit Berührungsängste zu minimieren. Sie sind die geborenen Testimonials, die vor der Kamera das Thema authentisch aus ihrem Blickwinkel darstellen und aktuellen Entwicklungen schnell aber trotzdem nachhaltig Rechnung tragen können.

Es gibt einige praxiserprobte Annahmen, die nicht wissenschaftlich untermauert sind, aber den Boden für eine Verwendung von bewegten Bildern bereiten. Hier nur einige:

- Ein Bild sagt bekanntlich mehr als tausend Worte oder wie es der Forrester-Researcher, Dr. James McQuivey, formulierte, eine Minute Video entspricht etwa 1,8 Millionen Worten.

- Multimediale Formate sprechen mehrere Sinneskanäle an, was in der Folge zu einem besseren Behalten führen soll. Danach behält der Mensch 10 % von dem, was er liest, 20 %, von dem, was er hört, 30 % von dem, was er sieht und 90 % von dem, was er durch eigenes Handeln ausführt.[38]

- Erhebungen zeigen, dass sich 95 % der Befragten Inhalte, die ihnen per Video vermittelt wurden, merkten, aber nur 10 % dieser Gruppe sich an die gelesenen Informationen erinnern konnten.[39]

Theorien, die zur Argumentation für diese Annahmen herangezogen werden können, gibt es einige, aber sie sind nicht unumstritten und nicht Teil dieser kleinen Abhandlung. Fest steht aber, dass wir uns Bilder besser merken können als Worte.[40] Dieser „picture superiority effect" kann noch gesteigert werden, wenn statt eines statischen

Bildes bewegte Bilder genutzt werden — der sogenannte „dynamic superiority effect".[41] Zwar gibt es unterschiedliche Erklärungsansätze, sicher ist allerdings, dass Videos innerhalb einer kürzeren Zeitspanne durch die Kombination von Bild, Ton und Text mehr Inhalt vermitteln können als nur eines dieser Medien — und dass es dem Menschen einfacher fällt, sich bewegte Bilder einzuprägen. So setzt das Finance-Magazin in seiner Onlinepräsenz unter Finance-TV mehr und mehr auf Videobeiträge neben den geschriebenen Artikeln. Auch erste Spartensender greifen den Bewegtbildtrend auf: Venture TV und UnternehmerTV wenden sich an Unternehmen und Start-ups. Ein Beispiel für die Nutzung von „vernetzten" Inhalten im Themenbereich Ethik und Compliance bietet der Compliance Channel, ein Web-TV-Kanal, der auf die Kombination von fachlich hochwertigen Inhalten und multimedialen Formaten in diesen Bereichen setzt. Hier werden neben kurzen — in Youtube-Länge — produzierten Interviews mit Experten aus Unternehmen, Beratungshäusern, Forschung und Lehre sowie NGOs, Realfilmvideos, animierte Erklärvideos aber auch Textkolumnen und News angeboten. Einen interessanten Vorteil in der Gesamtdarstellung bietet die Möglichkeit, Beiträge verschiedener Formate miteinander zu verlinken und damit den unterschiedlichen Informationsbedürfnissen des Nutzers Rechenschaft zu tragen. Und dies an 24 Stunden und sieben Tagen die Woche auf einem mobilen Endgerät wie einem Smartphone oder Tablet abrufbar, das der Nutzer sowieso mit sich trägt.

Diesen Trend belegt auch ein Blick auf die Ergebnisse der Online-Studie von ARD und ZDF aus dem Jahr 2015.[42] Die Affinität zum bewegten Bild ist eindeutig vorhanden. Schon 2010 hat Forbes Insight festgestellt, dass das Medium Video eine wichtige Informationsquelle für Führungskräfte darstellt.[43] So gaben 75 % der Befragten an, dass sie sich arbeitsbezogene Videos auf dafür relevanten Websites mindestens einmal in der Woche anschauen und 59 % aller Führungskräfte bevorzugen nach eigenen Angaben ein Video gegenüber einem Textbeitrag zum gleichen Thema.

Fazit: Kommunikation als eine der Säulen eines jeden CMS muss den Menschen emotional und inhaltlich abholen. Das Medium Bewegtbild ist ein Trend unserer Zeit aber auch besonders geeignet, komplexe Sachverhalte anschaulich und spannend zu transportieren. Themen wie Ethik und Compliance sind Teil unseres Alltages und sollten deshalb auch medial alltagstauglich überall und jederzeit informativ für den interessierten Nutzer digital und ansprechend aufbereitet angeboten werden. Compliance und das bewegte Bild sind das Erfolgsmodell, das unserem heutigen Informations- und Kommunikationsbedürfnis entspricht.

Ein sehr wichtiger Bestandteil der regelmäßigen Kommunikation sind Schulungen und Trainings. Diese müssen auf die Zielgruppe zugeschnitten sein. Eine Schulung des Top-Managements wird andere Schwerpunkte legen als die Trainingsmaßnahmen, die für Vertriebsmitarbeiter konzipiert sind.

Teil einer offenen, transparenten, vertrauensvollen Unternehmenskultur ist die sogenannte Speak-Up-Kultur. Das Unternehmen sollte eine Kultur des Vertrauens anbieten, in der Mitarbeiter ihre Anliegen (angstfrei) thematisieren können. Mittel können z. B. Kaminabende oder Chats mit dem Management sein. Dazu gehört eine Fehlerkultur ebenso wie ein Angebot des Unternehmens an seine Mitarbeiter, Führungskräfte und Geschäftspartner, Hinweise im Rahmen eines Hinweisgebersystems aufzunehmen und abzuarbeiten. Schutz des Hinweisgebers vor Vergeltungsmaßnahmen (das sogenannte Retaliationsverbot) sowie eine Sanktionierung bei Verstößen sind dabei integraler Bestandteil und notwendige Voraussetzung für die Wirksamkeit dieses Angebots.[44] Ansonsten ist es zudem von großer Wichtigkeit, dass das Unternehmen Verstöße gegen Regeln konsequent sanktioniert — egal ob es sich um einen einfachen Sachbearbeiter oder eine Führungskraft handelt.

Organisation und Personalthemen
Zu den Schlüsselfaktoren Vorbildfunktion und ethisches Führungsverhalten bedarf es auch einer Organisationstruktur die unterstützt, damit eine ganzheitliche Corporate Compliance und die Werteorientierung erfolgreich umgesetzt werden können. Dies ist einmal aus dem Blickwinkel der Personen und Abteilungen zu sehen, deren Aufgabe die Compliance-Funktion im Unternehmen ist — die Compliance Officer und Compliance-Beauftragten. Diese Funktion ist entsprechend der Unternehmenserfordernisse und Gegebenheiten auszustatten, sowohl ressourcenmäßig als auch im Hinblick auf die Befugnisse. Um ihre Unabhängigkeit zu gewährleisten, empfehlen sich zwei Berichtswege: eine operationelle Berichtlinie, wenn möglich (Compliance ist ja Chef-

sache), an ein Mitglied der Geschäftsführung und eine zweite Linie zu einem Aufsichtsorgan (z. B. Aufsichtsrat). Hier ist es von größter Wichtigkeit, dass die Funktion Compliance nicht ein zahnloser Tiger ist und das Feigenblatt des Unternehmens darstellt. Compliance als Funktion ernst zu nehmen, bedeutet nicht, eine Organisation mit einer Vielzahl von Mitarbeitern zu etablieren. Sondern ausschlagend ist, den Bereich Compliance als eine verantwortungsvolle Führungsaufgabe zu verstehen und Menschen mit der Umsetzung zu betrauen, die von der Persönlichkeitsstruktur her mit den Anforderungen des Aufgabenbereiches nicht nur fachlich, sondern auch menschlich umgehen können. Als Compliance Officer oder Compliance-Beauftragter ist man schnell Diener zweier Herren — einmal des Unternehmens und natürlich sich selbst samt eigenen Wertvorstellungen. Es bedarf deshalb mutiger Menschen, die es auch aushalten, außerhalb des Schwarms zu stehen und nicht Everybody's Darling sein zu können. Hier ist es am erfolgversprechendsten, wenn eine starke Stütze durch die Unternehmensleitung besteht und die Kultur von Transparenz und Integrität geprägt ist. Compliance darf also nicht als Schimpfwort oder Geschäftsverhinderung verstanden werden, sondern als das, was es ist: ein Wettbewerbsvorteil für das Unternehmen und seine Mitarbeiter, eine Existenzsicherung für alle Beteiligten sowie Garant für ein gutes Bauchgefühl.

In diesem Zusammenhang bietet sich auch die Übernahme einer Patenschaft für einen Compliance-Bereich durch ein Mitglied der Geschäftsleitung an. So könnte sich der CFO als Pate um den Themenbereich Kartell- und Wettbewerbsrecht kümmern. Dies dokumentiert zum einen das Kommittent des Top-Managements und die zentrale Rolle von Compliance im Unternehmen. Auch die Installation von Ethic Board Committees[45] bei größeren Unternehmen auf Geschäftsführungsebene oder Business Compliance Committees, die aus Mitgliedern der verschiedenen mit Compliance-Themen betrauten Funktionen (Recht, Revision, Finanzen) besteht, unterstützen die Implementierung.

Wichtig ist im Zusammenhang mit Personalthemen ferner, das bei der Personalauswahl nicht nur die fachliche Expertise betrachtet wird. Die richtige Person für die Aufgabe und für das Unternehmen muss auch zu den Unternehmenswerten und der -kultur passen. Hier gibt es Persönlichkeits- und Integritätstests, die bei der Auswahl unterstützen können.

Und als letzten Punkt im Zusammenhang mit HR, ist die Etablierung von wertesensiblen Anreizsystemen zu nennen. Zwar ist mittlerweile die Relevanz von Unternehmenskultur und damit verbundenen Werten erkannt, aber nach wie vor ist dies nicht regelmäßig Teil der Zielvereinbarungen.[46] Dies führt klassischerweise immer wieder zur bereits erwähnten Dilemma-Situation für den Mitarbeiter (siehe Teil II. 1.).

Monitoring und Verbesserung
Eine regelmäßige Kontrolle und die Verbesserung aufgrund von erzielten Erfahrungswerten gehören wie bei jedem Programm auch bei der Umsetzung dieser Schlüsselfaktoren dazu. Nicht nur das Umfeld verändert sich, sondern auch die internen Erfordernisse wandeln sich. Hierher gehört es auch, Warnsignale zu erkennen und damit umzugehen. Es müssen Systeme existieren, um etwaige Diskrepanzen zwischen unterschiedlichen Erwartungshaltungen und Zielen der Stakeholder zu identifizieren und anzusprechen. So sollten etwa Wachstums- und Umsatzziele, die in Zielvereinbarungen eingehen und an die Tantiemen gebunden sind, nicht im Gegensatz zu den Compliance-Zielen des Unternehmens stehen. Derartige Widersprüche bergen enorme Risiken in sich, während andersherum eine starke und lebendige Kultur nachhaltigen, finanziellen Erfolg unterstützt. Faktoren, die ursächlich für Fehlverhalten sein können, sind beispielsweise Stress und Belastungen, die sich materialisieren, wenn das Unternehmen und seine Menschen unter Druck stehen: z.B. unter Margendruck oder bei zu ambitionierten, in Zielvereinbarungen integrierten Umsatzsteigerungszielen. Aktuelle Fälle aus der Praxis zeigen immer wieder, was Menschen machen, um diesen geschäftlichen Erfolg um jeden Preis zu erreichen sowie externem oder häufig selbstgemachem Druck zu begegnen. Auch die sich zunehmend schneller drehende Welt und Themen wie Globalisierung können den Effekt haben, schlechtes Verhalten zu fördern. Und letztendlich ist der Umgang im Unternehmen mit kleinen und großen Regelverletzungen und Fehlern relevant. Wie schon oben in der Studie (siehe Seite 188) beschrieben, sind Regelverstöße ansteckend. Dies gilt nicht nur für Länder, sondern auch für Organisationen. Andere Warnsignale sind oft auch komplexe, rechtliche Strukturen. Hier bietet sich die Möglichkeit, schneller wegzuschauen mit der Entschuldigung der Komplexität (siehe VW oder auch Shell), oder es wird die Entschuldigung, bei diesen komplexen Strukturen keinen Überblick haben zu können, herangezogen. Eine starke und gelebte Corporate Governance ist ein wesentlicher Bestandteil einer gesunden Kultur. Corporate Governance und Kultur bedingen sich.[47]

Umsetzungshilfe durch die Pre-Mortem Analyse
Eine Wertestrategie lässt sich nicht von einem auf den anderen Tag umsetzen. Wie auch bei der Unternehmensplanung handelt es sich um ein längerfristiges Projekt, das nicht statisch ist und schrittweise umgesetzt werden kann und sollte. Eine kleine und spannende Hilfestellung bei der Abarbeitung kann die sogenannte „Pre-Mortem"-Analyse bieten. Sie ist eine interessante Alternative, Faktoren zu ordnen und Prioritäten festzulegen. Sie offeriert damit auch eine Strategie gegen die bekannten Denkfehler. Bei dieser Analyse sollen Entscheider das Projekt bzw. Unterfangen fiktiv als gescheitert betrachten und bereits vor Beginn des Projektes bzw. vor der Entscheidung etwaige Fallstricke erkennen und Gegenmaßnahmen ausarbeiten. Die Theorie zu dieser Methode von Gary Klein beruht auf einer Studie von 1989.[48]

Fazit
Richtig verstanden, integriert und umgesetzt ist ganzheitliche Corporate Compliance einschließlich einer auf das Unternehmen zugeschnittenen Wertestrategie eine kluge Entscheidung und sichert die Balance der Systeme.

Zusammenfassung

1. Compliance ist integraler Bestandteil eines jeden Geschäftskreislaufes und gestaltet damit auch die Abläufe im und außerhalb des Unternehmens.

2. Das Potential von Compliance als Steuerungsinstrument in der Unternehmensplanung (sowohl der strategischen als auch operativen) ist vielfältig.

3. Die kluge Entscheidung ist, das strategische Potential zu erkennen und die Risiken und Chancen, die daraus resultieren, zum Wohl und Schutz des Unternehmens und seiner Menschen zu nutzen.

4. Eine Wertestrategie bringt die Balance in etwaige Zielkonflikte.

5. Die Schlüsselfaktoren bei der Umsetzung der Wertestrategie sind:

   • Die Werte müssen kommuniziert und in den Unternehmensalltag integriert werden. Das Top-Management hat insoweit eine Vorbildfunktion.

- Teil der Unternehmenskultur sollte Vertrauen sein, eine sogenannte Speak-Up-Kultur empfiehlt sich.

- Das Unternehmen sollte eine Organisationsstruktur vorgeben, die bei der Umsetzung der Wertestrategie unterstützt.

- Die richtige Auswahl von Personal, genau wie wertesensible Anreizsysteme, helfen bei der Umsetzung.

- Monitoring und ständige Verbesserung der Maßnahmen ist unverzichtbar.

V. 3. Compliance als interdisziplinäres Modell am Beispiel eines Ombudsmann-Systems

Dr. Kathrin Niewiarra

Für die Umsetzung des hier verfolgten ganzheitlichen Corporate Compliance-Ansatzes und einer Wertestrategie ist das Etablieren einer Vertrauenskultur essentiell wichtig. Das Angebot eines Unternehmens an seine Mitarbeiter (und eventuell auch an Dritte), Hinweise über Compliance-Verstöße im Rahmen eines Hinweisgeber-Systems, sei es ein elektronisches und/oder über einen Ombudsmann, vermitteln zu können, ist ein mutiger und kluger Schritt. Sowohl der Hinweisgeber als auch das Unternehmen befinden sich in einem Spannungsfeld von Denunziantentum und Aufklärungsbedürfnis. So wird ein Drittel der Taten durch Hinweise von Mitarbeitern aufgedeckt.[1] Für den Hinweisgeber ist es meist eine emotional sehr schwierige Situation und auch das Unternehmen wird stark gefordert. Dies umso mehr, als Informationen zu (angeblichen) Compliance-Verstößen nicht immer nur rein juristische Belange betreffen, sondern viele Facetten aufweisen und im Mittelpunkt – auf allen Seiten – immer Menschen stehen. Eine interdisziplinäre Ombudsperson oder ein interdisziplinäres Team als Ansprechpartner für Hinweisgeber bietet eine Alternative zu klassischen Ansätzen, die die menschlichen Aspekte noch stärker zu berücksichtigen vermag. Die Entscheidung des Unternehmens für sein Hinweisgeber-System sollte sich demnach an einer Vielzahl von Faktoren orientieren. Fakt ist allerdings, dass ein System wesentlich zur Kriminalprävention beiträgt.

Hintergründe

Laut des Bundeslageleitbildes des Bundeskriminalamtes (BKA) von 2014[2] betrug der Schaden durch Wirtschaftsstraftaten im Sinne des § 74c Abs. 1 Nr. 1 bis 6b des Gerichtsverfassungsgesetzes wie z.B. Betrug, Untreue oder Wettbewerbsdelikte im Jahr 2014 insgesamt 8,6 Mrd. Euro und machte damit die Hälfte des Gesamtschadensvolumens aller in der Kriminalstatistik erfassten Straftaten aus. Neben den hohen, bezifferbaren Schäden, weist das BKA auf die teilweise schweren immateriellen Schäden hin, die durch Reputationsverluste einzelner Unternehmen oder ganzer Wirtschaftszweige verursacht werden.[3] Auch kommt es nicht selten zu Beeinträchtigungen von Geschäftskontakten und dem Verhältnis zu Behörden. Darüber hinaus binden diese

Vorfälle die Aufmerksamkeit des Managements, was zu einer weiteren (betriebswirtschaftlichen) Belastung des Unternehmens und natürlich auch einer emotionalen Belastung der Mitarbeiter und Führungskräfte führt.[4]

Diese Risiken sind nicht nur rein betriebswirtschaftlicher, sondern auch wirtschaftskrimineller Natur[5] und schwer quantifizierbar, da sie sich „nach Art, Umfang, Zeitpunkt ihres Auftretens kaum" bestimmen lassen.[6] Sie sollten daher unbedingt von Unternehmen als Teil ihres Risikomanagements betrachtet und behandelt werden. Laut einer Studie von PwC geben 51 % der befragten Unternehmen an, Opfer von Wirtschaftsstraftaten geworden zu sein.[7] Die Schäden wurden auf durchschnittlich 1,55 Mio. Euro beziffert.[8] Bei Unternehmen mit mehr als 10.000 Mitarbeitern liegt der durchschnittliche Schaden sogar bei 4,44 Mio. Euro.[9] Um diesen Risiken strukturiert begegnen zu können, ist es wichtig, Informationen aus dem direkten Unternehmensumfeld zu erhalten. Ein funktionierendes Hinweisgebersystem, das sowohl präventiv als auch repressiv wirkt, ist damit ein wichtiger Baustein für den Umgang mit dieser Risikogruppe und eines der Kernelemente eines wirksamen Compliance-Management-Systems, einer Compliance-Organisation und des Wertekanons des Unternehmens.

Es existieren verschiedene Varianten eines solchen Systems, die jeweils dem Unternehmen angepasst und dessen Kultur entsprechen sollten, um größtmögliche Wirkung zu entfalten. Grundsätzlich geht es immer darum, Mitarbeitern, Führungskräften und gegebenenfalls auch Geschäftspartnern die Möglichkeit einzuräumen, auf vertraulicher und — wenn gewollt — auch auf anonymer Basis, Hinweise auf mögliche Gesetzes- und Compliance-Verstöße zu geben. Der Whistleblower oder auch Hinweisgeber kann wie folgt definiert werden: „Whistleblower oder Hinweisgeber sehen sich als Menschen, die" — vermeintlich — „illegales Handeln, Missstände oder Gefahren für Mensch und Umwelt nicht länger stillschweigend hinnehmen, sondern aufdecken" möchten. „Sie tun dies intern innerhalb ihres Betriebes, ihrer Dienststelle oder Organisation oder auch extern gegenüber den zuständigen Behörden, Dritten oder der Presse."[10] Ein funktionierendes Hinweisgebersystem soll diesen Menschen und ihren Unternehmen eine strukturierte Plattform für ihre Anliegen bieten.

Internes oder externes Modell?

Grundsätzlich unterscheidet man zwischen einem externen und internen System.[11] Meldungen sind dabei personalisiert oder IT-gestützt möglich, z. B. über eine Telefonhotline, eine internetbasierte Lösung, via E-Mail oder mithilfe eines Postfaches.

Die interne Lösung bietet dem Hinweisgeber die Möglichkeit, einer zentralen Stelle wie z. B. dem Chief Compliance Officer, der Rechtsabteilung oder einer anderen Stelle im Unternehmen vermutete Compliance-Verstöße zu melden. Ein interner Ansprechpartner besitzt den Vorteil, dass er das Unternehmen, seine Prozesse und die Organisation kennt und „Stallgeruch" hat. Trotzdem die Hemmschwelle niedriger erscheinen mag, den Verdacht einem Kollegen zu berichten, sind durchaus Situationen denkbar, in denen der Hinweisgeber sich exponiert und nicht geschützt fühlt. Er kennt die internen Seilschaften und die Unabhängigkeit der internen Anlaufstelle könnte demnach nicht zweifelsfrei gewährleistet sein. So ist der vermutete Täter vielleicht mit dem Chief Compliance Officer befreundet oder war mit ihm in der gleichen Nachwuchsgruppe. Interessenskonflikte sind häufig nicht zu verhindern und Dilemmata nicht zu vermeiden. Hier zeigt sich, wie das Vertrauensverhältnis zum Unternehmen und der Schutz der Person des Hinweisgebers ausgestaltet ist — dazu zählt auch die bereits erwähnte Speak-up-Kultur (siehe Seite 197).[12] Die Angst vor Repressalien schwingt immer mit. Nach einer Studie des Institute of Business Ethics hatten 24 % der Befragten Angst, im Falle eines Hinweises aus dem Kollegenkreis ausgeschlossen zu werden, 23 % befürchteten sogar, ihren Job zu verlieren.[13]

Eine weitere Schwierigkeit liegt darin, dass der interne Meldeweg von Geschäftspartnern, die auch wertvolle Informationsquellen sein können, wohl eher wenig genutzt werden wird und kann. Die Angst vor Folgen, die das geschäftliche Verhältnis belasten, dürfte hier ausgeprägt sein.

Trotzdem sollte auf das Angebot einer internen Anlaufstelle keinesfalls verzichtet werden. Es fördert — wie auch das generelle Angebot eines Hinweisgebersystems — als Teil der Unternehmenskultur die kritische Loyalität der Mitarbeiter zu ihrem Unternehmen. Kritische Loyalität „meint die Eigenschaft von Mitarbeitern, grundsätzlich gegenüber dem Unternehmen loyal zu sein, jedoch ein kritisches Gespür dafür zu behalten, dass es in Unternehmen zu Fehlentwicklungen und Missständen kommen kann, die es möglichst frühzeitig zu bemerken und korrigieren gilt".[14]

Die Alternative zur unternehmensinternen Anlaufstelle ist ein externer Hinweisempfänger. Der Kontakt zu diesem externen „Briefkasten"[15] kann dabei vielfältig ausgestaltet sein, immer steht aber die Möglichkeit des unmittelbaren direkten Kontakts zwischen dem Hinweisgeber und Hinweisempfänger im Zentrum dieses Meldeweges. Der Hinweisempfänger kann die Hinweise sowohl telefonisch als auch via E-Mail z. B. über eine Hotline oder auch ein (zwischengeschaltetes) internetbasiertes Hinweisgebersystem entgegennehmen. So kann das Unternehmen einen neutralen Eingangskanal[16] anbieten, der nicht nur vertrauliche, sondern auch anonyme Meldungen ermöglicht.[17] Dieser externe Ansprechpartner wird als Ombudsperson oder auch als Vertrauensanwalt bezeichnet.

Unabhängig von der Art und Weise des Meldeweges, muss jeder Hinweis im Rahmen eines festgelegten Verfahrens aufgenommen und behandelt werden. Die gesetzlichen Vorgaben für Ermittlungen und Aufklärungsmaßnahmen sind anzuwenden und einzuhalten, wobei ein unternehmensinterner Prozess, z. B. eine Whistleblower-Richtlinie, für Klarheit und Transparenz sorgen muss.[18] Hierzu gehört auch, die Rechte der Betroffenen im Hinblick auf den Datenschutz zu wahren.[19] Ferner sind ein auf das Unternehmen zugeschnittenes Kommunikationskonzept von großer Wichtigkeit sowie eine Sanktionierung der Täter im Fall von Verstößen gegen Compliance-Regeln oder eines unredlichen Hinweisgebers unabdingbar.

Die Ombudsperson im Compliance-Umfeld

Im Zusammenhang mit der Bekämpfung von Wirtschaftsstraftaten wie Korruption, versteht man unter einer Ombudsperson eine außerhalb des Unternehmens stehende Person, die das Angebot des Unternehmens an die Mitarbeiter (und gegebenenfalls Geschäftspartner) neben den internen Kommunikationswegen (Vorgesetze, Compliance, Personalabteilung oder Betriebsrat) und eventuell einem elektronischen Hinweisgebersystem ein persönliches und vertrauliches Gespräch mit einem externen Ansprechpartner zu Compliance-Sachverhalten zu führen, umsetzt. Sie handelt im Auftrag und Interesse des Unternehmens, das Mandatsverhältnis besteht mit dem Unternehmen, nicht dem Hinweisgeber. Jedoch agiert die Ombudsperson auch im Interesse des redlichen Hinweisgebers, der ebenfalls Schaden vom Unternehmen abwenden möchte. Der Vertrag ist ein Vertrag mit Schutzwirkung zugunsten Dritter: des Hinweisgebers.[20] Zu den Leistungen der Ombudsperson gehören als Grundbestandteile die Entgegennahme der Hinweise in der mit dem Unternehmen vereinbarten Form (mündlich/ telefonisch und/oder schriftlich per E-Mail/Postfach), Überprüfung auf Schlüssigkeit und Weiterleitung der Informationen des Hinweisgebers an das Unternehmen im Rahmen eines festgelegten Berichtswegs.[21] Die Ombudsperson stellt grundsätzlich keine eigenen Nachforschungen oder Ermittlungen an.[22] Das Unternehmen bestimmt den Anwendungsbereich und die Themen, die im Rahmen des Hinweisgebersystems gemeldet werden können vorzugsweise in einer Richtlinie. Diese Themengebiete sollten Ausdruck der spezifischen Unternehmensrisiken sein, grundsätzlich steht aber immer die Unternehmensrelevanz im Fokus. Hinweisgeber können relevante Compliance-Verstöße wie schwere Gesetzesverstöße und Straftaten im Bereich der Wirtschaftskriminalität, wie etwa Korruption, Betrug, Kartell- und Wettbewerbsverstöße etc. melden. In vielen Unternehmen ist deshalb das Hinweisgebersystem nicht für die Meldung von Themen wie Mobbing, sexueller Belästigung am Arbeitsplatz, Beschwerden wegen Beförderung usw. gedacht. Diese sind an andere Abteilungen zu richten. Wichtig ist aber, den Anwendungsbereich nicht zu eng zu definieren und auch Zweifelsfälle zu betrachten. Wertvolle Informationen, die sich vielleicht auf den ersten Blick als z.B. Mobbing tarnen und damit nicht per se von der Ombudsperson aufgenommen werden sollten, könnten einen Compliance-Verstoß verschleiern oder versteckte Hinweise auf Unregelmäßigkeiten sein. Eine Nichtbeachtung kann zur Potenzierung des Risikos führen, statt es zu minimieren und zu kontrollieren.[23]

Was spricht für eine Ombudsperson und den interdisziplinären Ansatz?

Gründe für den Einsatz einer Ombudsperson

Die Gründe, die grundsätzlich für die Einrichtung eines Hinweisgebersystems, sei es intern oder extern, sprechen, gelten natürlich auch für die Ombudsperson. Hier sind insbesondere folgende Faktoren zu beachten:

Ein funktionierendes Hinweisgebersystem ermöglicht dem Unternehmen, Informationen über vermutetes Fehlverhalten früh und intern – und innerhalb des kontrollierbaren Unternehmensumfelds – zu erhalten. Ein frühzeitiges und strukturiertes Vorgehen kann entscheidend zur Risikominimierung und Vermeidung der mit dem Fehlverhalten verbundenen Konsequenzen beitragen.[24] Das Unternehmen hat so eine Chance, den Prozess (mit) zu steuern. Trotz der nach wie vor teils ambivalenten Gefühle in Bezug auf Whistleblowing und Whistleblower, die im Spannungsfeld zwischen „Denunziantentum und Zivilcourage"[25] operieren, ist ein gelebtes, in das Unternehmen eingebettetes und den Unternehmensbesonderheiten Rechnung tragendes System eines der Standbeine der Unternehmenskultur. Es einzurichten, dokumentiert das Unternehmensbekenntnis und das seines Managements zu Compliance und Integrität. Es zeigt, dass es sich bei der Selbstverpflichtung des Unternehmens nicht nur um ein Lippenbekenntnis handelt, sondern dass das Unternehmen eine Kultur der Transparenz und des Vertrauens fördern und unterstützen möchte.[26] Nach der wohl mittlerweile herrschenden Meinung ist ein Hinweisgebersystem ein unverzichtbarer Bestandteil eines Compliance-Management-Systems. Es kann zur Ausweitung des Überwachungsbereiches und der Kontrolldichte beitragen und bietet ein wirksames Instrument zur Vermeidung von Korruption sowie anderer strafbarer Handlungen. Wie schon oben dargestellt, trägt es zur Minimierung von Reputations- und betriebswirtschaftlichen Schäden bei, kann Teil der positiven Außendarstellung eines Unternehmens sein und damit ein Wettbewerbsvorteil werden.

Zentraler Vorteil einer Ombudsperson ist das Angebot eines persönlichen Ansprechpartners. Anders als bei den IT-basierten Systemen muss natürlich ein besonderes Augenmerk auf die Erreichbarkeit und bei international operierenden Unternehmen die erforderlichen Sprachkenntnisse der Ombudsperson gelegt werden.[27] Es geht bei diesen Sachverhalten nicht nur um rechtlich relevante Situationen, sondern um zutiefst menschliche Belange. Der Hinweisgeber befindet sich in den meisten Fällen in einer schwierigen Situation. Er möchte seine kritische Loyalität ausleben, steht dabei aber unter einem ungeheuren gesellschaftlichen, sozialen und emotionalen Druck. Er möchte tun, was richtig ist, hat aber Furcht vor Repressalien und ist vielleicht sogar selbst (Mit-)Täter.[28] Bei einer Ombudsperson hat er die Möglichkeit, sich vertrauensvoll an einen Menschen zu wenden und sich erst einmal auszutauschen und mithilfe eines geschulten Gesprächspartners herauszufinden, ob es sich bei dem beobachteten Sachverhalt überhaupt um ein Fehlverhalten handelt. Besonders für Führungskräfte und Manager, die sich oft in einer noch schwierigeren Situation befinden, bietet sich diese externe Option an.[29]

Häufig haben Führungskräfte keinen Ansprechpartner für derartige Belange, systemimmanent sind sie der interne Ansprechpartner für Mitarbeiter. Ihre internen Ansprechpartner sind aber limitiert, die Luft nach oben zu Vorgesetzten ist dünn. Vor der Alternative, Aufsichtsorgane (Aufsichtsräte) oder den Unternehmenssprecherausschuss zu involvieren, schrecken viele Führungskräfte aus nachvollziehbaren Gründen zurück. Die Ombudsperson kann helfen, eine Strategie zu entwickeln und dem Hinweisgeber den notwendigen Schutz anbieten, den vermeintlichen Compliance-Verstoß (zunächst) ohne Nennung seiner Person an das Unternehmen (meist an ein Compliance-Komitee oder einer anderen für diese Aufgabe ausgewiesenen Stelle) weiterzuleiten. So kann sowohl den Interessen des Hinweisgebers nach Schutz und Vertraulichkeit Rechnung getragen werden, aber auch denen des Unternehmens, bewusste Falschmeldungen zu vermeiden und die Präventiv- und Frühwarnfunktion eines Hinweisgebersystems zu nutzen.

Die interdiszplinäre externe Ombudsperson

Ausschlaggebend für ein funktionierendes Hinweisgebersystem und die Einschaltung einer Ombudsperson ist demnach die Garantie, die Informationen vertraulich zu behandeln und den Hinweisgeber zu schützen. So werden grundsätzlich nur von ihm freigegebene Informationen an das Unternehmen weitergeleitet, und auch seine Identität wird nicht preisgegeben. Wie oben bereits dargestellt, besteht das Mandatsverhältnis zwischen dem Hinweisempfänger und dem Unternehmen, nicht mit dem Hinweisgeber.[30] Für die Person des externen „Briefkastens" bietet sich aus gutem Grund eine von Berufswegen zur Verschwiegenheit verpflichtete Berufsgruppe wie die der Rechtsanwälte an, die darüber hinaus über ein Zeugnisverweigerungsrecht verfügen.[31] Der Rechtsanwalt kann sich im Zusammenhang mit Informationen, die ihm im Rahmen seiner Mandatsausübung bekannt werden, sowohl auf das Schweigerecht als auch auf das Zeugnisverweigerungsrecht berufen. Dies gilt auch für die ihm im Rahmen der Ombudsperson-Tätigkeit mitgeteilten Informationen durch Mitarbeiter seines Mandanten, des Unternehmens, da es sich hierbei um sogenannte Drittgeheimnisse handelt.[32]

Aber nicht jeder erfüllt die besonderen Anforderungen, die mit der Person und Funktion eines externen Hinweisempfängers verbunden sind. Wichtig ist sicher die juristische und fachlich einschlägige Expertise. Es geht ja um die Bekämpfung von Korruption und ihrer Begleitdelikte. Der externe Ansprechpartner sollte aber neben der (langjährigen) fachlichen Eignung auch über die notwendige Persönlichkeit[33] und operative Erfahrung — vorzugsweise im Unternehmen erworben — verfügen. Unabdingbar sind Kommunikationsfähigkeit und aufgrund der Dilemma-Situation, in der sich der Hinweisgeber in der Mehrzahl der Fälle befinden wird, Coaching-Qualitäten und Expertise. Schon allein beim ersten Kontakt sind die Qualitäten und Kenntnisse eines Executive Coaches von unschätzbarem Wert — für den Hinweisgeber und das Unternehmen. Der Hinweisgeber hat einen auf schwierige emotionale Situationen (auch im Berufsleben) trainierten Gesprächspartner, der im Dialog bereits den Menschen abholen und unterstützen kann. Für das Unternehmen bedeutet dies auch, dass berechtigte Verdachtsmomente von anderen vielleicht aus unredlicher oder anderer fehlgeleiteter Motivation heraus vorgebrachten Hinweise durch geschulte Gesprächstechniken gefiltert werden können. Diese Coaching-Expertise gepaart mit juristischem Fachwissen, langjähriger Erfahrung und operativem und betriebswirtschaftlichem Verständnis führt zu einem Erfolgsmodell für alle Beteiligten. Zum Schutz des Hinweisgebers, seiner Informationen und des Unternehmens kann der Executive Coach, der etwa mit dem Rechtsanwalt im Team als Ombudsperson agiert, problemlos in das Mandatsverhältnis mit dem Unternehmen als Ombudsperson integriert werden und agiert im Zweifel als Berufshelfer gemäß § 53 a Abs. 1 StPO des Rechtsanwaltes.[34] Ähnlich wie psycho-soziale Berufe hat er insofern ein abgeleitetes Zeugnisverweigerungsrecht — er verfolgt unterstützend dasselbe Ziel wie der Anwalt und bringt sein Wissen in die anwaltliche Tätigkeit ein. Da die Arbeit als „Ombudsmann-Team" nicht auf Einzelaufträge des Coaches basiert, kann es sich bei dem Coach auch um einen selbstständigen Unternehmer handeln, der als Unterauftragnehmer (weisungsgebunden) des Anwalts fungiert.[35] Er erbringt insoweit keine eigene Dienstleistung gegenüber dem Unternehmen. Bei seiner Leistung handelt es sich insoweit um eine unmittelbar berufsbezogene Hilfstätigkeit, der Tätigkeit des Rechtsanwaltes als Ombudsperson — dies ist der Hauptzweck.[36]

Zusammenfassung

Ein funktionierendes und gelebtes CSM mit einem auf das Unternehmen zugeschnittenen Hinweisgebersystem, das aus einem Mix der verschiedenen Optionen besteht, aber immer einen externen — vorzugsweise interdisziplinären — Ansprechpartner bzw. Team von Ansprechpartnern bietet, ist eine Win-win-Situation für das Unternehmen, seine Mitarbeiter und Geschäftspartner. Ein Erfolgsmodell kann nur ein Hinweisgebersystem sein, das den Menschen in den Fokus nimmt und juristisch sowie personenzentriert geschulte Personen als Ansprechpartner für das Unternehmen und den Hinweisgeber anbietet.

VI Corporate-Compliance-Vademecum für Entscheider

Entscheidende Voraussetzung, dass Sie für sich selbst oder als Vorbild für Ihre Mitarbeiter den Balanceakt Compliance bestehen, ist die nachhaltige Integration und Umsetzung von ganzheitlicher Corporate Compliance in Ihrem (Unternehmens-)Alltag. Die zentralen Ideen dazu haben wir im folgenden Vademecum für Sie zusammengefasst und möchten Sie im Sinne des lateinischen vade me cum (geh mit mir) auffordern, mit uns zu gehen — vade nobiscum:

- Die Einhaltung von Recht und Gesetz sollte eine Selbstverständlichkeit sein.

- Die Compliance-Entscheidung ist eine unternehmerische Entscheidung, d.h. Ihre Entscheidung. Der ehrbare Kaufmann und damit Werte, Integrität und intrinsische Motive sind Teil dieser Entscheidung.

- Der Konflikt zwischen Intuition und Rationalität bestimmt das Leben eines Entscheiders.

- Es gibt keine einheitliche Definition von Compliance. Gehen Sie von einem ganzheitlichen Verständnis von Corporate Compliance aus — dies ist Ihr Wettbewerbsvorteil.

- Es gibt eine Korrelation zwischen ethischen und integren Unternehmen und deren Umsatzwachstum.

- Die Kosten für die Einrichtung eines Compliance-Management-Systems sind geringer als die Kosten für Non-Compliance.

- Corporate Compliance ist ein Wettbewerbsvorteil und trägt zum nachhaltigen Unternehmenserfolg und zur Sicherung der Existenz des Unternehmens bei.

- Integrieren Sie Compliance in Ihren Geschäftskreislauf und gestalten Sie damit die Abläufe im und außerhalb des Unternehmens.

- Nutzen Sie das Potential von Compliance als Steuerungsinstrument in der Unternehmensplanung (sowohl der strategischen als auch operativen).

- Etablieren Sie eine Wertestrategie in Ihrem Unternehmen und bringen Sie damit die Balance in etwaige Zielkonflikte.

- Kommunikation ist ein Key-Faktor für die Akzeptanz — eine „einfach richtige" Kommunikation ist unerlässlich.

- Menschliches Fehlverhalten ist auf jeder Hierarchieebene vorhersehbar und muss in Compliance-Management-Systemen erfasst, behandelt und wie jedes andere Organisationsrisiko durch die entsprechende Organisationspflicht des Managements und gegebenenfalls der Überwachungsorgane vermieden werden.

- Die Kunst liegt in der Ausbalancierung von Werten. Dabei hilft sowohl Compliance als auch Integrität.

- Unternehmen sollten an einer funktionierenden Compliance-Kultur arbeiten, um tatsächlich einen hohen Compliance-Standard bei den Mitarbeitern etablieren zu können.

- Basis des Compliance-Coachings sind die Erkenntnisse der Neurowissenschaften, mithilfe derer Strategien und Techniken vermittelt werden können, wie man eingebrannte Muster erkennen und selbstverantwortlich beeinflussen kann.

- Ziel ist es, dass eine Führungskraft ein bestimmtes, in unserem Fall ehrliches Grundgefühl jederzeit abrufen, verändern und an die Mitarbeiter weitergeben kann. Soziale Ansteckung funktioniert auch im positiven Sinne.

- Was wir als „gut" oder „böse", „recht" oder „unrecht" empfinden, ist vor allem das Ergebnis der Vorbilder, Lernprozesse und Interaktionen, die wir von Kindesbeinen an durchleben. Sukzessive entwickeln wir so unseren eigenen Compliance-Kompass, die Werteskala, für die wir stehen.

- Eine Regel ist nur so viel wert wie die Bindungswirkung, die sie entfaltet. Wird Compliance von ganz oben vorgelebt, orientieren sich alle Nachfolgenden daran („top-down"-Prinzip).

- Wer nachhaltig auch in schwierigen Situationen compliant handeln will, muss seinen Compliance-Manager im Gehirn (präfrontaler Cortex) regelmäßig trainieren.

- Unser Verhalten ist von bestimmten Mustern geprägt, die wir uns größtenteils selbst antrainiert haben. Je besser wir unsere Muster erkennen (z. B. mithilfe der Beobachter-Haltung), desto leichter gelingt es uns auch, sich von ihnen zu lösen.

- Das Gefühl der Kontrolle erhöht automatisch unsere Zufriedenheit, weil wir die Dinge plötzlich in der Hand haben. Ein Gefühl, das insbesondere für Rationalisten erstrebenswert ist.

- Die Aufgabe des Compliance-Coachings ist es, einen scharfen Blick auf die Glaubenssätze derer zu legen, die die Entscheidungen treffen und kollektive Aktionen verantworten. Erst, wenn die Glaubenssätze (Gedankenmuster) bekannt sind, kann man beginnen, problematische Haltungen zu transformieren und neue einzubetten.

- Erst wer in sich selbst Klarheit über die eigenen Werte und Ziele schafft, lernt auch bei kurzfristigen Versuchungen, nachhaltig zu widerstehen. Achtsamkeit oder Meditation ist ein Weg dorthin.

- Machen Sie sich einen Plan und setzen Sie ihn schrittweise um!

Anmerkungen

I.

1 Scherer, J.: Compliance- und Risikomanagement. Anforderungen kennen — Konzepte optimieren, Erich Schmidt Verlag, Berlin (2011), S. 130.

2 Wieland, J. in: Wieland/Steinmeyer/Grüninger, Handbuch Compliance-Management, Erich Schmidt Verlag, Berlin (2014), S. 24; Beisheim, C./Grutschnig, T. in: Wieland/Steinmeyer/Grüninger, Handbuch Compliance-Management, Erich Schmidt Verlag, Berlin (2014), S. 1063; Jansen, L./Rösch, P.: Grundsätze ganzheitlicher Compliance (GgC), Haar (2010), S. 9; im Detail siehe Teil III — Wirtschaftsfaktor Compliance.

3 Solomon, R. C.: Victims of Circumstances? A Defense of Virtue Ethics in Business. In: Business Ethics Quarterly 13(1). Cambridge University Press (2003), S. 43 — 62.

4 Grijalva, E./Newman, D. A./Tay, L. et al.: Gender Differences in Narcissism: A Meta-Analytic Review [Abstract]. In: Psychological Bulletin 141(2) (2015), S. 261 — 310.

5 McGonigal, K.: The Willpower Instinct: How Self-Control Works, Why It Matters, and What You Can Do To Get More of It. Avery (2011).

II. 1.

1 Gabler Wirtschaftslexikon, Stichwort: Homo oeconomicus, Springer Gabler Verlag.

2 Kahneman, D.: Schnelles Denken, langsames Denken, Siedler Verlag, München (2012), S. 331.

3 WPGS, Wirtschaftspsychologische Gesellschaft: Rationalität als Theorie: Der Homo oeconomicus der Volkswirtschaftslehre.

4 Weber B.: „Gutes Leben" oder maximaler Nutzen — ökonomische Entscheidungen im Haushalt, Bundeszentrale für politische Bildung, Bonn (2010).

5 Beshears, J./Gino, F.: Der Weg zu weisen Entscheidungen, Harvard Business Manager, Hamburg (08/2015), S. 4.

6 Kahneman, D.: Schnelles Denken, langsames Denken, Siedler Verlag, München (2012), S. 331.

7 Stanovich, K. E./West, R. F.: Individual differences in reasoning: Implications for the rationality debate? Behavioral and Brain Sciences 2000, Ausgabe 23, S. 645 — 726.

8 Kahneman, D.: Schnelles Denken, langsames Denken, Siedler Verlag, München (2012), S. 60 ff.

9   Psychologen der Universität des Saarlandes haben herausgefunden, dass eine Neigung besteht, in Entscheidungssituationen, die vertrautere Alternative zu wählen. Rosburg, T./Mecklinger, A: Psychologie-Studie: Vertrautheitsgefühl beeinflusst unsere Entscheidungen, Universität des Saarlandes, Bayreuth (2011).

10   Beshears, J./Gino, F.: Der Weg zu weisen Entscheidungen, Harvard Business Manager, Hamburg (08/2015), S. 4.; Soll, B./Milkman, K. L./Payne, J. W.: Vorsicht, verzerrte Wahrnehmung! Harvard Business Manager, Hamburg (2015), S. 3.

11   Iwersen, S.: „Der Kampf gegen Schmiergeld ist reine Heuchelei", Handelsblatt, Düsseldorf (2010); Jahn, J.: Ohne Schmiergeld gehe es nicht, F.A.Z., Frankfurt am Main (2010).

12   Michler, I./Zschäpitz, H.: Das Bild des ehrbaren Kaufmanns ist angekratzt, Die Welt, Berlin (2016).

13   „Wir brennen für unsere Technologien und unsere Kunden" (Zitat: Martin Winterkorn).

14   Grüninger, S.: Integrity Management, Hernstein Institut für Management und Leadership, Wien (02/2011), S. 9.

15   DICO Risikokatalog, Berlin (2015).

16   Hauschka, C. E. in: Hauschka, Corporate Compliance, Verlag C.H. Beck, München (2007), S. 3; Grüninger, S. in: Wieland/Steinmeyer/Grüninger, Handbuch Compliance-Management, Erich Schmidt Verlag, Berlin (2014), S. 55.

17   Hauschka, C. E. in: Hauschka, Corporate Compliance, Verlag C.H. Beck, München (2007), S. 3.

18   Bonime-Blanc, A.: The Reputation Risk Handbook: Surviving and Thriving in the Age of Hyper-Transparency, Oxford (2014), S. 45.

19   Kremer, L. R./Klahold, C. in: Krieger/Schneider, Handbuch Managerhaftung: Vorstand Geschäftsführer Aufsichtsrat. Pflichten und Haftungsfolgen. Typische Risikobereiche, Otto Schmidt Verlag, Köln (2010), S. 637.

20   Fissenewert, P. in: Behringer S., Compliance kompakt: Best Practice im Compliance-Management, Erich Schmidt Verlag, Berlin (2012), S. 50; ARAG/Garmenbeck-Entscheidung des BGH, BHZ 135, 244; LG München I, Urt. V. 10.12.2013 − 5 HKO 1387/10, NZG (2014), S. 345 ff.

21   Siehe „Entwurf eines Gesetzes zur Einführung der strafrechtlichen Verantwortlichkeit von Unternehmen und sonstigen Verbänden" (VerbStrG-E) (erarbeitet vom nordrhein-westfälischen Justizministerium); siehe auch auch Engelhart, M.: Firmen haben keine Seele zum Verfluchen, F.A.Z. (2016).

22   Erstinstanzlich abgewiesen.

23   Scherer, J.: Non-Compliance als Wertbeitragsvernichter, RiskNET GmbH, Brannenburg (2016).

24 Lutter, M. in: Krieger/Schneider, Handbuch Managerhaftung, Otto Schmidt Verlag, Köln (2010), S. 5.

25 §§ 43 Abs. 2 GmbHG, 93 Abs. 2 Akt.

26 Fleischer, H.: Aktienrechtliche Compliance-Pflichten im Praxistest: Das Siemens/Neubürger-Urteil des LG München I, NZG (2014), S. 321 f.

27 Sie ergibt sich für Geschäftsführer der GmbH aus § 43 Abs. 1 GmbHG, Vorstände aus §§ 76, Abs. 1, 93 Abs. 1 AktG.

28 Schieffer, A./Wauschkuhn, A. in: Moosmayer, Compliance-Risikoanalyse: Praxisleitfaden für Unternehmen, Verlag C.H. Beck, München (2015), S. 52.

29 Hein, O.: Managerhaftung wegen mangelnder Compliance, Bundesanzeiger Verlag GmbH, Köln (05/2014), S. 179.

30 Es kam am zu einem Vergleich, sodass das Urteil nicht in Rechtskraft erwuchs.

31 Neubürger-Urteil. In der Berufungsinstanz haben die Parteien einen Vergleich geschlossen. Herr Neubürger hat sich am 5. Februar 2015 das Leben genommen.

32 Hein, O.: Compliance – Haftungsrisiken der Unternehmensleitung, Nomos Verlagsgesellschaft, Baden-Baden (2/2015) Sonderbeilage Compliance, S. 72.

33 ComplianceManager: Dr. Helmut Krenek, Vorsitzender Richter der 5. Kammer für Handelssachen am LG München I im Interview mit ComplianceManager (2015). Hein, O.: Compliance – Haftungsrisiken der Unternehmensleitung, Nomos Verlagsgesellschaft, Baden-Baden (2/2015) Sonderbeilage Compliance, S. 72.

34 ARAG-Entscheidung des BGH v. 21.4.1997 – II ZR 175/95, BGHZ 135, 244 ff. = AG 1997, 377; siehe auch § 93 Abs. 1 Satz 2 AktG.

35 Der Manager muss beweisen, dass er keine Pflicht verletzt hat (sogenannte Beweislastumkehr).

36 Fissenewert, P. in: Behringer, Compliance kompakt: Best Practice im Compliance-Management, Erich Schmidt Verlag, Berlin (2012), S. 61.

37 KUV24-manager.de: Haftungsbereiche (Innenhaftung und Außenhaftung) Ulm.

38 Straftaten oder Ordnungswidrigkeiten.

39 Hein, O.: Compliance – Haftungsrisiken der Unternehmensleitung, Nomos Verlagsgesellschaft, Baden-Baden (2/2015) Sonderbeilage Compliance, S. 67.

40 So gibt es die ewig Unverbesserlichen wie z. B. Herrn Vietz, der im Handelsblatt unvoreingenommen seine Einstellung und sein Geschäftsgebaren darstellte und seine Auffassung zum Besten gab, dass es ohne Bestechung in einigen Ländern dieser Welt kein Geschäft gibt; Iwersen, S.: Der Kampf gegen Schmiergeld ist reine Heuchelei, Handelsblatt, Düsseldorf (2010); Jahn, J.: Ohne Schmiergeld gehe es nicht, F.A.Z., Frankfurt am Main (2010).

41 Thomas Middelhoff, Jürgen Schrempp, Jürgen Claasen, Uli Hoeneß, Klaus Zumwinkel, um nur einige zu nennen.

42 Gabler Wirtschaftslexikon, Stichwort: Ehrbarer Kaufmann, Springer Gabler Verlag.

43 Kixmöller, G.: Der ehrbare Kaufmann: Was haben Leitbilder von Berufsgruppen mit dem Mythos zu tun und inwiefern haben sie in der heutigen Realität Bestand? Dargestellt am Beispiel des ehrbaren Kaufmanns, Abschlussarbeit, Johann Wolfgang Goethe-Universität, Frankfurt am Main (2010), S. 21.

44 Michler, I./Zschäpitz, H.: Interview mit Manfred Gentz: „Das Bild des ehrbaren Kaufmanns ist angekratzt", Die Welt (2016); Hoefle, M./Sorg, A.: in Managerismus, Einsichten Nummer 5, Der ehrbare Kaufmann — Leitbild auch für heute, Die Welt, München (2011).

45 Siehe Experteninterview über Tugenden, Haltungen und Anreize, Teil IV.

46 Klink, D.: Am Anfang stand der ehrbare Kaufmann, Interview in Profil (11/2012), S. 18.

47 Siehe Experteninterview über Tugenden, Haltungen und Anreize, Teil IV.

48 Klink, D.: Am Anfang stand der ehrbare Kaufmann, Interview in Profil (11/2012), S. 18.

49 Burger, C.: Werte schaffen Wert, in Hernsteiner Management Information (02/2011).

50 Fox, J.: Am Anfang war der Homo oeconomicus, Harvard Buisness Manager, Hamburg (08/2015), S. 5.

II. 2.

1 Nikolas Wallenda (*24. Januar 1979 in Sarasota, Florida), US-amerikanischer Hochseilartist, Stuntman und Extremsportler. Mitglied der Flying Wallendas, einer Artistenfamilie, die von seinem Urgroßvater, dem Magdeburger Zirkusakrobaten Karl Wallenda, gegründet wurde.

2 Vgl. Gächter S./Schulz, J. F.: Intrinsic honesty and the prevalence of rule violations across societies. In: Nature, veröffentlicht am 9.3.2016.

III. 1.

1 Wieland, J. in: Wieland/Steinmeyer/Grüninger, Handbuch Compliance-Management, Erich Schmidt Verlag, Berlin (2014), S. 27.

2 Zimmer, R. in: Wieland, J. Handbuch Wertemanagement, Murmann Verlag, Hamburg (2004), S. 203.

3   Schartz, T./Seitz, N. in: Schettgen-Sarcher/Bachmann/Schettgen, Compliance Officer, Springer Fachmedien, Wiesbaden (2014), S. 287.

4   Wieland, J./Grüninger, S. in: Wieland/Steinmeyer/Grüninger, Handbuch Compliance-Management, Erich Schmidt Verlag, Berlin (2014), S. 92.

5   Gabler Versicherungslexikon online, Stichwort: Compliance, Springer-Verlag.

6   Grüninger, S. in: Wieland/Steinmeyer/Grüninger, Handbuch Compliance-Management, Erich Schmidt Verlag, Berlin (2014), S. 50.

7   Z. B.: Mitarbeiter, Investoren, Politik, Gesellschaft

8   Beisheim, C./Grutschnig, T. in: Wieland/Steinmeyer/Grüninger, Handbuch Compliance-Management, Erich Schmidt Verlag, Berlin (2014), S. 1063.

9   Wieland, J. in: Wieland/Steinmeyer/Grüninger, Handbuch Compliance-Management, Handbuch Compliance-Management, Erich Schmidt Verlag, Berlin (2014), S. 24.

10 Grüninger, S. in: Wieland/Steinmeyer/Grüninger, Handbuch Compliance-Management, Handbuch Compliance-Management, Erich Schmidt Verlag, Berlin (2014) S. 51.

11 Wieland, S. in: Wieland/Steinmeyer/Grüninger, Handbuch Compliance-Management, Erich Schmidt Verlag, Berlin (2014), S. 19.

12 Ebd, S. 27.

13 Die hier angegeben Fälle sind nur eine Auswahl und stehen nur exemplarisch für die Folgen von Non-Compliance für Unternehmen und ihre Mitarbeiter.

14 Wikipedia: VW-Skandal, https://de.wikipedia.org/wiki/VW-Abgasskandal

15 Bloomberg: Credit Agricole kommt glimpflicher weg als die Commerzbank, Handelsblatt, Düsseldorf (2015).

16 Ebd.

17 Kalbhenn, P.: Die größten Skandale in deutschen Konzernen. Handelsblatt GmbH, Düsseldorf (2012).

18 Bundeskartellamt: Tätigkeitsbericht des Bundeskartellamtes 2013/2014 und Jahresbericht 2014 veröffentlicht, Bonn (2015).

19 Bundeskartellamt: Bilanz 2003: Bedeutende Fälle und Weichenstellungen für die Zukunft, Bonn (2003).

20 Bundeskartellamt: Jahresrückblick 2015, Bonn (2015).

21 Grüninger, S. in: Wieland/Steinmeyer/Grüninger, Handbuch Compliance-Management, Handbuch Compliance-Management, Erich Schmidt Verlag, Berlin (2014), S. 42.

22 Pelny, S.: Die Einführung von Compliance Management und Compliance Regeln — ein Beitrag zu Reputation und Rendite? Dr. Weiland und Partner, Berlin (2012), S. 8.

23 Höpner, A.: Was Volkswagen von Siemens lernen kann. Handelsblatt, Düsseldorf (2015).

24 Transparency International: Corruption Perception Index 2015, https://
    www.transparency.de/Tabellarisches-Ranking.2754.0.html.

25 Müller, E.: Vorsitzende von Transparency Deutschland in Pressemitteilung
    Transparency International vom 02.01.2016: „Aber von einer vermeintlichen Verbesserung im Index sollte sich Deutschland nicht blenden lassen.
    Die jüngsten Korruptions- und Compliance-Skandale — sei es in der Automobilwirtschaft, im Sport oder im Finanzmarkt zeigen, dass es auch in
    unserem Land in Sachen Integrität noch viel zu tun gibt."

26 Grüninger, S. in: Wieland/Steinmeyer/Grüninger, Handbuch Compliance-
    Management, Handbuch Compliance-Management, Erich Schmidt Verlag,
    Berlin (2014), S. 47.

27 Deutscher Corporate Governance Kodex, Ziffer 4.1.3.

28 Wolfgang Reitzle, Aufsichtsratsvorsitzender Continental AG, in: Giersberg, G.: Politikberatung, Frauenquote und Industrie 4.0, F.A.Z., Frankfurt
    am Main (2016).

29 Grüninger, S. in: Wieland/Steinmeyer/Grüninger, Handbuch Compliance-
    Management, Erich Schmidt Verlag, Berlin (2014), S. 52 f.

30 RECOMMIND: Compliance Readiness in deutschen Unternehmen 2015.
    Würzburg-Schweinfurt: Whitepaper Recommind in Zusammenarbeit mit
    der Hochschule für angewandte Wissenschaften, 2014; siehe auch aus
    der Studienserie: „Erfolgsfaktoren im Mittelstand", Compliance im Mittelstand, Deloitte (2011).

31 Hedayati, H./Bruhn, H.: Compliance-Systeme und Ihre Auswirkungen auf
    die Verfolgung und Verhütung von Straftaten der Wirtschaftskriminalität
    und Korruption (Hauptstudie 2015).

32 Ponemon Institute: Die tatsächlichen Compliance-Kosten, Forschungsbericht, Michigan (2011).

33 Ebd.: Die durchschnittlichen Compliance-Kosten der 46 an der Studie teilnehmenden Unternehmen beliefen sich auf mehr als 3,5 Mio. US-Dollar,
    während die Kosten für Non-Compliance bei fast 9,4 Mio. US-Dollar lagen.

34 Ponemon Institute: Die tatsächlichen Compliance-Kosten, Forschungsbericht, Michigan (2011).

35 PricewaterhouseCoopers AG: Global Economic Crime Survey (2016), S. 12.

36 Ebd.

37 HTWG Konstanz: Studie Center for Business Compliance & Integrity (CBCI)
    Compliance im Mittelstand (2014).

38 Volkswagen AG, Geschäftsbericht 2014, Wolfsburg (2014).

39 PricewaterhouseCoopers AG: Wirtschaftskriminalität und Compliance in
    der Automobilindustrie (2014).

40 RECOMMIND: Compliance Readiness in deutschen Unternehmen 2015.
    Würzburg-Schweinfurt: Whitepaper Recommind in Zusammenarbeit mit
    der Hochschule für angewandte Wissenschaften, 2014.

41 EY: Fraud and corruption — the easy option for growth? Europe, Middle East, India and Africa Fraud Survey 2015.

42 Chamberlain, A.: Does Company Culture Pay Off? Analyzing stock performance of „Best Place to Work" Companies, Mill Valley (2015).

43 Die Kosten, die durch die Unterbrechung von Geschäftsprozessen entstehen, sind die höchsten, s. Ponemon Institute: Die tatsächlichen Compliance-Kosten, Forschungsbericht, Michigan (2011).

44 Wieland, J. in: Wieland/Steinmeyer/Grüninger, Handbuch Compliance-Management, Handbuch Compliance-Management, Erich Schmidt Verlag, Berlin (2014), S. 50.

III. 2.

1 Nassim, T.: Black Swan — The Impact of the Highly Improbable, Penguin Publishers New York (2008), S. 3.

2 IDW PS 980 beschreibt das CMS in Tz. 6 als „die auf der Grundlage der von den gesetzlichen Vertretern festgelegten Ziele (…), eingeführten Grundsätze und Maßnahmen eines Unternehmens (…), die auf die Sicherstellung eines regelkonformen Verhaltens der gesetzlichen Vertreter und der Mitarbeiter des Unternehmens sowie ggf. von Dritten abzielen, d.h. auf die Einhaltung bestimmter Regeln und damit auf die Verhinderung von wesentlichen Verstößen (Regelverstöße) (…). Ein CMS i.S.d. IDW Prüfungsstandards kann sich vor allem auf Geschäftsbereiche, auf Unternehmensprozesse (z.B. Einkauf) oder auf bestimmte Rechtsgebiete (z.B. Kartellrecht) beziehen (abgegrenzte Teilbereiche) (…)."

3 Dobelli, R.: Die Kunst des klugen Handelns; Carl Hanser Verlag, München (2012), S. 105 ff.

4 Ebd.

5 Studie der Wirtschaftskanzlei CMS / Marktforschungsinstitut Ipsos in 2014 — Befragung von 175 Compliance-Verantwortlichen in Unternehmen mit > 500 Mitarbeitern darunter auch MDAX- und SDAX-Unternehmen; http://www.cms-hs.com/PM_CMS_Compliance-Barometer_11_08_2015.

6 Ebd.

7 Springer Gabler Verlag (Hrsg.), Gabler Wirtschaftslexikon, Stichwort: „System"-Definition: „Als System wird allgemein eine Gesamtheit von Elementen bezeichnet, die so aufeinander bezogen oder miteinander verbunden sind und in einer Weise interagieren, dass sie als eine aufgaben-, sinn- oder zweckgebundene Einheit angesehen werden können, als strukturierte systematische Ganzheit."

8 ISO 9001: http://www.tuev-sued.de/management-systeme/iso-9001.

9 ISO 9004: http://www.iso.org/iso/catalogue_detail?csnumber=28692.

10   Torp, J.: Compliance Management System, AlexInformation Publishers, Austin/Texas (2004), S. 19.

11   Wieland, J./Steinmeyer, R./Grüninger, S.: Handbuch Compliance-Management. Konzeptionelle Grundlagen, praktische Erfolgsfaktoren, globale Herausforderungen, Erich Schmidt Verlag, Berlin (2014), S. 51, Tz. 12.

12   KPMG (Hrsg.): Das wirksame Compliance-Management-System, NWB-Verlag, Herne (2014), S. 9.

13   ISO 19600: http://www.bundesanzeiger-verlag.de/aw-portal/zoll/hintergruende-und-fachwissen/iso-196002014-neue-norm-fuer-besseres-compliance-management.html.

14   IDW (2014): Berichterstattung über die Sitzung des Arbeitskreises „Prüfungsfragen und betriebswirtschaftliche Fragen zu Governance, Risk und Compliance (GRC)" am 08.12.2014; http://www.idw.de/idw/download/AK_Pruefungsfragen_betriebswirtschaftliche_Fragen_GRC.pdf, http://www.idw.de/idw/portal/d642684).

15   KPMG (Hrsg.): Das wirksame Compliance-Management-System, NWB-Verlag, Herne (2014), S. 248.

16   Ebd., S. 27.

17   TÜV Rheinland (Hrsg.): Standard für Compliance-Management-Systeme; TR CMS 101:2015, TÜV Media Verlag, Köln (2015), S. 7.

18   Ebd., S. 10 ff.

19   Institut der Wirtschaftsprüfer in Deutschland. Prüfungsstandard 980. Grundsätze ordnungsgemäßer Prüfung von Compliance Management Systemen. Quelle: WPg Supplement 2/2011, S. 78 ff., FN-IDW 4/2011, S. 203 ff.

20   Ebd.

21   Vgl. § 130 Abs. 1, S. 1 OWiG.

22   Rack, M.: Der Unterlassungsfehler, der Rückschaufehler und der Bestätigungsirrtum, in: Compliance Berater, Hefte 4-6 (2014), S. 104 ff.

23   Ebd., S. 104 ff.

24   modifiziertes Beispiel von Dobelli, R.: Die Kunst des klugen Handelns; Carl Hanser Verlag, München (2012).

25   vgl. auch Rack, M.: Der Unterlassungsfehler, der Rückschaufehler und der Bestätigungsirrtum, in: Compliance Berater, Hefte 4 – 6 (2014), S. 104 ff.

26   Dobelli, R.: Die Kunst des klaren Denkens, Carl Hanser Verlag, München (2011), S. 29 ff.

27   modifiziertes Beispiel von Dobelli, R.: Die Kunst des klugen Handelns; Carl Hanser Verlag, München (2012).

28   Kahneman, D.: Schneller Denken, langsamer Denken, Siedler Verlag, München (2012), S. 31 ff.

29   Borchard-Tuch, C.: Rationales über das Irrationale, in Spektrum der Wissenschaft, Heft 5 (2013).

30   vgl. analog TÜV Rheinland: Compliance Management, Die 10 größten Fallstricke und Fehleinschätzungen (2011): https://www.tuv.com/media/germany/60_systeme/csr_nachhaltigkeit_compliance/compliance/faktenblaetter/Die_10_groessten_Compliance_Fehler_2011.pdf.

31   DCGK Deutscher Corporate Governance Codex zur Gesamthaftung des Vorstands. Der Deutsche Corporate Governance Kodex betont in Ziffer 4.1.3., dass dem Vorstand selbst die Pflicht obliegt, für die Einhaltung der gesetzlichen Bestimmungen und der unternehmensinternen Richtlinien zu sorgen und auf deren Beachtung durch die Konzernunternehmen hinzuwirken.

32   Compliance-Manager.Net, Zum Neubürger-Urteil, Der Verfasser des Urteils, Helmut Krenek, im Interview, Feb. 2015; http://www.compliance-manager.net/fachartikel/zum-neubürger-urteil-022015.

33   Ebd.

34   Rack, M.: Der Unterlassungsfehler, der Rückschaufehler und der Bestätigungsirrtum, in: Compliance Berater, Hefte 4−6 (2014), S. 104 ff.

V. 1.

1   Ruckriegel, K.: Glücksforschung − Erkenntnisse und Konsequenzen. Nürnberg (2012).

2   Soussignan, R.: Duchenne smile, emotional experience, and autonomic reactivity: a test of the facial feedback hypothesis, in: Emotion 2002, 2(1), S. 52−74.

3   Auch „altruistische Lügen" genannt. Lügen zum Schutz von anderen, um Verletzungen zu vermeiden.

4   Drath, K.: Neuroleadership: Was Führungskräfte aus der Hirnforschung lernen können, Band 2018, Haufe TaschenGuide, S. 18

5   Notebaert, K.: Self-Control − Eine Erfolgsmethode für's persönliche Glück, in: Segschneider, D. (2014): Glück Macht Erfolg, Frankfurter Allgemeine Buch, S. 140−158.

6   Bauer, J.: Selbststeuerung: Die Wiederentdeckung des freien Willens. Karl Blessing Verlag, München (2015).

7   Tangeny, J. P./Baumeister, R. F./Boone, A. L.: High Self-Control Predicts Good Adjustment, Less Pathology, Better Grades, and Interpersonal Success. In: Journal of Personality 72 (2004), S. 271−324.

8   Baumeister, R.F. (Hrsg.): The Self in Social Psychology. Psychology Press (Taylor & Francis), Philadelphia (1999).

9   Siegel, D. J.: Mindsight − Die neue Wissenschaft der persönlichen Transformation: Vorwort von Daniel Goleman. Goldmann Verlag, München (2012).

10   Roth, Eugen: Das Eugen Roth Buch. dtv Verlagsgesellschaft mbH & Co. KG, München (2015).

11   Ariely, D./Loewenstein, G.: The Heat of the Moment: The Effect of Sexual Arousal on Sexual Decision Making. In: Journal of Behavioral Decision Making 19 (2006), S. 87−98.

12   Pocheptsova, A./Amir, O./Dhar, R./Baumeister, R. F.: Deciding without Resources: Resource Depletion and Choice in Context. In: Journal of Marketing Research 46 (2009), S. 344−355.

13   Wicklund, R. A./Frey, D.: Die Theorie der Selbstaufmerksamkeit. In: Frey, D./Irlen, M. (Hrsg.): Theorien der Sozialpsychologie. Band I, Verlag Hans Huber, Bern (1993).

14   Carver, C. S./Scheier, M. F.: Perspectives on Personality. Pearson, London (2003).

15   Linden, M./Hautzinger, M.: Verhaltenstherapiemanual. Springer-Verlag (2008), S. 254−257.

16   Mukhopadhyay, A./Sengupta, J./Ramanatha, S.: Recalling Past Temptations: An Information-Processing Perspective on the Dynamics of Self-Control. In: Journal of consumer research 35 (2008).

17   Bargh, J. A./Chartrand, T. L.: Automatic activation of impression formation and memorization goals: Nonconscious goal priming reproduces effects of explicit task instructions. In: Journal of Personality and Social Psychology 71(3) (1996), S. 46−478.

18   Hölzela, B. K./Carmodyc, J./Vangela, M. et al.: Mindfulness practice leads to increases in regional brain gray matter density (2010).

19   Horx, M./Papasabbas, L./Schuldt C.: Zukunftsreport 2016 (2015).

20   Ebd.

21   Sandlin, D.: The Backwards Brain Bicycle − Smarter Every Day 133 (2015). https://www.youtube.com/watch?v=MFzDaBzBlL0.

22   Horx, M./Papasabbas, L./Schuldt, C.: Zukunftsreport 2016, Nov. 2015.

23   Segschneider, D.: Glück Macht Erfolg: Wie Glück zu mehr Rendite führt. Mit Knowhow und Praxisbeispielen zu mehr Output, Frankfurter Allgemeine Buch (2014), S. 224−234

V. 2.

1   Wieland, J. in: Wieland/Steinmeyer/Grüninger, Handbuch Compliance-Management, Erich Schmidt Verlag, Berlin (2014), S. 24.

2   Siehe oben Teil V. 1.

3   Siehe Teil III. 1.

4 Korrupte Gesellschaft wirkt auch auf Verhalten Einzelner, trend.at vom 9.3.2016, http://www.trend.at/branchen/forschung-innovation/korrupte-gesellschaft-verhalten-einzelner/.

5 Siehe Teil II. 1.

6 Hierzu zählen: Land, Branche, Vergütungsmodelle.

7 Wegener, E.: Die große Verunsicherung, Handelsblatt (2013).

8 Siehe Teil II. 1.

9 Gabler Wirtschaftslexikon, Stichwort: Unternehmensplanung, Springer Gabler Verlag.

10 Gabler Wirtschaftslexikon, Stichwort: Unternehmensplanung, Springer Gabler Verlag: Die unternehmerische Planung „ist ein Managementkonzept zur Unterstützung der Unternehmensführung. Ergebnis sind Pläne für die zu führenden Organisationseinheiten".

11 Ebd.

12 Ebd.

13 Soweit diese Bestandteil des Planungsprozesses sind, was aber empfehlenswert scheint aufgrund der geschäftseinheitübergreifenden Funktionen.

14 Grüninger, S. in: Wieland/Steinmeyer/Grüninger, Handbuch Compliance-Management, Erich Schmidt Verlag, Berlin (2014), S. 54.

15 Hemel, U.: Werteorientierte Unternehmensführung und die Dynamik von Vertrauen, ZCG (3/2013), S. 101, 104.

16 Transparency International: Corruption Perception Index 2015.

17 Gächter, S./Schulz, J.: Intrinsic honesty and the prevalence of rule violations across societies in: Nature, (09.3.2016).

18 Ebd., CPI 2015.

19 Ebd., S. 1.

20 Ebd., S. 3.

21 World Economic Forum: The Global Risk Report 2016, Cologny (2016).

22 World Economic Forum: The Global Risk Report 2016, Cologny (2016): sog. The Global Risks Interconnection Map.

23 UK Modern Slavery Act, http://www.legislation.gov.uk/ukpga/2015/30/contents/enacted.

24 Doris, P./Zimmer, M.: Ausbeutung in der Lieferkette, Betriebs-Berater (3/2016), S. 181.

25 Scherer, J.: Good Governance und ganzheitliches strategisches und operatives Management: Die Anreicherung des „unternehmerischen Bauchgefühls" mit Risiko-, Chance- und Compliancemanagement, CCZ Sonderdruck aus Heft (6/2012), S. 209 f.

26 Ebd., S. 208 f.

27 Wieland, J. in: Wieland/Steinmeyer/Grüninger, Handbuch Compliance-Management, Erich Schmidt Verlag, Berlin (2014), S. 23.

28 Hemel, U.: Werteorientierte Unternehmensführung und die Dynamik von Vertrauen, ZCG 3/13, S. 101.

29 Wieland, J. in: Wieland/Steinmeyer/Grüninger, Handbuch Compliance-Management, Erich Schmidt Verlag, Berlin (2014), S. 29.

30 Hemetsberger, L.: Compliance und Glückseligkeit, Standard (13. Juni 2015).

31 Burger, C.: Werte schaffen Wert, in Hernsteiner Management Information (02/2011), S. 7.

32 Hemel, U.: Werteorientierte Unternehmensführung und die Dynamik von Vertrauen, ZCG (3/2013), S. 106.

33 MAN SE (Slogan): „Driven by Integrity".

34 Jäkel, I.: Compliance Branding — KISS = KEEP IT SIMPLE, STUPID, Compliance Manager — Quadriga Media Berlin GmbH, Berlin (2015).

35 Nach dem Prüfungsstandard des Instituts der Wirtschaftsprüfer (IDW) PS 980 sollen Konzeption, Angemessenheit, Implementierung und Wirksamkeit eines CMS durch die Prüfung von sieben Grundelementen festgestellt werden: Kultur, Ziele, Risiken, Programm, Kommunikation und Überwachung. IDW (Hrsg.), IDW Prüfungsstandard: Grundsätze ordnungsgemäßer Prüfung von Compliance Management Systemen (IDW PS 980), 2011, S. 50.

36 ISO 19600 Compliance ist ein internationaler Leitfaden, der Richtlinien für den Einsatz von CMS enthält. Dieser basiert im Wesentlichen auf fünf Säulen: Bewertung der Compliance-Risiken, Führung, Systemische Steuerungs-/Kontrollmaßnahmen, Training/Kommunikation/Monitoring, interne Audits/Reaktion.

37 Schach, A.: 10 Thesen zur Compliance Kommunikation, pressesprecher — Magazin für Kommunikation, Gastbeitrag, Berlin (2015); Schach, A.: Compliance Kommunikation muss Verhalten ändern, Springer Fachmedien, Wiesbaden (2015).

38 Angeblich aus einer Studie der American Audiovisual Society 1982, die oft zitiert und angezogen wird, aber nicht erhältlich zu sein scheint — es fehlen wissenschaftliche Quellen.

39 Erhebung von virtuets.com aus 2014 basierend auf der (nicht unumstrittenen) Doppelcodierungstheorie von Paivio, A.: Mental representations: A dual coding approach, Oxford University Press (1986).

40 Nelson, D.L./Reed, U.S./Walling, J.R. (1976). Pictorial superiority effect. Journal of Experimental Psychology: Human Learning & Memory 2, S. 523 – 528.

41 Buratto, L.G./Matthews, W.J./Lamberts, K.: When are moving images remembered better? Study-test congruency and the dynamic superiority

effect. Quarterly Journal of Experimental Psychology 62(10), University of Warwick, Coventry (2009), S. 1896 – 1903.

42 ARD/ZDF-Medienkommission: ARD/ZDF-Onlinestudie 2015. Laut dieser Studie sind 80 % der Deutschen online. 43 % der Befragten gaben an, dass das Internet ihr Begleiter für alle möglichen Fragen und Themen ist. In der sogenannten Kategorie Mediennutzung fallen 53 % (berechneter Nettowert für Videos) auf die Tätigkeit, Videos im Internet anzusehen.

43 Forbes Insights: Video in the C-Suit: Executive embrace the non-text web. New York (2010).

44 Siehe V. 3.

45 In den UK gibt es mittlerweile einen systematischen Ansatz dazu, U.K. Institute of Business Ethics (IBE), siehe Medland, D.: Taking Ethics Seriously: By Setting Up Board Committees? Forbes Insights LLC, New York (2016).

46 Korn Ferry Institute: Real World Leadership – Create an engaging culture for greater impact, Part III (2015).

47 Wieland, J. in: Wieland/Steinmeyer/Grüninger, Handbuch Compliance-Management, Erich Schmidt Verlag, Berlin (2014), S. 22.

48 Deborah J. Mitchell von der Wharton School, Jay Russo von der Cornell University und Nancy Pennington von der University of Colorado.

V. 3.

1 PricewaterhouseCoopers AG: Wirtschaftskriminalität in der analogen und digitalen Wirtschaft 2016, S. 43.

2 Bundeskriminalamt: Wirtschaftskriminalität Bundeslagebild (2014).

3 Ebd., S. 5.

4 PricewaterhouseCoopers AG, Wirtschaftskriminalität und Unternehmenskultur 2013, S. 69.

5 Schemmel A./Ruhmannseder F./Witzigmann T.: Hinweisgebersysteme – Implementierung im Unternehmen, C.F. Müller, München (2012), S. 80.

6 Ebd.

7 PricewaterhouseCoopers AG: Wirtschaftskriminalität in der analogen und digitalen Wirtschaft 2016, S. 17.

8 Ebd., S. 25.

9 Ebd.

10 basierend auf http://www.whistleblower-net.de/whistleblowing/whistle-blowing-im-detail/definitionen/

11 Kremer, T./Klahold, C. in: Krieger/Scheider, Handbuch Managerhaftung, Verlag Dr. Otto Schmidt, München (2010), S. 632.

12 Ebd.

13 Institute of Businesss Ethics: Ethics at work 2015 survey of employees. Institute of Business Ethics, London (2015), S. 19.

14 Suchanek, A.: Ökonomische Unternehmensethik, Kath. Universität Eichstätt-Ingolstadt (2003), S. 19.

15 Schieffer, A./Wauschkuhn, A. in: Moosmayer, K.: Compliance-Risikoanalyse — Praxisleitfaden für Unternehmen, C.H. Beck, München (2015), S. 68.

16 Ebd.

17 Süße, S. in: Schettgen-Sarcher/Bachmann/Schettgen, Compliance Officer, Springer Fachmedien, Wiesbaden (2014), S. 201.

18 Schieffer, A./Wauschkuhn, A. in: Moosmayer, K.: Compliance-Risikoanalyse — Praxisleitfaden für Unternehmen, C.H. Beck, München (2015), S. 68.

19 Buchert, R.: Der externe Ombudsmann — ein Erfahrungsbericht, CCZ 4/2008, S. 149; Süße, S. in: Schettgen-Sarcher/Bachmann/Schettgen, Compliance Officer, Springer Fachmedien, Wiesbaden (2014), S. 211.

20 Buchert, R.: Der externe Ombudsmann — ein Erfahrungsbericht, CCZ 4/2008, S. 149.

21 Süße, S. in: Schettgen-Sarcher/Bachmann/Schettgen, Compliance Officer, Springer Fachmedien, Wiesbaden (2014), S. 204.

22 Kremer, T./Klahold, C. in: Krieger/Scheider, Handbuch Managerhaftung, Verlag Dr. Otto Schmidt, Köln (2010), S. 632; Buchert, R.: Der externe Ombudsmann — ein Erfahrungsbericht, CCZ 4/2008, S. 149.

23 Buchert, R.: Korruptionsbekämpfung durch Ombudspersonen in Compliance-Management-Systemen, Dr. Buchert & Partner, Vortrag bei der ersten eVergabekonferenz der Kommune 2.0 e.V. in Mainz (2015).

24 ICC Commission on Anti-Corruption: ICC Guidelines on Whistleblowing. International Chamber of Commerce, Paris (2008).

25 Schemmel, A./Ruhmannseder, F./Witzigmann, T.: Hinweisgebersysteme — Implementierung im Unternehmen, C.F. Müller, München (2012), S. 80.

26 Ebd., S. 82.

27 Kremer, T./Klahold, C. in: Krieger/Scheider, Handbuch Managerhaftung, Verlag Dr. Otto Schmidt, Köln (2010), S. 633; Süße S.: in: Schettgen-Sarcher/Bachmann/Schettgen, Compliance Officer, Springer Fachmedien, Wiesbaden (2014), S. 205.

28 Schemmel, A./Ruhmannseder, F./Witzigmann, T.: Hinweisgebersysteme — Implementierung im Unternehmen, C.F. Müller, München (2012), S. 80.

29 Bonime-Blanc, A.: The GlobalEthicist — Executive whistle blowing: what to do when no one listens. Ethical Corporation, London (2013).

30 Buchert, R.: Der externe Ombudsmann — ein Erfahrungsbericht, CCZ 4/2008, S. 150.

31 §153 Absatz 1 Nr. 3 StPO.

32 Süße, S. in: Schettgen-Sarcher/Bachmann/Schettgen, Compliance Officer, Springer Fachmedien, Wiesbaden (2014), S. 212.

33 Buchert, R.: Der externe Ombudsmann – ein Erfahrungsbericht, CCZ 4/2008, S. 151; Süße S. in: Schettgen-Sarcher/Bachmann/Schettgen, Compliance Officer, Springer Fachmedien, Wiesbaden (2014), S. 201.

34 Gehilfen gem. § 53 a Abs. 1 StPO sind alle Personen, die im unmittelbaren Zusammenhang mit der Berufstätigkeit des Anwalts eine ihn unterstützende Tätigkeit ausüben; vgl. auch ähnlich dem Mediator: Schneider, S.: Vertraulichkeit der Mediation, EHV Academicpress GmbH, Bremen (2014), S. 227 ff.; Schemmel, A./Ruhmannseder, F./Witzigmann, T.: Hinweisgebersysteme – Implementierung im Unternehmen, C.F. Müller, München (2012), S. 307.

35 Vgl. Knieriem, T. C./Rübenstahl, M./Tsambikakis: Internal Investigations, C.F. Müller, Heidelberg (2013), S. 159 mwN.

36 Quodbach, M.: Grenzen der interprofessionellen Zusammenarbeit für Rechtsanwälte, Tenea Verlag für Medien, Köln (2002), S. 106 f.

Literatur

ARD/ZDF-Medienkommission (2015): *ARD/ZDF Onlinestudie 2015*, http://www.ard-zdf-onlinestudie.de/fileadmin/Onlinestudie_2015/PM_ARD-ZDF-Onlinestudie_2015-10-12.pdf.

ARAG/Garmenbeck-Entscheidung des BGH (2014): BHZ 135, 244; LG München I, Urt. V. 10.12.2013 — 5 HKO 1387/10, NZG.

Ariely, D. (2013): *The Honest Truth About Dishonesty: How We Lie to Everyone — Especially Ourselves.* New York: Harper Perennial.

Ariely, D./Shin, J. (2004): *Keeping Doors Open: The Effect of Unavailability on Incentives to Keep Options Open.* In: Management Science 50, S. 575-586.

Ariely, D./Loewenstein, G. (2006): *The Heat of the Moment: The Effect of Sexual Arousal on Sexual Decision Making.* In: Journal of Behavioral Decision Making 19, S. 87—98.

Bargh, J. A./Chartrand, T. L. (1996): *Automatic Activation of Impression Formation and Memorization Goals: Nonconscious Goal Priming Reproduces Effects of Explicit Task Instructions.* In: Journal of Personality and Social Psychology 71(3), S. 46—478.

Bauer, J. (2015): *Selbststeuerung: Die Wiederentdeckung des Freien Willens.* München: Karl Blessing Verlag.

Baumeister, R. F. (Hrsg.) (1999): *The Self in Social Psychology.* Philadelphia: Psychology Press (Taylor & Francis).

Baumeister, R. F./Tierney, J. (2012): *Willpower: Rediscovering Our Greatest Strength.* London: Penguin.

Bayerdörffer, C./Fechner, J./Brink, A. (2010): *Normenintegration in Organisationen*, in: Krobath, T./Heller, A. (Hrsg.): Ethik Organisieren. Handbuch der Organisationsethik. Freiburg: Lambertus, S. 207—228.

Behringer, S. (2012): *Compliance für KMU. Praxisleitfaden für den Mittelstand.* Berlin: Erich Schmidt Verlag.

Behringer, S. (2012): *Compliance Kompakt: Best Practice im Compliance-Management.* Berlin: Erich Schmidt Verlag.

Beshears, J./Gino, F. (2015): *Der Weg zu weisen Entscheidungen.* Hamburg: Harvard Business Manager (08/2015).

Bloomberg (2015): *Credit Agricole kommt glimpflicher weg als die Commerzbank*, Düsseldorf: Handelsblatt, http://www.handelsblatt.com/unternehmen/banken-versicherungen/strafen-wegen-sanktionsverstoessen-credit-agricole-kommt-glimpflicher-weg-als-die-commerzbank/12303258.html.

Bonime-Blanc, A. (2014): *The GlobalEthicist — Executive Whistle Blowing: What to Do When No One Listens.* London: Ethical Corporation, http://www.ethicalcorp.com/business-strategy/ask-globalethicist-august-2014.

Bonime-Blanc, A. (2014): *The Reputation Risk Handbook: Surviving and Thriving in the Age of Hyper-Transparency.* Oxford: Dō.

Borchard-Tuch, C. (2013): *Rationales über das Irrationale,* in: Spektrum der Wissenschaft 5.

Brefczynski-Lewis, J. A. et al. (2007): *Neural Correlates of Attentional Expertise in Long-Term Meditation Practitioners.* In: Proceedings of the National Academy of Sciences of the United States of America 104(27), S. 11483−11488.

Brennan, G./Pettit, P. (2004): *The Economy of Esteem.* Oxford: Oxford University Press.

Brink, A. (2011): *Spezifische Investitionen als Legitimationsgrundlage für Stakeholderansprüche,* in: Die Unternehmung 65(1), S. 50−68.

Brink, A. (2014): *Die Wiedergeburt des Ehrbaren Kaufmanns,* in: Forum Wirtschaftsethik, Jahresschrift des DNWE 21, S. 49−57.

Buchert, R. (2008): *Der Externe Ombudsmann − ein Erfahrungsbericht,* CCZ 4/2008, http://www.dr-buchert.de/cms/upload/pdf/ccz_2008_04.pdf.

Buchert, R. (2015): *Korruptionsbekämpfung durch Ombudspersonen in Compliance-Management-Systemen.* Dr. Buchert & Partner, Vortrag bei der ersten eVergabekonferenz der Kommune 2.0 e.V. in Mainz, https://www.subreport.de/wp-content/uploads/2015/02/Korruptionsbekaempfung-durch-Compliance-Management-Systeme-Dr.-Burchert.pdf.

Bundeskartellamt (2015): *Bundeskartellamt − Jahresrückblick 2015.* Bonn, http://www.bundeskartellamt.de/SharedDocs/Meldung/DE/Pressemitteilungen/2015/21_12_2015_Jahresr%C3%BCckblick.html.

Bundeskartellamt (2015): *Tätigkeitsbericht des Bundeskartellamtes 2013/2014 und Jahresbericht 2014 veröffentlicht,* Bonn, http://www.bundeskartellamt.de/SharedDocs/Meldung/DE/Pressemitteilungen/2015/30_06_2015_T%C3%A4tigkeitsbericht.html.

Bundeskriminalamt (2014): *Wirtschaftskriminalität Bundeslagebild 2014.* Wiesbaden, http://www.bka.de/DE/ThemenABisZ/Deliktsbereiche/Wirtschaftskriminalitaet/wirtschaftskriminalitaet__node.html?__nnn=true.

Buratto, L. G./Matthews, W. J./Lamberts, K. (2009): *When Are Moving Images Remembered Better? Study-Test Congruency and the Dynamic Superiority Effect. University of Warwick,* Coventry: Quarterly Journal of Experimental Psychology 62(10), S. 1896-1903, http://www.ncbi.nlm.nih.gov/pubmed/19459084.

Burger, C. (2011): *Werte schaffen Wert,* in: Hernsteiner Management Information (02/2011), http://www.hernstein.at/Media/Hernsteiner-2-2011.pdf.

Carver, C. S./Scheier, M. F. (2003): *Perspectives on Personality.* London: Pearson.

Chamberlain, A. (2015): *Does Company Culture Pay off? Analyzing Stock Performance of „Best Places to Work" Companies.* Mill Valley, https://www.glassdoor.com/research/studies/does-company-culture-pay-off-analyzing-stock-performance-of-best-places-to-work-companies/.

CMS/Ipsos (2014): *Studie der Wirtschaftskanzlei CMS/Marktforschungsinstitut Ipsos,* http://www.cms-hs.com/PM_CMS_Compliance-Barometer_11_08_2015.

ComplianceManager (2015): *Dr. Helmut Krenek, Vorsitzender Richter der 5. Kammer für Handelssachen am LG München I im Interview mit ComplianceManager*, http://www.compliance-manager.net/fachartikel/zum-neubuerger-urteil-022015.

Deloitte (2011): *Erfolgsfaktoren im Mittelstand, Compliance im Mittelstand*, Deloitte, http://www2.deloitte.com/content/dam/Deloitte/de/Documents/Mittelstand/Studie-Compliance-im-Mittelstand.pdf.

Deutscher Corporate Governance Kodex, Frankfurt am Main, http://www.dcgk.de/de/kodex.html.

DICO – Deutsches Institut für Compliance e.V. (2015): *DICO Risikokatalog.* Berlin, http://dico-ev.de/fileadmin/PDF/Arbeitsergebnisse/Arbeitsergebnisse/DICO_Risikokatalog_.pdf.

Dobelli, R. (2012): *Die Kunst des klaren Denkens.* München: Carl Hanser Verlag.

Doris, P./Zimmer, M. (2016): *Ausbeutung in der Lieferkette*, Betriebs-Berater (3/2016), https://www.ruw.de/suche/bb/Ausbeutung-in-der-Lieferkette-ec966a2436ffc68c29de746281471047.

Drath, K.: *Neuroleadership: Was Führungskräfte aus der Hirnforschung lernen können*, Band 2018, Haufe TaschenGuide, S. 18

Eckoldt, M. (2014): *Kann das Gehirn das Gehirn verstehen? Gespräche über Hirnforschung und die Grenzen unserer Erkenntnis mit Angela D. Friederici, Gerald Hüther et al.* Heidelberg: Carl Auer Verlag.

Engelhart, M. (2016): *Firmen haben keine Seele zum Verfluchen*, Frankfurt am Main: F.A.Z., http://www.faz.net/aktuell/feuilleton/debatten/strafe-fuer-unternehmen-nach-vw-abgas-skandal-14071730.html.

Eriksson, Peter S./Perfilieva, E./Bjork-Eriksson, T.et al. (1998): *Neurogenesis in the adult human hippocampus.* Nature Medicine 1998(4), S. 1313–1317.

Esch, T./Esch, S. M. (2013): *Stressbewältigung mithilfe der Mind-Body-Medizin: Trainingsmanual zur Integrativen Gesundheitsförderung.* Berlin: Medizinisch Wissenschaftliche Verlagsgesellschaft.

EY (2015): *Fraud and Corruption – The Easy Option for Growth? Europe, Middle East, India and Africa*, Fraud Survey 2015, http://www.ey.com/Publication/vwLUAssets/ey-emeia-fraud-survey/$FILE/ey-emeia-fraud-survey.pdf.

Fernandez, J./Brink, A. (2016): *Managing Esteem. How to Nudge Integrity in Corporate Compliance.* Noch nicht erschienen.

Fischer, L./Wiswede, G. (2011): *Grundlagen der Sozialpsychologie.* München: Oldenbourg Verlag.

Fleischer, H. (2014): *Aktienrechtliche Compliance-Pflichten im Praxistest: Das Siemens/Neubürger-Urteil des LG München I.* NZG, S. 321-2.

Forbes Insights (2010): *Video in the C-Suit: Executive Embrace the Non-Text Web.* New York, http://images.forbes.com/forbesinsights/StudyPDFs/Video_in_the_CSuite.pdf.

Fox, J. (2015): *Am Anfang war der Homo Oeconomicus*, Hamburg: Harvard Business Manager (08/2015).

Freeman, R. E. (1984): *Strategic Management: A Stakeholder Approach*, Boston: Pitman.

Frey, B. S. (2010): *Geld oder Anerkennung? Zur Ökonomik der Auszeichnungen*, in: Perspektiven der Wirtschaftspolitik 11(1), S. 1 – 15.

Gabler Versicherungslexikon Online: *Compliance.* Wiesbaden: Gabler Verlag, http://www.versicherungsmagazin.de/Definition/33971/compliance-v.html

Gabler Wirtschaftslexikon: *Ehrbarer Kaufmann.* Wiesbaden: Gabler Verlag, http://wirtschaftslexikon.gabler.de/Definition/ehrbarer-kaufmann.html.

Gabler Wirtschaftslexikon: *Homo Oeconomicus.* Wiesbaden: Gabler Verlag, http://wirtschaftslexikon.gabler.de/Archiv/8004/homo-oeconomicus-v12. html.

Gabler Wirtschaftslexikon: *System.* Wiesbaden: Gabler Verlag, http://wirtschaftslexikon.gabler.de/Archiv/3210/system-v12.html.

Gabler Wirtschaftslexikon: *Unternehmensplanung.* Wiesbaden: Gabler Verlag, http://wirtschaftslexikon.gabler.de/Definition/unternehmensplanung.html

Gächter, S./Schulz, J. F. (2016): *Intrinsic Honesty and the Prevalence of Rule Violations Across Societies.* New York: Nature Publishing Group, http://www.nature. com/nature/journal/vaop/ncurrent/full/nature17160.html.

Grijalva, E./Newman, D. A./Tay, L./Brent Donnellan, M. et al. (2015): *Gender Differences in Narcissism: A Meta-Analytic Review [Abstract].* In: Psychological Bulletin, 141(2), S. 261 – 310.

Grüninger, S. (2011): *Integrity Management.* Wien: Hernstein Institut für Management und Leadership (02/2011), S. 9, http://www.hernstein.at/Media/Hernsteiner-2-2011.pdf.

Hauschka, C. E. (2007): *Corporate Compliance.* München: Verlag C.H. Beck.

Hedayati, H./Bruhn, H. (2015): *Compliance-Systeme und ihre Auswirkungen auf die Verfolgung und Verhütung von Straftaten der Wirtschaftskriminalität und Korruption.* http://www.bka.de/nn_193924/SharedDocs/Downloads/DE/Publikationen/Publikationsreihen/SonstigeVeroeffentlichungen/2015ComplianceSys temeUndIhreAuswirkungenAufDieVerfolgungUndVerh_C3_BCtungVonStraftatenDerWirtschaftskriminalit_C3_A4tUndKorruption.html.

Hein, O. (2015): *Compliance – Haftungsrisiken der Unternehmensleitung.* Baden-Baden: Nomos Verlagsgesellschaft (2/2015), Sonderbeilage Compliance. http://www.ewerk.nomos.de/fileadmin/ewerk/doc/2015/ Ewerk_2015_02_02.pdf.

Hein, O. (2014): *Managerhaftung wegen Mangelnder Compliance.* Köln: Bundesanzeiger Verlag GmbH.

Hemel, U. (2013): *Werteorientiere Unternehmensführung und die Dynamik von Vertrauen.* ZCG.

Hemetsberger, L. (2015): *Compliance und Glückseligkeit.* derStandard.de, 13.06.2015, http://derstandard.at/2000017257983/Compliance-und-Glueckseligkeit.

Hoefle, M./Sorg, A. (2011): *Der ehrbare Kaufmann – Leitbild auch für heute*, in: Managerismus, Einsichten (5). München: Die Welt, http://www.managerismus.com/themen/governance-compliance/einsichten-nr-5.

Hölzela, B. K./Carmodyc, J./Vangela, M./Congletona, C./Yerramsettia, S. M./ Garda, T./Lazara, S. W. (2010): *Mindfulness Practice Leads to Increases in Regional Brain Gray Matter Density*, in: Psychiatry Research: Neuroimaging 191(2011), S. 36−43.

Höpner, A. (2015): *Was Volkswagen von Siemens Lernen Kann*. Düsseldorf: Handelsblatt, http://www.handelsblatt.com/unternehmen/industrie/us-skandale-was-volkswagen-von-siemens-lernen-kann/12363148.html.

Horx, M./Papasabbas, L./Schuldt C. (2015): *Zukunftsreport 2016*.

HTWG Konstanz (2014): *Studie des Center for Business Compliance & Integrity (CBCI) Compliance im Mittelstand*. Konstanz. http://www.htwg-konstanz.de/Center-for-Business-Compliance.6288.0.html.

ICC Commission on Anti-Corruption (2008): *ICC Guidelines on Whistleblowing*. Paris: International Chamber of Commerce.

IDW (Hrsg.), *IDW Prüfungsstandard: Grundsätze ordnungsgemäßer Prüfung von Compliance Management Systemen (IDW PS 980)*, 2011, S. 50.

IDW (2014): *Berichterstattung über die Sitzung des Arbeitskreises „Prüfungsfragen und betriebswirtschaftliche Fragen zu Governance, Risk und Compliance (GRC)"* am 08.12.2014; http://www.idw.de/idw/download/AK_Pruefungsfragen_betriebswirtschaftliche_Fragen_GRC.pdf, http://www.idw.de/idw/portal/d642684).

Institut der Wirtschaftsprüfer in Deutschland e.V. (2011): *IDW Prüfungsstandard: Grundsätze ordnungsmäßiger Prüfung von Compliance Management Systemen IDW PS 980*. Düsseldorf.

Institute of Business Ethics (2015): *Ethics at Work 2015 Survey of Employees*. London: Institute of Business Ethics, http://www.ibe.org.uk/userassets/publicationdownloads/ibe_survey_eaw15_main.pdf.

ISO 9001: http://www.tuev-sued.de/management-systeme/iso-9001.

ISO 9004: http://www.iso.org/iso/catalogue_detail?csnumber=28692.

ISO 19600: http://www.bundesanzeiger-verlag.de/aw-portal/zoll/hintergruende-und-fachwissen/iso-196002014-neue-norm-fuer-besseres-compliance-management.html.

ISO 19600 (2014): *Compliance Management Systems – Guidelines*. https://www.iso.org/obp/ui/#iso:std:iso:19600:ed-1:v1:en.

Iwersen, S. (2010): *Der Kampf gegen Schmiergeld ist reine Heuchelei*. Düsseldorf: Handelsblatt, http://www.handelsblatt.com/unternehmen/mittelstand/eginhard-vietz-der-kampf-gegen-schmiergeld-ist-reine-heuchelei/3512132.html.

Jahn, J. (2010): *Ohne Schmiergeld gehe es nicht*. Frankfurt am Main: F.A.Z., http://www.faz.net/aktuell/wirtschaft/recht-steuern/bekenntnis-zur-korruption-ohne-schmiergeld-gehe-es-nicht-11023771.html.

Jansen, L./Rösch, P. (2010): *Grundsätze ganzheitlicher Compliance (GgC)*. Haar, http://www.ganzheitliche-compliance.de/compliance.pdf.

Jäkel, I. (2015): *Compliance Branding – KISS = KEEP IT SIMPLE, STUPID, Compliance Manager*. Berlin: Quadriga Media Berlin GmbH, http://www.compliance-manager.net/fachartikel/kiss-keep-it-simple-stupid-750119091.

Kahneman, D. (2012): *Schnelles Denken, langsames Denken*. München: Siedler Verlag.

Kalbhenn, P. (2012): *Die größten Skandale in deutschen Konzernen*. Düsseldorf: Handelsblatt, http://www.handelsblatt.com/unternehmen/beruf-und-buero/buero-special/compliance-die-groessten-skandale-in-deutschen-konzernen/6641352.html.

Kaptein, M. (2015): *The Battle for Business Ethics: A Struggle Theory*. Rotterdam: School of Management, http://ssrn.com/abstract=2596657.

Kixmöller, G. (2010): *Der ehrbare Kaufmann: Was haben Leitbilder von Berufsgruppen mit dem Mythos zu tun und inwiefern haben sie in der heutigen Realität Bestand? Dargestellt am Beispiel des Ehrbaren Kaufmanns (Abschlussarbeit)*. Frankfurt am Main: Johann Wolfgang Goethe-Universität, https://www.uni-frankfurt.de/43516904/Ehrbarer_Kaufmann.pdf.

Klink, D. (2012): *Am Anfang stand der ehrbare Kaufmann*. Interview in Profil (11/2012), http://www.ruckriegel.org/papers/Titelstrecke_Profil_11-2012.pdf.

Klink, D. (2008): *Der Ehrbare Kaufmann – Das ursprüngliche Leitbild der Betriebswirtschaftslehre und individuelle Grundlage für die CSR-Forschung*. In: Schwalbach, J. (Hrsg.): Corporate Social Responsibility, Zeitschrift für Betriebswirtschaft, Special Issue 3, Wiesbaden, S. 57 – 79.

Knieriem, T.C./Rübenstahl, M./Tsambikakis, M (2013): *Internal Investigations, Ermittlungen in Unternehmen*. Heidelberg: C. F. Müller.

Korn Ferry Institute (2016): *Real World Leadership – Create an Engaging Culture for Greater Impact, Part 3*. http://www.kornferry.com/real-world-leadership.

Kornhuber, H.-H./Deecke, L. (2009): *Wille und Gehirn (Edition sirius)*. Bielefeld: Aisthesis Verlag.

KPMG (Hrsg.) (2014): *Das wirksame Compliance-Management-System*. Herne: NWB-Verlag.

Krieger, G./Schneider, U. H. (2010): *Handbuch Managerhaftung*. Köln: Verlag Dr. Otto Schmidt KG.

KUV24-manager.de: *Haftungsbereiche (Innenhaftung und Außenhaftung)*. Ulm, https://www.kuv24-manager.de/KuV24-manager.de+-+D%26O+Manager+Haftpflichtversicherung/Warum+D%26O-Absicherung%3F/Haftungsbereiche/index.html?pageid=1036.

Laufer, W./Robertson, D. (1997): *Corporate Ethics Initiatives as Social Control*. Journal of Business Ethics 16(10), S. 1029 – 1048.

Linden, M./Hautzinger, M. (2008): *Verhaltenstherapiemanual*. Berlin/Heidelberg: Springer-Verlag.

Manstetten, R. (2002): *Das Menschenbild der Ökonomie. Der homo oeconomicus und die Anthropologie von Adam Smith*, Freiburg et al.: Alber.

McGonigal, K. (2011): *The Willpower Instinct: How Self-Control Works, Why It Matters, and What You Can Do to Get More of It.* New York: Avery.

McKenzie, R. B./Tullock, G. (1984): *Homo Oeconomicus. Ökonomische Dimension des Alltags.* Frankfurt/New York: Campus.

Medland, D. (2016): *Taking Ethics Seriously: By Setting Up Board Committees?* New York: Forbes Insights LLC, http://www.forbes.com/sites/dinamedland/ 2016/03/09/taking-ethics-seriously-by-setting-up-board-committees/ #547508ba1cdf.

Michler, I./Zschäpitz, H. (2016): *Das Bild des ehrbaren Kaufmanns ist angekratzt.* Berlin: Die Welt, http://www.welt.de/wirtschaft/article152231730/Das-Bild-des-ehrbaren-Kaufmanns-ist-angekratzt.html.

Mischel, W./Ebbesen, E. B./Raskoff Zeiss, A. (1972): *Cognitive and Attentional Mechanisms in Delay of Gratification.* In: Journal of Personality and Social Psychology 21(2), S. 204 – 218.

Monyer, H./Gessmann, M. (2015): *Das geniale Gedächtnis: Wie das Gehirn aus der Vergangenheit unsere Zukunft macht.* München: Albrecht Knaus Verlag.

Moosmayer, K. (2015): *Compliance-Risikoanalyse – Praxisleitfaden für Unternehmen.* München: Verlag C.H. Beck.

Mukhopadhyay, A./Sengupta, J./Ramanatha, S. (2008): *Recalling Past Temptations: An Information-Processing Perspective on the Dynamics of Self-Control.* In: Journal of Consumer Research 35(4), S. 586 – 599.

Müller, E./Mertens, A. (2016): *Korruptionswahrnehmungsindex 2015: Deutschland auf Platz 10.* Berlin: Transparency International Deutschland e.V., https://www.transparency.de/index.php?id=1434&tx_ttnews%5Btt_news%5 D=24014&cHash=cc81477b978b6ea1833bd4c538c30463.

Nassim, T. (2008): *Black Swan – The Impact of the Highly Improbable.* New York: Penguin Publishers.

Nelson, D. L./Reed, U. S./Walling, J. R. (1976): *Pictorial Superiority Effect.* Journal of Experimental Psychology: Human Learning & Memory 2, S. 523 – 528.

Notebaert, K.: *Self-Control – Eine Erfolgsmethode für's persönliche Glück*, in: Segschneider, D. (2014): Glück Macht Erfolg, Frankfurter Allgemeine Buch, S. 140 – 158.

Ott, U. (2010): *Meditation für Skeptiker: Ein Neurowissenschaftler erklärt den Weg zum Selbst.* München: Verlag O. W. Barth.

Paine, L. S. (1994): *Managing for Organizational Integrity.* Harvard Business Review 72(2), S. 109 – 117.

Paivio, A. (1986): *Mental Representations: A Dual Coding Approach.* Oxford: Oxford University Press.

Pelny, S. (2012): *Die Einführung von Compliance Management und Compliance Regeln – ein Beitrag zu Reputation und Rendite?* Berlin: Dr. Weiland und Partner, http://www.weiland-rechtsanwaelte.de/fileadmin/uploads/Download/ Weiland-Broschuere-Compliance-Management.pdf.

Pocheptsova, A./Amir, O./Dhar, R./Baumeister, R. F. (2009): *Deciding without Resources: Resource Depletion and Choice in Context.* In: Journal of Marketing Research 46, S. 344–355.

Ponemon Institute (2011): *Die tatsächlichen Compliance-Kosten.* Michigan, https://www.tripwire.com/tripwire/assets/File/ponemon/Ponemon_Tatsachlichen_Compliance_Kosten_de.pdf.

PricewaterhouseCoopers LLP (2014): *Economic Crime: A Threat to Business Globally,* https://www.pwc.ch/de/dyn_output.html?content.void=54650&collect ionpageid=&containervoid=25416&comefromcontainer=true.

PricewaterhouseCoopers AG (2016): *Wirtschaftskriminalität in der analogen und digitalen Wirtschaft.* Frankfurt: PWC.

PricewaterhouseCoopers AG (2013): *Wirtschaftskriminalität und Unternehmenskultur.* Frankfurt am Main: PWC.

PricewaterhouseCoopers AG (2014): *Wirtschaftskriminalität und Compliance in der Automobilindustrie,* Frankfurt am Main: PWC, http://www.pwc.de/de/ automobilindustrie/wirtschaftskriminalitaet-ruecklaeufig-nachholbedarf-bei-spezifischer-compliance.html.

PricewaterhouseCoopers AG (2016): *Global Economic Crime Survey.* Frankfurt am Main: PWC, http://www.pwc.com/gx/en/services/advisory/consulting/ forensics/economic-crime-survey.html.

Quodbach, M. (2002): *Grenzen der interprofessionellen Zusammenarbeit für Rechtsanwälte.* Köln: Tenea Verlag für Medien.

Rack, M. (2014): *Der Unterlassungsfehler, der Rückschaufehler und der Bestätigungsirrtum.* In: Compliance Berater 4(6).

RECOMMIND (2014): *Compliance Readiness in deutschen Unternehmen 2015.* Würzburg-Schweinfurt: Whitepaper Recommind in Zusammenarbeit mit der Hochschule für angewandte Wissenschaften, http://www.compliance-manager.net/sites/default/files/150303_recommind_-_compliance_studie_ whitepaper_0.pdf.

Reitzle, W. (2016): *Politikberatung, Frauenquote und Industrie 4.0,* Frankfurt am Main: F.A.Z.

Rosburg, T./Mecklinger, A. (2011): *Psychologie-Studie: Vertrautheitsgefühl beeinflusst unsere Entscheidungen.* Bayreuth: Universität des Saarlandes, https://idw-online.de/de/imprint.

Ruckriegel, K. (2012): *Glücksforschung – Erkenntnisse und Konsequenzen.* Vortrag in Nürnberg.

Schach, A. (2015): *Compliance-Kommunikation muss Verhalten ändern.* Wiesbaden: Springer Fachmedien Wiesbaden GmbH, https://www.springerprofessional.

de/interne-kommunikation/compliance-kommunikation-muss-verhalten-aendern/6600430.

Schach, A. (2015): *10 Thesen zur Compliance Kommunikation.* Berlin: pressesprecher – Magazin für Kommunikation, Gastbeitrag, http://www.pressesprecher.com/nachrichten/zehn-thesen-zur-compliance-kommunikation-10163.

Schein, E. H. (1985): *Organizational Culture and Leadership. A Dynamic View.* San Francisco: Jossey-Bass Publishers.

Schemmel, A./Ruhmannseder, F./Witzigmann, T. (2012): *Hinweisgebersysteme – Implementierung im Unternehmen.* München: Verlag C.F. Müller.

Scherer, J. (2016): *Non-Compliance als Wertbeitragsvernichter.* Brannenburg: RiskNET GmbH https://www.risknet.de/themen/risknews/non-compliance-als-wertbeitragsvernichter/4203931a4c2285e437f0a72ef3dc37fd/.

Scherer, J. (2011): *Compliance- und Risikomanagement Anforderungen kennen – Konzepte optimieren.* Berlin: Erich Schmidt Verlag.

Scherer, J. (2012): *Good Governance und ganzheitliches strategisches und operatives Management: Die Anreicherung des „unternehmerischen" Bauchgefühls" mit Risiko-, Chance- und Compliancemanagement.* CCZ Sonderdruck aus Heft 6/2012.

Schettgen-Sarcher, W./Bachmann, S./Schettgen, P. (2014): *Compliance Officer, Das Augsburger Qualifizierungsmodell.* Wiesbaden: Springer Fachmedien.

Schneider, S. (2014): *Vertraulichkeit der Mediation, Schutz und Grenzen durch das Straf- und Strafprozessrecht,* Bremen: EHV Academicpress GmbH.

Schwalbach, J. (2007): *Der ehrbare Kaufmann: Modernes Leitbild für Unternehmer?* Zeitschrift für Betriebswirtschaft 1. Wiesbaden: Gabler.

Segschneider, D.: *Glück Macht Erfolg: Wie Glück zu mehr Rendite führt. Mit Knowhow und Praxisbeispielen zu mehr Output,* Frankfurter Allgemeine Buch (2014), S. 224−234

Siegel, D. J. (2012): *Mindsight – Die neue Wissenschaft der persönlichen Transformation: Vorwort von Daniel Goleman.* München: Goldmann Verlag.

Soll, B./Milkman, K. L./Payne, J. W. (2015): *Vorsicht, verzerrte Wahrnehmung!* Hamburg: Harvard Business Manager.

Solomon, R. C. (2003): *Victims of Circumstances? A Defense of Virtue Ethics in Business.* In: Business Ethics Quarterly 13(1). Cambridge: Cambridge University Press, S. 43−62.

Soussignan, R. (2002): *Duchenne smile, emotional experience, and autonomic reactivity: a test of the facial feedback hypothesis.* In: Emotion 2(1), S. 52−74.

Stanovich, K. E./West, R. F. (2000): *Individual Differences in Reasoning: Implications for the Rationality Debate?* Behavioral and Brain Sciences 23, S. 645−726, http://psy2.ucsd.edu/~mckenzie/StanovichBBS.pdf.

Stefano, G.B./Benson, H./Fricchione, G.L. et al. (2005): *The Stress Response: Always Good and When It Is Bad.* Medical Science International, New York: Medical Science International.

Suchanek, A. (2003): *Ökonomische Unternehmensethik.* Ingolstadt: Kath. Universität Eichstätt-Ingolstadt.

Talaulicar, T. (2006): *Unternehmenskodizes: Typen und Normierungsstrategien zur Implementierung einer Unternehmensethik.* Wiesbaden: Gabler.

Tangeny, J.P./Baumeister, R.F./Boone, A.L. (2004): *High Self-Control Predicts Good Adjustment, Less Pathology, Better Grades, and Interpersonal Success.* In: Journal of Personality 72, S. 271–324.

Thaler, R. H./Sunstein, C. R. (2012): *Nudge – Improving Decisions about Health, Wealth and Happiness.* London: Penguin.

Torp, J. (2004): *Compliance Management System.* Austin/Texas: AlexInformation Publishers.

Transparency International (2016): *Corruption Perception Index 2015,* https://www.transparency.de/Tabellarisches-Ranking.2754.0.html.

Transparency International (2016): *Pressemitteilung vom 02.01.,* https://www.transparency.de/Pressemitteilung-Transparency.2756.0.html

Trend.at (2016): *Korrupte Gesellschaft wirkt auch auf Verhalten Einzelner.* trend.at vom 9.3., http://www.trend.at/branchen/forschung-innovation/korrupte-gesellschaft-verhalten-einzelner/.

TÜV Rheinland (Hrsg.) (2015): *Standard für Compliance-Management-Systeme; TR CMS 101:2015,* Köln: TÜV Media Verlag.

UK Modern Slavery Act http://www.legislation.gov.uk/ukpga/2015/30/contents/enacted

Volkswagen AG (2014): *Geschäftsbericht 2014,* Wolfsburg, http://www.volkswagenag.com/content/vwcorp/content/de/misc/pdf-dummies.bin, html/downloadfilelist/downloadfile/downloadfile_30/file/Y_2014_d.pdf.

Weber, B. (2010): *„Gutes Leben" oder maximaler Nutzen – Ökonomische Entscheidungen im Haushalt.* Bonn: Bundeszentrale für politische Bildung, http://www.bpb.de/izpb/7593/gutes-leben-oder-maximaler-nutzen-oekonomische-entscheidungen-im-haushalt?p=all.

Wegener, E. (2013): *Die große Verunsicherung.* Düsseldorf: Handelsblatt, http://www.handelsblatt.com/sport/fussball/vip-logen-im-fussball-die-grosse-verunsicherung/8987184.html.

Wegmann, J. (2009): *Der ehrbare Kaufmann: Leistungsfaktor Vertrauen – Kostenfaktor Misstrauen.* Köln: Bank Verlag.

Wendt, M. (2012): *Compliance Management und Unternehmenskultur in mittelständischen Unternehmen.* In: Behringer, S. (2012): Compliance für KMU. Praxisleitfaden für den Mittelstand, Berlin: Erich Schmidt Verlag, S. 203–214.

Wendt, M. (2016): *Grundelemente eines Compliance-Systems. 1. Kapitel. Compliance-Kultur, §9. Compliance-Kultur – Grundlagen und Evaluierung.* In: Hauschka, C. E./Moosmayer, K./Lösler, T. (Hrsg.): Corporate Compliance. Handbuch der Haftungsvermeidung im Unternehmen, München: Beck, S. 273–296.

Wicklund, R.A./Frey, D. (1993): *Die Theorie der Selbstaufmerksamkeit.* In: Frey, D./Irlen, M. (Hrsg.): Theorien der Sozialpsychologie. Band I. Bern: Verlag Hans Huber.

Wieland, J./Steinmeyer, R./Grüninger, S. (Hrsg.) (2014): *Handbuch Compliance-Management: Konzeptionelle Grundlagen, praktische Erfolgsfaktoren, globale Herausforderungen.* Berlin: Erich Schmidt Verlag.

Wieland, J. (2004): *Handbuch Wertemanagement.* Hamburg: Murmann Verlag.

Wieland, J./Steinmeyer, R./Grüninger, S. (2014): *Handbuch Compliance-Management. Konzeptionelle Grundlagen, praktische Erfolgsfaktoren, globale Herausforderungen.* Berlin: Erich Schmidt Verlag.

World Economic Forum (2016): *The Global Risks Report 2016.* Cologne: World Economic Forum, http://www3.weforum.org/docs/Media/TheGlobalRisksReport2016.pdf.

WPGS, Wirtschaftspsychologische Gesellschaft: *Rationalität als Theorie: Der Homo oeconomicus der Volkswirtschaftslehre*, http://www.wpgs.de/content/view/468/237/.

Young, A. F./Young, R. (2003): *Corporate Social Responsibility: The Effects of the Federal Corporate Sentencing Guidelines on a Representative Self-Interested Corporation.* ICCSR Research Paper Series 10-2003.

Die Autorinnen

Kathrin J. Niewiarra
ist promovierte Rechtsanwältin und Attorney-at-Law (NY) sowie Inhaberin von bleu&orange® und Geschäftsführerin der Compliance Channel E&CW UG (haftungsbeschränkt). Von 1995 bis 1999 war sie in Kanzleien in New York und Düsseldorf mit einem Fokus auf Wirtschafts- und Gesellschaftsrecht sowie Mergers & Acquisitions (M&A) tätig. Danach arbeitete sie bis 2012 bei internationalen Unternehmen in juristischen Führungspositionen sowie als Chief Compliance Officer.

Seit September 2012 setzt Dr. Niewiarra ihre Geschäftsidee der ganzheitlichen Compliance-Beratung um. Durch die Zusammenarbeit mit einem Netzwerk von erfahrenen Experten aus unterschiedlichsten Fakultäten (u. a. Juristen, Coaches, Psychologen, Betriebswirten, Kommunikationsexperten und Philosophen) bietet und liefert sie unter ihrer Marke bleu&orange® Entscheidern (insbesondere Aufsichtsräten, Unternehmern, Geschäftsführern und Führungskräften) strategische Beratung, operative Lösungen und werteorientierte Umsetzungsleistungen für das Management von Compliance- und Reputationsrisiken. Ihre Tätigkeitsschwerpunkte liegen dabei auf maßgeschneiderter Compliance-Beratung, Wirtschafts- und Gesellschaftsrecht sowie M&A. Außerdem arbeitet sie als Interim Managerin und fungiert als Ombudsfrau.

Im Juni 2015 gründete Dr. Niewiarra den Compliance Channel, einen Web-TV-Kanal, der auf die Kombination von fachlich hochwertigen Inhalten und multimedialen Formaten im Themenspektrum Ethik und Compliance setzt. Das Start-up bietet Experten und Nutzern unterschiedlichster Branchen einen interdisziplinären Best-Practice-Showroom.

Dorette Segschneider
ist als langjährige TV-Moderatorin einer Finanzsendung seit über zwei Jahrzehnten als Executive Neuro Coach, Speakerin und Autorin zahlreicher Wirtschaftsbücher erfolgreich. Als Diplom-Betriebswirtin mit den Schwerpunkten Management und Kommunikation sowie als lizensierter Coach mit dem zusätzlichen US-Diplom als Charisma-Enhancement-Trainerin überzeugt sie durch hohe Kompetenz und langjährige Erfahrung. Seit mehr als zwanzig Jahren gibt sie ihr Expertenwissen an Topmanager, Vorstandsmitglieder, CEO, UnternehmerInnen, Executives und Privatpersonen weiter. Zu ihren Kunden zählen Mittelstandsunternehmen wie auch DAX-Konzerne. Ihre TV-Karriere begann Dorette Segschneider 1984 beim SWF. 1990 war sie die erste weibliche Börsenmoderatorin im öffentlich-rechtlichen Fernsehen. Während ihrer Zeit beim ZDF sowie bei 3sat zeichnete Dorette Segschneider u. a. verantwortlich für zahlreiche große internationale TV-Wirtschaftsdokumentationen. Im Februar 2015 gründete Dorette Segschneider das TV-Start-up: SPEED-TV-STUDIO, in das sie ihre TV-Expertise und unternehmerische Erfahrung einbringt.

Durch ihren Lehrauftrag an der University of Applied Sciences (Hochschule Mainz) hält sie seit vielen Jahren den Kontakt zu Lehre und Forschung. Darüber hinaus ist sie im Präsidium des Beirats der Wirtschaft (BdW) und Vorstandsmitglied der International Coachfederation (ICF), dem weltweit größten Coachverband.

Dorette Segschneider verbindet ihre TV-Erfahrung, das Führen von Menschen nach über 1.000 Interviews und ihr strategisches Wirtschaftswissen mit ihrer langjährigen Coachingkompetenz und überträgt ihr Know-how auf die Entscheider in Unternehmen und in der Wirtschaft.

Die Mitautoren

Jürgen Bruns
ist promovierter Steuerberater und US-Wirtschaftsprüfer und verfügt im Rahmen seiner Tätigkeit bei PricewaterhouseCoopers über langjährige Erfahrung in der Implementierung sowie Prüfung von Corporate-Management-Systemen (CMS). Mit über 20 Jahren Berufserfahrung gilt Dr. Bruns als ein sehr erfahrener CFO/Finanzvorstand in der Industrie und ist zudem ein gefragter Financial Expert in Aufsichtsorganen.

Stefanie Wagener
ist seit 2014 als Compliance Officer für Metro Cash und Carry Deutschland tätig und berät Mitarbeiter und Geschäftsführung zu Compliance-relevanten Themen. 2011 wechselte sie von der strategischen Kommunikationsberatung zur Metro AG und verantwortete als Compliance Counsel die Themen Communications & Training. Im Rahmen ihres berufsbegleitenden Masterstudiengangs zu Compliance entwickelte sie zum Thema erfolgskritische Compliance-Kommunikation einen Leitfaden für Compliance-Praktiker.

Die Interviewpartner

Alexander Brink,
Prof. Dr. Dr., ist Gründungspartner bei concern und Professor für Wirtschafts- und Unternehmensethik an der Universität Bayreuth. Bei concern verantwortet er die Weiterentwicklung und wissenschaftliche Fundierung innovativer CR-Konzepte. Alexander Brink ist Autor und Herausgeber zahlreicher Bücher und Zeitschriften und führte Praxisprojekte mit namhaften Unternehmen in verschiedensten Branchen durch. Er ist Gastprofessor für Corporate Governance & Philosophy am Reinhard-Mohn-Institut der Universität Witten/Herdecke und wissenschaftlicher Direktor des Zentrums für Wirtschaftsethik in Berlin. Alexander Brink absolvierte ein Doppelstudium und eine Doppelpromotion in Wirtschaftswissenschaften und Philosophie.

Anne Fries
ist promovierte geschäftsführende Partnerin bei concern. Vor ihrem Einstieg bei concern war sie in der Forschung tätig, mit Forschungsaufenthalten u. a. am INSEAD und an der Ross School of Business der University of Michigan. Sie ist Autorin verschiedener Publikationen zu Corporate Responsibility und wurde 2012 mit dem Wissenschaftspreis des Deutschen Marketing-Verbands ausgezeichnet. Dr. Fries absolvierte Studium und Promotion der Betriebswirtschaftslehre an der Universität Köln und an der HEC in Paris. Sie ist Mitglied im CSR-Beirat des Landes Nordrhein-Westfalen.

Danksagungen

Das Buch widme ich meinem verstorbenen Vater, dem gleichzeitig auch mein größter Dank gilt. Er war mein Spiritus Rector, mein Vorbild und meine Leitfigur. Ihm verdanke ich meinen Mut, Projekte wie dieses zu wagen, und meine innere Orientierung, den Balanceakt Leben zu bestehen. Seine großartigen Fähigkeiten hat er mir und meiner Schwester in wunderbarer Weise in seinem viel zu kurzen Leben weitergegeben. Danke möchte ich vor allem auch meiner Schwester, Claudia Segschneider-Neitzel (Chief Claims Officer Life Germany, Zürich Gruppe Deutschland), sagen, die eine erfolgreiche Juristin ist und ein unschätzbarer Sparringspartner beim Schreiben dieses Buches war. Ihre analytische und immer weitsichtige Fokussierung auf das, was zählt, beeindruckt mich immer wieder. Mein sicheres Gespür für Menschen und die Fähigkeit, sie im Coaching zu begleiten — dafür danke ich meiner Mutter.

Und nur durch Dich, liebe Kathrin, ist das Buch überhaupt entstanden. Es war Deine Idee, Compliance und Coaching miteinander zu verbinden. Du warst es, die mich gebeten hat, den Balanceakt gemeinsam zu wagen. Ich danke Dir für Dein Vertrauen und Deine außergewöhnliche Fähigkeit, auch inhaltlich kritische Diskussionen immer konstruktiv zu führen.

Danke auch an Bianca Labitzke, Programmleiterin von Frankfurter Allgemeine Buch. Sie hat von Anfang an an das Thema geglaubt und uns ermutigt, zur Feder zu greifen. Ihre immer besonnene und fundierte Führung als Lektorin ist ein Labsal für das Buch.

Danke auch an meinen Mann, ohne dessen Unterstützung ich dieses Buch nicht hätte schreiben können. Danke für die Zeitfenster, die Du mir ermöglicht hast, und danke für Deinen scharfsinnigen Blick durch die männliche Brille einer Führungskraft — Deine Anmerkungen waren immens wichtig!

Dorette Segschneider, Juni 2016

Ein solches Buch schreibt sich nicht allein. Exzellente Mitautoren und natürlich an vorderster Front Dorette Segschneider sind den Weg mit mir zusammen gegangen und haben vertrauensvoll an diesem „Projekt" mit mir gearbeitet. Dir, liebe Dorette, gebührt besonderer Dank, dass Du Dich auf dieses — auf den ersten Blick — doch ungewöhnlich scheinende Vorhaben, der ganzheitlichen Corporate Compliance — einem umfassenden und integriertem Verständnis von Compliance, das den Faktor Mensch und die unternehmerische Werteorientierung in den Mittelpunkt stellt — eingelassen und der Idee noch einmal neue Aspekte verliehen hast.

Aber was wäre ein Buch über Ethik und Compliance, ein zutiefst menschliches Thema, ohne die wichtigsten Menschen im Leben? Ich möchte aus vollem Herzen meinen Eltern danken. Sie haben an mich geglaubt, auch wenn es bestimmt manchmal schwer fiel, aus rein beruflicher Sicht zu verstehen, wie man eine Topposition im Konzern zugunsten einer vergleichsweise ungewissen Beraterzukunft aufgeben kann. Aber sie haben es einfach getan. Und meinen Weg verstanden. Und sie haben dieses Buch begleitet — durch ihre weisen Reflexionen sowie die Teilhabe an ihrem reichhaltigen Erfahrungsschatz und ihrer Menschenkenntnis.

Meiner Schwester gebührt ebenfalls ein ganz ausdrücklicher Dank: natürlich als bester Schwester der Welt. Dafür, dass sie stets unerschütterlich — aber auch kritisch und besonnen — an meiner Seite steht. Mit ihrer beruflichen Expertise als Psychotherapeutin, ihrem Menschenbild, ihrer Gelassenheit und Leichtigkeit hat sie meine Arbeit unermesslich beflügelt und unterstützt.

Meiner besten Freundin. Danke für die Geduld, die (Re-)Fokussierung auf das Wesentliche, die Herzenswärme. Die Brücke zwischen Beruf und Menschsein.

Dr. Kathrin Niewiarra, Juni 2016